滄海叢刊

中國人的路

項退結　著

1988

東大圖書公司印行

© 中國人的路

作　者　項退結
發行人　劉仲文
出版者　東大圖書股份有限公司
總經銷　三民書局股份有限公司
印刷所　東大圖書股份有限公司
地址／臺北市重慶南路一段六十一號二樓
郵撥／○一○七一七五─○號
初　版　中華民國七十七年一月
編　號　E 12045
基本定價　陸元貳角貳分
行政院新聞局登記證局版臺業字第○一九七號

自序

一再考慮以後，我決定把此書命名為「中國人的路」，因為它的全部內容或者敘述中國人二千餘年以來所走的精神之路，或者指向未來可走的路，或者是二者兼而有之。即使是討論古代而且稍帶考據意味的論文，實際上眞正關心的還是中國人未來可走的路。

本書分上、中、下三編，分別討論中國傳統儒學，中國人的宗教意識及生活，以及中國當代哲學。涉及中國傳統儒學時，大體上我贊同梁啓超的卓見，那就是西漢經學傳自荀子與荀學這一支，這也就決定了荀學派對二千多年來儒家思想的深刻影響。事實上，許多學者往往透過荀學派的有色眼鏡去看最原初的儒家思想，這樣就難免歪曲。另一方面我却非常欣賞荀子對心與解蔽的獨到看法，認為足以成為現代中國人的努力方向。討論〈心術與心主之間〉時，我特別指出心的領導與被領導功能應該「陰陽合德」，這樣纔能避免西方影響下之現代文化的過度控制慾與理性化，同時也指出應吸取西方的若干優點。這兩篇比較長的論文以外，上編的其餘四篇文章都和易經與生命觀有關，和下編的五篇（二十四至二十七、三十一）互相呼應。不消說，生命觀和人應該如何生活的問題有密切的關聯。

中編研討中國人的宗教意識與生活。本來，最古老的中國哲學思想兼含宗教、政治、道德問題，戰國時代的知識份子才逐漸使宗教與人事分家。然而老百姓的生活中宗教仍佔相當比重，而命的概念正是中國人宗教意識的樞紐。本書從甲骨文時代一直講到現代中國人對命的信仰及其正確出路（孔子的使命感），以後記述二十年前臺南大專同學宗教生活的一次調查結果，最後以宗教哲學觀點研究宗教究竟是什麼。二十年以前臺南大專同學的宗教生活和此時此刻大專學生的宗教生活未必完全一致，但大體上仍有助於瞭解目下中國知識青年對宗教所持的態度。祇有宗教哲學這篇論文表面上似乎與宗教生活無關；實則眞有意義的宗教生活不能對宗教究竟是什麼等理論問題漠不關心。

下編介紹了中國當代十四位具影響力的思想家。讀者諸君大約會發現，他們並不代表支配當代中國的全部思想，尤其佛學與馬克思主義均告缺如。原因是現代佛學的影響力似非全面性的，而關於馬克思主義，手頭缺乏應參考的第一手資料。也許接着的四篇文章稍可彌補當代中國思想家不够完整的缺點，那就是民國六十一年對大陸以外中國哲學工作者的一次調查（二十八），以及〈漫談社會關係與哲學思想的互動〉（二十九）、〈最影響當代中國的西洋哲學思想〉（三十）和〈東西哲學對人的看法〉（三十一）三篇文章。〈比較完整的生命概念之嘗試〉（三十二）代表我個人對傳統中國及當代先輩生命觀的進一步思考，而〈人之尊嚴和道德的根與源〉（三十三）

則是我對現代道德問題與人之尊嚴的一些反省。

要使哲學眞能對中國的前途有所貢獻，適當的哲學教育勢在必行，這是〈禮失而求諸野——談我國哲學教育〉（三十四）一文的宗旨。最後二篇（三十五、三十六）則畫龍點睛地顯示出，目下臺灣海峽兩岸中國人的思想，是以每個人的基本生活權利和尊嚴為基調，並指出此基調不但無損於國家民族的強大，反而是國家強大的穩固基礎。儘管當代中國哲學目下處於式微狀態，我仍深信思想的力量不可抗拒。哲學思想已經塑造了二十世紀的中國，決定了這一代中國人的命運；哲學思想仍將塑造未來的中國，決定未來一代中國人的命運。想一想百年前的嚴復和梁啓超吧。

全書工作行將竣事，右臂突然患起嚴重的「風濕」，奇痛難當，甚至一連數夜無法入睡，書寫工作頓時變成極端困難。這時才體會到享有一雙健全的手是多麼幸福，同時體會到人是如何脆弱，因為連最習以為常的能力都可能一夜之間被剝奪。幸虧留下的工作已很有限，此書也就在這特殊情況中完成。

本書各篇文章雖曾發表，唯均經過修訂增補。其思想脈絡則構成一個整體。

最後應該向余國良同學致誠摯的謝意：他不辭辛勞，替本書作了中文及西文兩個人名索引。

項退結　於仙跡岩下

民國七十六年二月二十二日

目次

中編：中國人的宗教意識與生活

下編：中國當代哲學

索引：

上編··中國傳統儒學

一、荀子在中國哲學史中的地位及其現代意義

緒論

開創西洋哲學的泰利斯（Thales，約 625-545 B.C.）曾說過「認識你自己」（Gnōthi Sauton）這句名言❶。一般人往往把此語視若老生常談，以爲認清自己是件容易的事。其實不然。每個人最熟悉的莫過於自己的心理狀態。而現代的深層心理學却告訴我們，我們的心理生活之中，却往往有一些自己所未意識到而且意識不到的層面。以我人的思想而言，過去許多人以爲思想可以完

❶ Diogenes Laertius: Lives of Eminent Philosophers, Vol. I. London: W. Heinemann 1966, p. 40.

全獨立，可以假想自己和環境不發生關係，可以把他人與客觀世界「存而不論」，甚至視若不存在，而把「我思」視若開天闢地的「元始天尊」。知識社會學却充分顯示出，知識是整體生活——存在的一部份。每個人的存在雖有其獨特性，同時也受時代、社會環境及其個人發展過程所影響❷。我國一般知識份子大多對這些因素缺乏反省，因此往往不自覺地把先入爲主所接受的科學主義及實證主義哲學立場視爲唯一可能的不易眞理。另一個例子和本題有更密切的關係。我國自戰國時代迄今的儒家思想早已是儒與道二家思想的融合，而在形上學方面爲道家思想佔上風。然而，由於儒與道相融的思想早已左右中國全體知識份子，我國古代及現代的思想家往往戴了戰國以後儒家思想的有色眼睛去曲解早期的儒家思想。最糟糕的是，作這一類曲解的人，本身無法意識到自己的錯誤，因爲無法和自己的見解採取應有的距離。

本文目的卽在於研究戰國時代的儒家思想如何與道家思想融合的過程。而最早從事此項融合工作的就是荀子；這也就構成了荀子在中國哲學演變史中的關鍵地位。有了這樣的認識，我們才能對自己的過去乃至現在的看法採取距離。用一句荀子的話，這就是「不以所已臧害所將受」（〈解蔽篇〉第二一，36—37）。

清代的汪中在《荀卿子通論》❸中認爲《詩經》（《毛詩》、《魯詩》、《韓詩》）、《左

---

❷ Karl Mannheim Wissenssoziologie. Neuwied a, Rh.: Luchterhand 1970, 311-9.

❸ 汪中：〈述學〉，《容甫遺詩》，臺北市，世界書局，民國五十一年，卷四，頁八—一五。

氏春秋》與《穀梁春秋》、《禮記》（《大戴禮》與《小戴禮》）均係荀子所傳。梁啓超更以汪中爲依據，斬釘截鐵地肯定：「漢世六經家法，强半爲荀子所傳。……故自漢以後，名雖爲昌明孔子，實則所傳者荀學一支派而已。」❹本文擬依照汪中所示的路線按圖索驥，用以探討荀子傳經一說是否可靠。這將是本文的第一節。本文作者本非專治國學。倉卒間研讀有關資料；掛一漏萬在所難免，幸希行家指教。在第二節中，本文將從戰國時代思想本身的演變着手，藉以窺測荀子在這千載一時的轉變中擔負了怎麼樣的角色。最後在第三節中，我們將研討荀子思想和現代中國知識份子的關係及尚能發生的潛力。

㈠荀子傳經說的批判性探討

首先應該對荀子傳經說的來龍去脈作一概括認識。根據汪中（一七四四—九四）的《荀卿子通論》，不僅《詩經》（《毛詩》、《魯詩》、《韓詩》）由荀卿所傳，《大戴禮》與《小戴禮》以及左氏與穀梁《春秋》均係荀子所傳。汪中又轉述劉向語，稱荀卿善爲易，言外之意是說《

❹ 梁啓超：〈中國學術思想變遷之大勢〉《飲冰室全集》，臺北市，幼獅文化公司，民國五十二年，頁二四四。

易經》亦係荀卿所傳。熊公哲先生即以汪中為根據，列出荀卿的「經系」，也就是荀子由誰受經、授經給誰的系譜❺。陳飛龍先生更認為荀子不僅是李斯、韓非之師，且亦影響漢代及宋代諸大儒❻。然而荀卿傳經之說的史籍上的證據却頗有漏洞。汪中畢竟是清代的一位學者，其所徵引的《經典敍錄》（經典釋文序錄）係隋唐時代的陸德明（五五六—六二七）所撰。陸氏所徵引的徐整（汪中亦轉述之）與陸璣（著有《毛詩草木鳥獸蟲魚疏》）則係三國時代的吳人。漢興以後最可靠的史籍記錄應推史記；漢書的時間晚了二百年。三國時代離開西漢初期則已經四百多年。因此徐整與陸璣的說法，其推論與臆測的可能性就比較强，不能一概視為史籍的證詞。現在我們不妨依照各時代的說法來研討荀卿傳經說每一部份的可信度如何。

1.《毛詩》

汪中首先引陸德明的《經典釋文序錄》❼，提出毛詩由孔子删詩後的傳授過程：「徐整云，子夏授高行子，高行子授薛倉子，薛倉子授帛妙子，帛妙子授河閒人大毛公，毛公為詩故訓傳于

---

❺ 熊公哲：《荀卿學案》，臺北市，臺灣商務印書館，民國五十六年臺一版，頁十一。
❻ 陳飛龍：〈荀子禮學對後世的影響〉。《國立政治大學學報》，第四十四期，中華民國七十年十二月。頁一—三六。
❼ 陸德明撰：《經典釋文序錄》。臺北市，新文豐出版公司影印，民國六十四年，頁六六下。

家，以授趙人小毛公。一云子夏傳曾申，申傳魏人李克，克傳魯人孟仲子，孟仲子傳根牟子，根牟子傳趙人孫卿子，孫卿子傳魯人大毛公。」這則記敍中，汪中幾乎逐字引用陸德明，祇省去無關宏旨的數句。

從史籍的觀點而言，陸德明的這則記敍有好些令人存疑之處。首先，《漢書》〈藝文志〉說：「詩有毛公之學，自謂子夏所傳，而河間獻王好之，未得立。」❽可見班固對《毛詩》的來源是存疑的。其後鄭玄之徒始肯定此說。《經典釋文序錄疏證》的作者吳承仕指出，有關《毛詩》傳授之二種不同見解源自三國時代的徐整與陸璣，並認為「徐以子夏四傳而及毛公，世次疏濶，又謂大毛公為河間人，似不如陸疏之諦。」❾的確，徐整的見解不夠嚴密：因為自子夏至大毛公中間不下三百年，區區四傳如何可能。而陸璣在《毛詩草木鳥獸蟲魚疏》中，自子夏（卜商）至大毛公是六傳，比較說得過去。但眞正的問題却在於徐、陸二人之說究竟是否有史料根據；否則無論是否能自圓其說，也不過是臆測之詞。試問班固無法肯定毛公之學自子夏所傳，徐陸二人在一百年以後能找到歷史證據嗎？當然，我們也沒有理由說他們二人不可能從大小二毛公的弟子方面獲得歷史資料，因為古人沒有標示出證據的習慣。總之，徐整與陸璣二人之說雖未必全不可

❽ 班固：《漢書》卷三〇，第二册。臺北市，洪氏出版社影印，民國六十四年。頁一七〇八。
❾ 陸德明撰：吳承仕疏：《經典釋文序錄疏證》。臺北市，新文豐出版公司影印，民國六十四年，頁六七下。

信，却也未必一定可信，充其量祇有若干程度的概然性而已。荀卿傳毛詩之說也就祇有這樣的概然性。

2.《魯詩》與《韓詩》

《毛詩》傳自荀卿的史料雖嫌不足，《魯詩》由荀卿所傳則可由《漢書》卷三六的〈楚元王傳〉得到證實。漢高祖的這位同父少弟「少時嘗與魯穆生、白生、申公俱受詩於浮丘伯。伯者，孫卿門人也。」申公爲漢文帝立爲博士，曾作詩傳號稱《魯詩》，這也載在〈楚元王傳〉中。而汪中所云《韓詩外傳》「引荀卿子以說詩者四十有四」，應該是一件事實。楊筠如也列舉韓詩外傳與荀子相同的二十八處⑩。我沒有時間精力去一一核對。稍涉獵一下《韓詩外傳》，就已經發覺它引述荀子講孔子厄於陳蔡之間時的言論（〈宥坐篇〉第二八，《韓詩外傳》卷第七），以及《荀子》〈天論篇〉所言「在天者莫明於日月，在地者莫明於水火，……在人者莫明於禮義。」（《韓詩外傳》卷第一）⑪《韓詩外傳》的作者韓嬰之廣泛受荀卿影響，應該不成問題。

---

⑩ 楊筠如：《關於荀子本書的考證》。羅根澤編：《古史辨㈥——諸子續考》，臺北市，明倫出版社，民國五十九年，頁一三八——一九〇。

⑪ 韓嬰：《韓詩外傳》。張海鵬輯刊：《學津新原㈢》，臺北市，新文豐出版公司影印，卷七頁三，卷一頁三。

漢代時《魯詩》、《韓詩》、《齊詩》極一時之盛；《毛詩》則由鄭玄作註解以後始大行於世，終於使魯、齊、韓三家之詩均遭散佚。我們却可以由韓、魯二家之詩傳自荀卿一事而作下述推論：《魯詩》與《韓詩》傳自荀子，表示他在當時已被奉爲一代宗師。則大毛公之慕名赴蘭陵師事荀卿，是相當可能而合乎情理的。因此陸璣所云「荀卿授魯國毛亨」⑫一語雖缺乏歷史證言的價値，却與其他歷史事實相符。

3.《左傳》與《穀梁春秋》

汪中文引述陸德明《經典釋文序錄》：「左丘明作傳以授曾申，申傳衛人吳起，起傳其子期，期傳楚人鐸椒，椒傳趙人虞卿，卿傳同郡荀名況，況傳武威張蒼，蒼傳洛陽賈誼……。」汪中又引《漢書》〈儒林傳〉：「瑕丘江公受《穀梁春秋》及詩於魯申公，傳子至孫爲博士。」⑬根據這兩則記載，汪中遂判斷左氏與穀梁《春秋》均係荀卿所傳。

汪中之所以認爲《穀梁春秋》爲荀子所傳，理由是因爲魯人申公是荀卿的再傳弟子。然而，《漢書》〈楚元王傳〉僅言申公受詩於浮丘伯⑭，而浮丘伯係荀卿門人，却並未提及申公受《穀

⑫ 陸璣：《毛詩草木鳥獸蟲魚疏》，上海（？），商務印書館，卷下，頁七〇。
⑬ 班固：《漢書》卷八八，第五册，頁三六一七。
⑭ 班固：《漢書》卷三六，第三册，頁一九二二。

梁春秋》於浮丘伯。李鳳鼎曾指出，〈儒林傳〉並未告訴我們瑕丘江生的《穀梁春秋》直接或間接受之於荀卿，的確是切中汪氏的漏洞⑮。但仔細推敲一下，汪氏的推理却也並非無的放矢。因爲古人拜一位大師，往往就向他學習一切。因此瑕丘江生既受《穀梁春秋》與詩於申公，申公的這二門學問可能均受之於浮丘伯，最後當然都可能溯源於荀卿。因此，說瑕丘江生的《穀梁春秋》未必與荀卿有關是對的，說二者之間不可能有關係，則又未免過火。

那末，《經典釋文序錄》又根據什麼而知左丘明與荀卿之間的傳承關係呢？《序錄疏證》說是根據《春秋左傳注疏》所徵引的《劉向別錄》。此書今已失佚，其內容散見於《漢書》。劉向在漢成帝河平三年被任命爲「校中秘書」，專門負責校錄「經傳諸子詩賦」。「每一書就，向輙撰爲一錄，論其指歸，辨其訛謬，敍而奏之」⑯，久而久之，成爲「劉向別錄」。劉向死後，他的兒子劉歆以此爲據而完成《七略》。《漢書》〈藝文志〉即以《七略》爲根據。此外，一如上文所及，劉向是劉邦同父少弟楚元王的子孫，而楚元王曾受業於荀卿弟子浮丘伯，終生醉心學術。

⑮ 李鳳鼎：〈荀子傳經辨〉。羅根澤編：《古史辨第四冊：諸子叢考》，臺北市，明倫出版社（根據樸社初版重印），民國五十九年，頁一四〇。

⑯ 班固：《漢書》卷三〇——〈藝文志〉，第二冊，頁一七〇一；《漢書》卷十——〈成帝紀〉，第一冊，頁三一〇。長孫無忌等：《隋書》卷三二——〈經籍志〉一，臺北市，藝文印書館據清乾隆武英殿刋本影印，頁四六九、五〇一。

這樣，劉向對荀子的記錄也可能得自家傳，値得重視。至於康有爲的《新學僞經考》說《左傳》完全是王莽時代的劉歆僞造⑰，連他的學生梁啓超也認爲不妥。在《古書眞僞及其年代》中，梁任公認爲《左氏春秋》並非左丘明所作，約成於公元前四二五—四〇三年之間，就像《呂氏春秋》一般是一本獨立的書，本來不以「傳」孔子的春秋爲目的；以之來釋經則可能是劉歆所加，爲劉歆所僞造則絕無可能⑱。梁氏又說乃師在事業上與學問上都「純係主觀」，不足爲憑⑲，眞是一針見血之詞。錢穆的意見也大同小異⑳，他又指出劉歆僞造一說處處此路不通，太不可信㉑。反過來，胡適之與瑞典學者高本漢（Karlgren）均以《左傳》爲信史㉒。

總結上述一切，劉向所記《左氏春秋》由荀卿傳給張蒼㉓，其可信性相當大。因爲張蒼是漢文帝的宰相，《史記》中有他的列傳。劉向對他不容易掉以輕心；更何況劉向的祖宗也和荀卿有關係。這樣說來，左氏春秋由荀卿所傳的史籍證據倒比《穀梁春秋》爲強。

---

⑰ 康有爲：《新學僞經考》，臺北市，世界書局，民國五十一年，頁一四四—七。

⑱ 梁啓超：《古書眞僞及其年代》，臺北市，臺灣中華書局，民國六十七年，頁一二二—四。

⑲ 梁啓超：《清代學術概論》，臺北市，臺灣中華書局，民國六十三年，頁五七。

⑳ 錢穆：《先秦諸子繫年》，香港，香港大學出版社，一九五六年增版，上冊，頁一九二—五。

㉑ 錢穆：〈劉向歆父子年譜〉。顧頡剛編，《古史辨》第五冊，頁一〇一—六、一六四。

㉒ 胡適：〈論左傳之可信及其性質〉摘要，《古史辨》第五冊，頁二九三—三一三。

㉓ 《十三經注疏》㈥《左傳》，臺北市，藝文印書館影印，頁六。

4.《禮　記》

上文提到過的李鳳鼎以爲汪中說荀卿傳授《禮記》的論證表面上似乎不充分。汪氏的原文如下：「荀卿所學本長於禮。儒林傳云：東海蘭陵孟卿善爲禮春秋，授后蒼疏廣。劉向敍云：蘭陵多善爲學，蓋以荀卿也。長老至今稱之曰蘭陵人喜字爲卿，蓋以法荀卿。又二戴禮並傳自荀卿。《大戴禮》〈曾子立事〉篇，載〈修身〉〈大略〉二篇文。《小戴禮》記〈三年問〉〈鄉飲酒義〉篇，載〈禮論〉〈樂論〉篇文。由是言之，曲臺之禮，荀卿之支與餘裔也。」這裏汪中舉出了《禮記》傳自荀子的內外二證，比起有關《詩經》與《春秋》的論證强多了。首先他又引用劉向的記錄。當然，孟卿善爲禮，及其爲蘭陵人，不足以證明《禮記》爲荀子所授。但蘭陵人一直崇敬荀卿，並繼他的餘風而好學，一百五十年以後仍喜以卿爲字；他們之喜歡傳習荀子的學說自屬人情之常。孟卿正是這一類型的蘭陵人。《漢書》〈藝文志〉稱孟卿把禮授與后蒼；后蒼在未央宮的曲臺殿說禮數萬言，號《后氏曲臺記》，再傳給戴德、戴聖等㉔，終於成爲今日的《大戴禮》與《小戴禮》。這就是荀卿傳《禮記》的外在證據。當然不能算是很有力的證據，但也不能完全忽視。

汪中所舉的內在證據却非常充分。政治大學中文研究所闓隆庭先生的碩士論文《大小戴記與

㉔ 班固：《漢書》卷八八，第五册，頁三六一五。

荀子關係之探索》曾對《大小戴記》與《荀子》全書作一比較，結果發現《小戴禮》四十九篇中，三十二篇與《荀子》有關；《大戴禮》目下所留存的四十篇中，也有九篇與《荀子》有關㉕。梁任公於《要籍解題及其讀法》中指出，《禮記》本漢儒雜採各家彙編而成㉖。《禮記》前身《后氏曲臺記》的作者后蒼不僅是孟卿之徒，本身也是蘭陵人㉗，很自然地就把大量的荀卿思想彙編在裏面。這樣說來，詩與春秋不過是由荀子轉手傳授給弟子而已，《禮記》則極多篇章直接係荀子的思想。

5.《易傳》

對此汪中的態度比較保留，不敢說是荀卿所傳，僅言「劉向又稱荀卿善爲易，其義亦見非相、大略二篇。」事實上荀子在〈大略篇〉中曾引用咸卦與小畜卦，並說「善爲易者不占」，〈非相篇〉中又引用坤卦的爻辭。但引用儘管引用，不能說易也是荀子所授。汪中這裏的態度很合乎學術要求：「蓋荀卿於諸經無不通，而古籍闕亡，其授受不可盡知矣。」

儘管如此，皮錫瑞却說《漢書》〈儒林傳〉所云的馯臂子弓曾傳《易》於荀卿「馯臂子弓之

㉕ 陳飛龍：〈荀子禮學對後世的影響〉《國立政治大學學報》，第四十四期，頁十八—二十二。
㉖ 梁啓超：《國學研讀法三種》，臺北市，臺灣中華書局，民國五十九年臺五版，頁四三。
㉗ 陸德明：《經典釋文序錄》，頁七四上。

傳易，實授蘭陵」。但替皮氏書作註者就以這項見解爲揣測之辭㉘。郭鼎堂更進一步，不但以爲子弓是荀子之師，而且主張《易傳》係荀子門人執筆㉙。我們且來看一看《漢書》〈儒林傳〉的話：「自魯商瞿子木受易孔子，以授魯橋庇子庸。子庸授江東馯臂子弓。子弓授燕周醜子家。子家授東武孫虞子乘。子乘授齊田何子裝。」㉚《荀子》書中一再把子弓與仲尼並稱，如〈非相篇〉第五（5—6）、〈非十二子篇〉第六（18，20）、〈儒效篇〉第八（89）等。問題是荀子推崇子弓未必就表示子弓即荀子之師，更不能證明荀子所云的子弓就是馯臂子弓。而且孔子（前五五一—四八一）與荀子（前三一三—二三八？）之間相差不下二百年。根據史記仲尼弟子列傳，商瞿比孔子僅少二十九歲。商瞿如果活到八十歲（前四四二年），而子庸、子弓也都活到八十歲，又都在二十歲開始師事上一代大師約十年左右，子弓還是會在前三四〇年左右死去，離荀子出生還差一大截。而司馬遷在〈儒林列傳〉中又稱「商瞿傳易，六世至齊人田何」㉛，傳易的每一代似乎沒有遺缺。這樣荀子受易於馯臂子弓的說法在史籍上完全沒有根據。充其量荀子不過是馯臂子弓的私淑弟子而已。

㉘ 皮錫瑞：《經學歷史》，臺北市，河洛圖書出版社影印，民國六十三年，頁五七—五九。

㉙ 郭鼎堂：《先秦天道觀之進展》，上海，商務印書館，民國二十五年，頁七四—七六。

㉚ 班固：《漢書》卷八八，第五冊，頁三五九七。

㉛ 司馬遷：《史記》卷一二一，第四冊，臺北市，洪氏出版社影印，民國六十三年，頁三一二七。

6. 本節綜合結語

綜合以上所言，荀子傳經說除易經的證據不足以外，詩、春秋與禮記三經，由史籍觀點而言，都還算有若干份量。因此，錢穆雖認爲荀子所傳未必傳自子夏與孔子，但漢人多傳荀子學，這點他也認爲無可置疑，儘管西漢經術除荀子以外尚有其他源流可循㉜。

至於說《荀子》一書的若干部份與《禮記》及《韓詩外傳》相同之處頗多，因此可能由二書雜湊而成，持此說的楊筠如先生舉出的理由實在太不夠份量。他承認現有的《荀子》三十二篇首先由劉向所編定。根據劉向所載，當時「孫卿書凡三百二十二篇」，刪去「復重二百九十篇，留下三十二篇㉝。依據這一記載，楊先生遂下結論：「劉向整理這一堆亂簡的結果，自然有混入他書的可能」㉞。但劉向明明說涉及荀子的資料不多不少，恰好是三百二十二篇。試問這些資料從何而來？上面曾說過，劉向被漢成帝任命爲「校中秘書」，專門負責校錄「經傳諸子詩賦」等書，而且他的先祖楚元王是荀卿的再傳弟子，因此荀學原是他的「家學」；原來的資料也很可能得自

㉜ 錢穆：《先秦諸子繫年》，上册，頁八七。

㉝ 《荀子集解》卷二〇，臺北市，世界書局，民國五十年，頁三六八五。

㉞ 楊筠如：〈關於荀子本書的考證〉。羅根澤編：《古史辨㈥——諸子續考》，頁一四三。

家傳。那些涉及荀子的資料大約由荀門的許多弟子執筆，內容駁雜，其中有許多重覆之處；因此劉向刪去了二百九十篇，不可謂非大刀濶斧。他手下如此不留情，也就不大會加入無關的資料。當然，某些荀門弟子的摘記可能會把自己的東西當作荀子的思想，也可能誤解荀子。局部的這一類情形也並非不可能。

關於《荀子》一書的考證，比較最有份量的應推張西堂。對照《荀子》〈勸學篇〉與《韓詩外傳》及《禮記》以後，張氏舉出相當充份的證據（例如比較完整，比較古奧），證明荀子勸學篇在先而非在後㉟。祇可惜張氏此文沒有對其他部份作詳盡的考證。卽使我們同意胡適之的說法，肯定〈天論〉、〈解蔽〉、〈正名〉、〈性惡〉四篇爲《荀子》精華所在，其餘爲弟子雜記湊合而成㊱，卽使我們因此而祇講荀學不講荀子思想㊲，却也沒有理由懷疑，荀學的中心人物是荀子本人，而荀子書三十二篇大體而言還是代表荀子的思想。

一如上文所言，西漢經學大抵傳自荀子。當時的個別學者手頭上還祇有部份的若干資料，沒有劉向所編訂的三十二篇；但這無損於荀學的廣泛及深刻影響。基於西漢經學承前啓後的特殊契機，以及對二千多年以來中國哲學思想的深刻影響，荀子既對西漢經學有過決定性的影響，他在

㉟ 張西堂：〈荀子勸學篇寃詞〉。羅根澤編：《古史辨㈥——諸子續考》，頁一五五—一五九。
㊱ 胡適：《中國古代哲學史》，臺北市，臺灣商務印書館，民國八年二月初版，民國四十七年三月臺一版，第三册，頁二六。
㊲ 戴君仁：〈荀學與宋儒〉《大陸雜誌》第三九卷（民國五十八年），頁一二五。

中國哲學史中也就有了非常特殊的關鍵地位。

㈡戰國時代思想的演變與荀子

中國哲學思想最活躍最具原創性的時期，大家都承認是在春秋與戰國時代。那時期思想的最大變化，我相信在〈中國哲學對人的思考〉一文㊳涉及先秦部份中已清理出一個頭緒。本文繼續前文，願提出若干新的或更完整的觀點，用以說明荀子在這大轉變中所扮演的角色。

為了便於比較各時代的變化，我曾經提出中國哲學一直特別關切的七個「主題因素」，即：政治、道德、主宰之天、大自然與人事互應、萬物根源、大自然與人事的常道、天地人一體。政治與道德一向是中國哲學的重要主題，不必多加解釋。「主宰之天」狹義地指具意識及意志而管理宇宙與人事的上帝或天，祂對人的命令或處置稱為天命；廣義地主宰之天也可以指內在於天地的生發及指導萬物的能力。中國最古老的傳統思想以狹義的主宰之天為根基；戰國時代以後逐漸轉變為以廣義的主宰之天為主。「大自然與人事互應」是中國人一直保持的一種信念：以為大自然現象與人的命運有關，而人的行為也影響到天地萬物。這一思想在戰國以前多少與上帝的信仰

㊳《哲學與文化月刊》第八卷（民國七〇年）第十、十一、十二期。

相關聯，因爲上帝被認爲宇宙萬物的最高主宰；那時大自然與人事的互應最後被歸結到人與上帝的關係。戰國以後，上帝逐漸被指導萬物而本身生生不已的天地所取代；這時大自然與人事的互應就有些萬物有生論的意味。「大自然與人事的常道」在西周的〈洪範〉中已顯露其曙光，亦卽相信萬物與人事均有恒久不變的規律，不隨個別的人或物而異。〈洪範〉中的常道却係上天所錫，絕非與上帝無關。除去《書經》中的〈洪範〉以外，《詩經》中也有「天生烝民，有物有則」（〈大雅·烝民〉）的說法。可見，詩書期包括了上面的五種主題因素。早期儒家不很重視常道，後者遂爲戰國時代的道家竭力强調，而在着上道家色彩以後又復爲儒家吸收。「萬物根源」與「天地人一體」這最後二個主題均係道家所最先提出，以後才爲儒家吸收。

在這第二節中，我們將按下列步驟進行：1.中國古老傳統思想以上帝的信仰爲主幹。2.早期儒學雖比較强調人文，却也同時非常注意天命，而且相信狹義的主宰之天。3.道家才因對人生的罪惡與災禍無法自解而首創「天地不仁」及「無爲」而無所爲的道，否定了主宰萬物的上帝。天地間的道係自本自根，爲一切其他事物的根源；人的最後歸宿卽在於與天地合爲一體。4.墨子於是起而維護對上帝的傳統信仰，但因對常道不能提供答案而爲中國大部份知識份子所拒斥。5.戰國時代的儒家採取折衷之道，接受了道家的形上學而賦以儒家的某些特色；道家的無爲而無所爲的常道一變而成爲生生不已的「天地之道」（三十二卦恒象；繫下1）。完成儒與道思想的綜合者，首推荀子；這也就構成了他在整個中國哲學史中的關鍵地位。

1. 中國古老傳統中的上帝信仰

中國人自有史以來至今所最關切的問題是政治與道德。而從有歷史文物可以稽查以來，中國古人處理這兩個問題時均以宗教信仰為骨幹，這是沒有人敢否認的。殷周時人信仰一個統治全世界而在衆神之上的上帝，這也是人所共知的。撰寫《中國上古史導論》的楊寬，其本人不見得相信上帝，但他却深信殷代的人相信上帝主宰宇宙，周人亦然㊴。唐君毅先生本人也不信位格神，但他不能不承認詩書中的天或上帝指天地萬物的主宰㊵。古時代的政治行為被視為敬事上帝的一部份：「以敬事上帝，立民長伯。」（〈立政〉）上帝的命令決定政治權力究竟誰屬。湯誓與召誥的話最足以說明這個信念：「王曰……有夏多罪，天命殛之。……夏氏有罪，予畏上帝不敢不正。」（〈湯誓〉）「皇天上帝，改厥元子，茲大國殷之命。唯王受命，無疆惟休，亦無疆惟恤。嗚呼，曷其奈何弗敬。天既遐終大邦殷之天……」（〈召誥〉）上帝之命又是古時代中國人的道德準則：上帝不但關心人的行為是否正直，而且違反道德的行為會遭到上帝的懲罰：「虐威庶

㊴ 楊寬：〈中國上古史導論〉。童書業編：《古史辨㈦》，臺北市，明倫出版社，民國五十九年，頁一二〇—一二五。

㊵ 唐君毅：《中國哲學原論——導論篇》，香港，新亞研究所，民國五十五年，頁五〇二—三。

戮，方告無辜于上。上帝監民，罔有馨香德，刑發聞惟腥。」又「惟時苗民……惟時庶威奪貨，斷制五刑，以亂無辜；上帝不蠲，降咎于苗。……」（〈呂刑〉）整個《尙書》與詩經瀰漫着這一型態的思想。

一提起中國古老的宗教傳統，幾乎立刻會引起我國當代許多知識份子的不屑反應，他們先入爲主地認爲宗教思想代表落後與迷信。他們對哲學理解不多，而且也沒有很高的評價，却盲目接受了孔德（Auguste Comte, 1798-1857）實證論或現代新實證論的哲學立場。如所週知，孔氏用三個時期解釋人類思想的發展：用諸神的意願及幻想解釋大自然的神學時期；用普遍的本質概念及自然力量來解釋的形上學時期；僅限於描述事實及規律的實證時期。但僅僅描述事實及其規律無法解答宇宙與人生的最深切問題。當代最偉大的物理學家如愛因斯坦與海增白却都是由實證研究而進入形上學甚至宗教的反省。而從知識論的觀點而言，實證論也早已被證明爲幼稚而不切實際㊶。因此，在二十世紀的今日，尙堅持淵源於十九世紀的實證論而把宗教與落後混爲一談，這對馬列主義控制下的中國大陸知識份子尙屬情有可原。我們這裏的知識份子則早應作必要的修正。當然，宗教信仰屬於每個人自己，絕不能勉强；沒有人會要求無宗教信仰者作偏於宗教的違心之論。反之，有宗教信仰者把中國古代哲學全部作有神論的詮釋也不是道理。從學術觀點而言，

㊶ Edmund Husserl, *Phenomenology and the Crisis of Philosophy*, translated with an Introduction by Quentin Lauer, New York: Harper and Row, 1965, pp. 79-81.

最正確的方式是採取荀子所云的虛靜或胡塞爾現象學存而不論的態度：正確描述中國古代或現代涉及宗教信仰的事實而不作任何主觀判斷。這是純學術態度向當代中國學者的要求。

有人以爲詩書所代表的是中國哲學興起以前的「原始觀念」，不應寄以重視㊷。實則《書經》中的〈洪範〉已對大自然與人事的常道（「洪範」的意思就是「大法」或「大規範」）及其源流（天帝）作了頗有系統的哲學反省，可以說是系統哲學的大綱，包括自然哲學、道德哲學、政治哲學、人生哲學，而這一切均以天所賜的大法爲基礎。〈洪範〉的哲學二千餘年以來並未獲得全面的發揚，這是一回事；但說詩書所表顯的中國哲學思想都不足重視，則是另一回事。

2. 早期儒家兼顧人事與天命

春秋與戰國時代是諸子百家最活躍的時期。但百家之中最有力量的應推儒、墨、道三家。儒家的創建者孔子自承「信而好古，述而不作」，基本上繼承了商代與西周時代的傳統思想。事實上，詩與書是殷周時代所遺留的可靠資料，顯示出當時的中國人思想非常注意政治、道德與宗教。孔子與其弟子所關切的和詩書一模一樣，儘管他們比較强調人事。爲了和戰國時代的儒學相區別，我建議稱孔子與其弟子在論語中所表達的爲早期儒家思想（約在前五五〇—四五〇年間）。

㊷ 勞思光：《中國哲學史㈠》，臺北市，三民書局印行，民國七十年，頁一一三—一一四，四六。

一如上文所言，詩書期思想包括政治、道德、狹義的主宰之天、大自然與人事互應及常道五個主題因素。早期儒家却祇繼承了前四個，而忽視常道的因素。早期儒家很脚踏實地，非常注意個人修養、教育及人際關係的改善。就這點來說，說他們重視人，甚至稱他們爲人文主義者，均無不可。他們內心中的最高願望是實行平天下的政治理想。要實現這項政治理想，儒家認爲最好的方法是以身作則，並以教育誘導老百姓以仁義爲道德規範，並以天命爲人生最後歸宿。孔子所云的天命是指狹義的主宰之天的命令或使命，任何不帶有色眼睛的人都不能不承認。孔子的政治與道德方面的信念和他的宗教信仰至少是同樣堅强。他相信有山川之神（《論語》〈雍也〉第六6）和鬼神（同篇20），儘管他採敬而遠之的態度，並認爲事人較事鬼爲優先（〈先進〉第十一12）。失意時他尤其聲聲口口說自己「不怨天不尤人」，並以「知我者其天乎」這句話使自己翕然於心。孔子對君子與小人之分可以說是他對一個人的最後評價，而他竟以「畏天命」與否作爲君子與小人之間的分水嶺：「君子有三畏：畏天命，畏大人，畏聖人之言。小人不知天命，而不畏也；狎大人，侮聖人之言。」（〈季氏〉第十六8）假使我們和孔子同時，而他用畏天命與否來判斷我們是君子還是小人的話，我們決不會掉以輕心，說他是「由於習慣之殘留」㊸才說這樣的話，實際上不代表他的眞心。孔子之所以對他弟子訓話時開口閉口不離天與天命，正顯示出他和他的親炙弟子都分享同樣堅强的信念。他們的政治、道德與宗教都密切相接，彼此無法分家。他們是

㊸ 同書，頁一三。

馬里旦所言的完整人文主義者㊹，同時盡人事而兼顧天命，而非執於一面的唯人主義者。

關於這點，古史辨中錢穆、李鏡池、馮友蘭等的文章最令人信服。他們把論語與易傳兩相比較，都斷然決然肯定論語中孔子所說的天是有意志的上帝㊺。無怪乎研究中國上古的楊寬會斥郭沫若的意見爲「迂回無當」，郭氏以爲孔子所言「知我者其天乎」的「天」指自然㊻。而上述錢、李、馮、楊四位先生，本身都從未表示自已信仰上帝。可見，說孔子的「天」不指位格性的上帝，這樣的論調完全是沒有學術根據的一面之詞。

3. 歷史的荒謬感與道家思想

道家所云的道和希臘人的 Logos 確實有些相似。於是有人以爲道家的道起源於對大自然規律的觀察。實則道家思想和儒家思想同樣是爲了要解決人生經驗中的棘手問題。儒家體驗到發自內心的道德規律；他們就推論到一個福善禍淫的道德規律的起源——上帝。道家思想也同樣地從人生與道德問題做出發點：他們直覺地要成爲有道德的人，但道德是否源自賞善罰惡的上帝呢？對

㊹ Jacques Maritain, *Humanisme Integral*, Paris: Aubier, 1936.

㊺ 顧頡剛編：《古史辨㈡》，臺北市，明倫出版社，民國五十九年，頁一九九—二〇〇；《古史辨㈢》，頁九一—三，九九，一〇〇。

㊻ 楊寬，〈中國上古史導論〉，《古史辨㈦》，頁一二三。

此他們就覺得不能苟同。

《道德經》除第一章祇講道及有無之外，第二章就說出它對人生的看法：「處無爲之事，行不言之教。」《老子》一書共八十一章中，涉及人事與政治者幾達百分之九十以上。老莊思想之所以一向對中國人具吸引力，其理由蓋在於此。當然，另一方面也是因爲它和儒家唱對臺戲，而儒家思想屬於官方。

班固深切體會到道家思想和人生中難以理解甚至感到荒謬的某些經驗有關：「道家者流，蓋出於史官，歷記成敗存亡禍福古今之道，然後知秉要執本，清虛以自守，卑弱以自持，此君人南面之術也。……及放者爲之，則欲絕去禮學，兼棄仁義，曰獨任清虛可以爲治。」㊼事實上史記也說老子是「周守藏室之史也」㊽。老子很關切政治，但他從無數史料中發覺的，祇是一些「成敗存亡禍福」的「古今之道」，而它們不同於儒家的道德規律。不僅如此，他又發覺「福善禍淫」也並非歷史所揭示的常道，倒是心狠手辣者往往得到政權。於是他不但反對儒家的仁義：「大道廢有仁義」（十八章），「絕仁棄義，民復孝慈」（十九章）；而且一口咬定「天地不仁」與「聖人不仁」（五章）。這顯然是因爲道德行爲未必令人招致成、存、福，不道德行爲也未必使人得禍招致敗亡。歷史中一再出現的這一事實構成了存在的憂懼甚至荒謬的感受。結果，被認爲

㊼ 班固，《漢書》卷三〇〈藝文志〉，第二冊，頁一七三二。

㊽ 司馬遷，《史記》卷六三，第四冊，臺北市，洪氏出版社影印，民國六十三年，頁二一三九。

應該賞善罰惡的上帝就被否定，而代之以古今一貫發生效力的「道」。

道既是無爲而無不爲的，因此儒家的忙碌自然大可不必，致虛靜才是最高理想。這樣的思想在孔子有生之年早已萌芽（《論語》〈微子篇〉第十八5—7），而於戰亂如麻的時代大盛於世。根據梁啓超、羅根澤等諸名家，老子與莊子的著作大約就在戰國時代㊾。

早期儒家由於太著重實際問題，忽視了對大自然與人事的常道；道家却開創了以常道爲自本自根的形上學。一如上文所言，《詩經》中已主張「天生烝民，有物有則」，《書經》的〈洪範〉也早已把大自然的常道（五紀＝日月星辰運行軌跡及曆數）與人事的常道（五福六極＝人間的禍福）視爲天帝所錫洪範九疇的二疇。天體的運行與曆數與人間禍福都有天賜的運行常規：日與月交替出現在天空就是一例；人間的壽、富、康寧、攸好德、考終命五種福氣，以及凶短折、疾、憂、貧、惡、弱六種災禍也有一定的常道可循，例如暴飲暴食足以致病等等。洪範承認大自然與人事都有常道可循，但這些常道最後導源於會思想的上帝。循着這一理路思考，就不必把大自然及人事的任何災禍都視爲上帝的直接干預，因爲統治宇宙的上帝不會隨時改變自己所制定的常道，而且無端改變常道必然會導致無盡的災禍。歐洲自文藝復興至今，許多篤信上帝的科學家就堅信

㊾ 羅根澤編：《古史辨㈣》——〈諸子叢考下編〉，頁三〇五—五一六。
羅根澤編：《古史辨㈥》——〈諸子續考下編〉，頁三八七—六八四。
羅根澤：《諸子考索》，臺北市，泰順書局總經銷，出版家及出版年不詳，頁二五七—二八一。

上帝制定的常道；例如克卜勒相信自己努力去發現大自然的科學定律，就是崇拜上帝的一種方式，因爲一切原都是上帝所思㊿。自然科學如此，人文與社會科學亦未嘗不然。

但是由於詩書時期大部份老百姓都不很瞭解上帝所賦與萬物的常道，所以他們相信天體變化及人間禍福均係上帝的直接干預。這樣就引起許多人的不平與懷疑；《詩經》〈大雅．板〉篇中的「上帝板板，下民卒癉」就是一例。早期儒家也忽視了常道這一觀點，太相信上帝在現世直接會福善禍淫。人間善惡行爲未必會在此世得到報應的確切事實遂使道家相信「天地不仁，以萬物爲芻狗」（《道德經》第五章）；再進一步，他們遂相信天地間的一切都由無爲而無不爲的道所支配，一切自然而然：「人法地，地法天，天法道，道法自然。」（《道德經》二十五章）這就等於說：生發宇宙的最高根源是天地之道，道則是自然而然，不必再追求解釋。莊子更索與肯定道「自本自根」（〈大宗師〉第六29）。這一來，〈洪範〉中被視爲由天所錫的常道，道家則視之爲宇宙萬物的最高根源。

接着，天地間的常道立刻獲得了更具體的內容：它就是有與無、陰與陽的相繼相生相成相殺。道德經中有「有無相生」（二章）、「天下萬物生於有，有生於無」（四十章）、「萬物負陰而抱陽」（四十二章）、以及「天之道損有餘而補不足」（七十七章）等句似乎都指此意。莊子對

㊿ Carl Fr. von Weizsäcker, *Der Garten des Menschlichen*, München: Hanser Verlag, 1978, S. 325-6.

這點說得更明顯：「少知曰：四方之內，六合之裏，萬物之生惡起？太公調曰：陰陽相照，相蓋相治，四時相代，相生相殺。……安危相易，禍福相生，緩急相摩，聚散以成。……窮則反，終則始。」（〈則陽〉第二十五67—71）他又說：「陰陽錯行，則天地大絯」（意指天地受牽制，見〈外物篇〉第二十六3—4）。

以有與無、陰與陽之相繼、相成、相殺來解釋宇宙間的一切，漢朝以後將成為二千多年中國人思想的常數之一，儒家與道家均熟諳此說，視之為當然。但從哲學思想發展的起源而言，這一思想來自道家是毫無疑義的。

4.一味宣揚「尊天事鬼」的墨子

一如《呂氏春秋》〈當染篇〉、《漢書》〈藝文志〉、以及《淮南子》所云，墨子思想起源於儒家。墨子本人曾「學儒者之業，受孔子之術」（《淮南子》卷二十一7a）。墨子本人曾任「清廟之守」一說雖似不可靠[51]，但他的宗教信仰卻非常虔誠。見到那時代儒者對鬼神與天帝的信仰模稜兩可却又執着於繁文縟節的虛禮（包括祭禮），於是憤而另立門戶。據韓非子所云，當時儒與

[51] 武內義雄認為《漢書》〈藝文志〉「清廟之守」一說來自《呂氏春秋》〈當染篇〉，不可靠。武內義雄《中國哲學思想史》，新竹市，仰哲出版社，民國七十一年，頁三六—三七。

墨都算是「顯學」：「孔子墨子俱道堯舜，而取舍不同。」（〈顯學〉第五十）孔子比較注意由近及遠的人際關係及教育，同時也一點不含糊地肯定自己有上天的使命。墨子則一味堅持兼愛衆人與天志天意，强調宗教信仰是政治與道德的基礎：「古聖王皆以鬼神爲神明而爲禍福，執有祥有不祥，是以政治而國安也。自桀紂以下皆以鬼神爲不神明，不能爲禍福，執無祥無不祥，是以政亂而國危也。」（〈公孟〉第四十八30—32）因此，墨子與早期儒家的不同在於前者比較重視質樸，不尚文縟節，並主張兼愛，非常强調敬鬼神對政治的關係。儘管如此，一如上文所言，早期儒家和墨子對上帝與鬼神的基本信仰是相同的。也許我們可以說，《論語》中的孔子在奉行天命時更注重「行義以達其道」（〈季氏〉第十六11），不像墨子那樣强調鬼神與禍福的關係。

眞正與墨子思想背道而馳的是戰國時代的儒學。這也正是本文要特別拘劃出的關鍵性轉變。當時在道家思想影響之下，「儒以天爲不明」（《墨子》〈公孟〉第四十八50）的轉變過程已經開始。墨子亟思挽回這一轉變，但是沒有成功。不但沒有成功，後代的中國知識份子大多認爲墨子以「天意」「天志」去解釋一切，祇能「得愚民之欲，不合知者之心」[52]。這其中的關鍵在於墨子沒有認眞去處理道家所最得力的常道問題。道家以極其平易的方式告訴大家，不必捨近求遠以「天志」「天意」解釋大自然現象與人間禍福；無爲而無不爲的常道足以勝任而游刃有餘；常道爲自本自根並爲一切事物的根源。面對這樣强大的壓力，墨子不但仍自限於政治、道德、主宰

[52] 《評註王充論衡》，臺北市，文化圖書公司，民國四十五年，卷二三〈薄葬篇〉，頁六。

之天與大自然與人事的互應這四個主題，而且變本加厲地堅持上帝在此世賞善罰惡的信念，却無法提供洪範所早已提出的解答。照他的說法，所有天災均係上天的報應：「故當若天降寒熱不節，雪霜雨露不時，五穀不孰，六畜不遂，疾菑戾疫，飄風苦雨，荐臻而至者，此天之降罰也，將以罰下人之不尙同乎天者也。」（〈尙同中〉第十二32—33）要是如此，那末尙同乎天的善人就不應該再遭到災禍了；但事實是否如此呢？下面的對話足以顯示出墨子對此難題的窮於應付：「子墨子有疾，跌鼻進而問曰：先生以鬼神爲明，能爲禍福，爲善者賞之，爲不善者罰之。今先生聖人也，何故有疾？意者先生之言有不善乎？鬼神不明知乎？子墨子答曰：雖使我有病，何遽不明？人之所得於病者多方，有得之寒暑，有得之勞苦。百門而閉一門焉，則盜何遽無從入？」（〈公孟〉第四十八76—79）墨子答覆弟子時曾說他們有厚罪，因此不能得福（同篇69—76）。他自己却不承認有罪而得病，而肯定鬼神能爲禍福祇是我人所以得病的百門之一門。那末其他「百門」是否就和鬼神無關呢？墨子似乎承認這點。但如他一方面承認道家的部份觀點，肯定宇宙中有常理在暢行，就不必把任何災禍直接歸咎於上帝；同時也不必把天帝的行動範圍限於百門中的一門。他可以接受〈洪範〉的答案，承認大自然與人事的常道爲上帝所錫：順之者存，逆之者亡。上帝如果處處更改干涉到他所制定的常道，常道也就不成其爲常道，而且會天下大亂。由於墨子並未作這樣的反省，所以他想挽救中國古老宗教傳統的努力終告失敗。而戰國以後二千二百多年中國人的宗教生活遂與知識份子完全脫節。

人間災禍與罪惡這一問題，古今中外都是人類最棘手的問題之一。現代的西方就有施金納用環境來解釋人間的一切現象53。他對常道的看法可以說完全是道家的信徒，相信一切是自然而然。古代的奧古斯丁曾有專門討論「惡」（包括災禍與罪惡）的專著，他的解答就非常接近〈洪範〉54。當然他的解答也並不能百分之百令人滿意，但至少始終保持了宗教與理性之間以及宗教與知識份子之間的對話。我國的傳統宗教却隨墨子的失敗而成爲悲劇：早期儒家與墨子尚維持了傳統宗教與理性之間的對話；這以後傳統宗教就淪入方士與「愚民」手中，以迄於今。

5. 綜合儒與道的荀子

要如墨子的失敗在於無法在傳統宗教信仰與常道思想之間做一個適當的綜合，荀子的貢獻也就在於替儒教的積極淑世態度與道家的自然常道之間做了這樣的綜合。

要體會到荀子與墨子思想的深刻差異，我們可以在《荀子》〈儒效篇〉中得到最好的線索。荀子在〈富國〉、〈王霸〉、〈天論〉、〈樂論〉、〈解蔽〉等篇都曾批評過墨子，大多批評墨

53 項退結：《人之哲學》，臺北市，中央文物供應社，民國七十一年，頁九〇—九六。
54 奧古斯丁：〈論自由意志〉《奧古斯丁選集》，香港，基督教輔僑出版社，一九六二年，頁一八一—三三一。

子的節用、非樂等枝節問題；唯有在〈儒效篇〉第八（91—93）中牽涉到一個中心問題，那就是指責一些「俗儒」「不知隆禮義而殺詩書……，其言議談說已無以異於墨子矣。」能夠「隆禮義而殺詩書」者（95），荀子則稱之為「雅儒」。大家都知道，禮與義是所有儒者都贊成的，因此所謂「俗儒」與「雅儒」之分，絕不會在於隆禮義這件事上。試看孟子，他的思想和荀子有很大的出入。但他也主張修「仁義禮智」，對禮與義的主張則與荀子同。毫無疑義，「隆禮義而殺詩書」一句的重點在於「殺詩書」，尤其在於殺《書經》。事實上荀子頗喜歡賣弄《詩經》，不時引用《詩經》，但很少用《書經》。反之，墨子引用《尚書》達三十四處，減去重覆，剩下二十九次；引用《詩經》也達十處[55]。他之所以熱衷於引用詩書的目的之一，就是要想恢復「尊天事鬼」的古老傳統，並把人間禍福一概視為上天的直接干預。《荀子》〈天論篇〉第十七（44）所云「大天而思之，孰與物畜而制之，從天而頌之，孰與制天命而用之，」就是針對墨子而發。這也就是「殺詩書」的深意所在，亦即不要維護詩書中上帝隨時賞善罰惡的想法。荀子以為這樣的想法會使人消極。他要人進取，要人能「制天命而用之」，而不停留在頌天事天的心態中。

這裏我們必須指出，荀子所云「制天命而用之」的「天命」二字顯然不是指上帝的旨意，而是萬物與人事的常理常道。《荀子》〈天論篇〉第十七強調「天行有常」（以及「天有常道兮」）（1，23），其受道家思想影響是不言而喻的。把上述諸句與「不為而成，不求而得」的「天職」

---

[55] 羅根澤：《諸子考索》，頁一四五—一九四。

(同篇6) 以及「大巧在所不爲，大智在所不慮」(同篇16) 等語相比時，道家的氣息尤其濃厚。

上面已經說過，道家把道視爲最高根源，而道顯示於陰陽的交替運行，天地則是最大的陰陽。《道德經》的道「先天地生」(二十五章)；莊子也說道「生天生地」(〈大宗師〉第六30)，而「天地者萬物之父母也」(〈達生〉第十九6)。荀子的天很接近道家的道：「天行有常，不爲堯存，不爲桀亡，應之以治則吉，應之以亂則凶。……其道然也。……不爲而成，不求而得，夫是之謂天職。」(〈天論〉第十七，1—6) 接着他又講述同一觀點：「列星隨旋，日月遞炤，四時代御，陰陽大化，風雨博旋，萬物各得其和以生，各得其養以成。不見其事而見其功，夫是之謂神。皆知其所以成，莫知其無形，夫是之謂天。」(同篇8—10) 這裏所云的「神」和「天」都和〈天論篇〉第一句「天行有常」前後呼應。「皆知其所以成，莫知其無形」(同篇9—10) 也就是「不爲而成，不求而得」(同篇6)，總之都不出自然而然的道。天與道既被荀子視爲一事，難怪他會說「大天而思之，孰與物畜而制之」(同篇44)。

這自然而然的天或道之最重要的成就莫過於使天地生成萬物。這點荀子和莊子的看法完全相同。荀子也說：「天地者生之始也」(〈王制〉第九64)，「夫天地之生物也」(〈富國〉第十50—51)，「天地合而萬物生」(〈禮論〉第十九77)。天地之所以生物，則是天的自然之理或道。

由於天或道都是自然之理，因此荀子的天祇能生物而無辨物的能力：「天能生物，不能辨物，地能載人，不能治人也。」（〈禮論〉第十九78）。這些話和《莊子》〈天下篇〉第三十三（43—44）中下列的句子非常相似：「天能覆之，而不能載之；地能載之，而不能覆之。大道能包之而不能辨之。」在荀子的心目中，單獨的天或道無辨物能力，「天地」在一起亦然：「天地不知善：桀紂殺賢良，比干剖心，孔子拘匡。」（〈堯問〉第三十二35）這和老子所云「天地不仁，以萬物爲芻狗」如出一轍。

荀子相信天或道是自然之理，本身不識不知，這在下面一段格外明顯：「雩而雨，何也？曰：無何也，猶不雩而雨也。日月食而救之，天旱而雩，卜筮然後決大事，非以爲得求也，以文之也。故君子以爲文，而百姓以爲神。」（〈天論〉第十七38—40）這裏他露骨地說出，他求雨或求神問卜時只是迎合老百姓的心理逢場作戲而已：他本人根本不信，却僞裝（「文之」）向天帝求雨或求神問卜。〈禮論篇〉中（120—122）荀子又認爲祭祀表示「志意思慕之情」，「其在君子以爲人道也，其在百姓以爲鬼事也」。墨子所云「儒以天爲不明，以鬼神爲不神」，可以由荀子這些話得到佐證。無論是把天當作「不爲而成，不求而得」的自然常道，或者把天與地一起視爲化生萬物之始，荀子心目中的天都不是有心知的主宰之天。

這樣說來，荀子是否毫無保留地接受了道家的觀點呢？或者祇是替道家思想戴上了儒冠呢？這也就是荀子如何綜合儒與道二種思想而傳諸後世的問題。我在「中國哲學對人的思考」一文中[56]就沒有注意到這個。而這却是本文的關鍵所在。

道家思想本來主張清靜無爲，其推理模式大致如下：一切旣遵循天地間的常道，而道又是無爲而無不爲的，所以人最好也法天法道，「致虛極，守靜篤」（《道德經》十六章）才是。荀子完全同意一切遵循天地間的常道，但他以儒者身份却對此作了意向不到的轉向：他認爲常道與天地祇遵循刻板的規律行動，祇能生人而不能辨物、治人：「天能生物，不能辨物，地能載人，不能治人也。」（〈禮論〉第十九78）天地旣是無知的，所以需要人採取行動來治理：「天地生君子，君子理天地。……無君子則天地不理。」（〈王制〉第九65—66）這就充分顯示出：儒者主動「參天地」「平天下」的熱忱與老子的無爲的道已綜合成一體。由於這一轉向，荀子才會批評莊子「蔽於天而不知人」（〈解蔽〉第二十一22），又批評老子「有見於詘（屈）無見於信（伸）」（〈天論〉第十七51）。所謂「不知人」及「無見於信」也就是不知君子應主動參預天地化育之功而有所行動。

何以荀子認爲天不能辨物、治人而又不知善呢？這其中的理由和老子不相信治理世人的上帝一樣，因爲天地間的事並不像有知者在治理：知者與忠者均未必見用，王子比干被剖心、關龍逢見刑就是活生生的例子（〈宥坐〉第二十八35—36）。世間往往發生一些令人痛心疾首的事，這在今日同樣地會使人對上帝發生懷疑。一九六六年，美國一位猶太教拉比古西內（Harold Kushner）的兒子開始生早老症（Progeria），並於一九七七年逝世；死時年方十四歲，但身體完全

56 《哲學與文化月刊》第八卷（民國七十年），頁七六二—四。

像一個小老人一樣。這一悲劇事件使古西內對上帝開始懷疑。終於他在一九八一年發表了《當壞事發生在好人身上時》(*When Bad Things Happen To Good People*) 一書，認爲上帝雖是善良的，却並非萬能，因此壞事不在祂的控制範圍以內 (Time, July 19, 1982, p. 52)。這一心態和荀子非常相似。

荀子的天雖不辨物不治人，却不像道家的道那樣無爲而無所爲，根本無目的與方向可言。荀子雖以爲天「不知善」，却仍承認「天之生民，非爲君也；天之立君，以爲民也」(〈大略〉第二十七75)，以及「皇天隆物，以示下民」(〈賦篇〉第二十六5)。換言之，荀子的天與天地是無知而有愛意的。肯定遵循自然常道而生發萬物的天地對萬物具有愛意，這是荀子綜合儒與道的另一貢獻。荀子在〈賦篇〉第二十六(35—36)中慘痛地呼天，就是這個道理。李震與黃美貞二位教授認爲荀子始終沒有放棄上帝的信仰[57]，也就是惑於這些表象。究其實，一如上文所言，荀子的天與天地是無知的；至於能賞善罰惡主宰天地的上帝，荀子已借用孔子的口輕描淡寫地用遇與不遇來取代(〈宥坐〉第二十八33—40)。引用《詩經》的「上帝」一詞時(〈非十二子〉第六32—33) 他一點沒有參以己見：往往他是以旁觀者身份敍述別人對「天」的想法 (〈堯問〉第三十二8) 而不加可否。倒是〈禮論篇〉第十九(114) 說「郊者幷百王於上天而祭祀之也」，這句話的

[57] 李震：《中外形上學比較研究 (上册)》，臺北市，中央文物供應社，民國七十一年，頁三四五—七。黃美貞：《荀子倫理學說平議》，臺北市，嘉新水泥公司文化基金會，民國六十二年，頁一二一—十四。

確表示荀子也相信有百神；但百神沒有超然地位，終究都爲天之常行常道所統攝。〈修身篇〉第二（44—45）稱有些人雖有大過，却也做了三種善行，天難道會不讓他們順利嗎？（「人有此三行，雖有大過，天其不遂乎？」）表面上這裏的「天」似指有知有意的上帝；其實也未始不可指自然之理：因爲荀子認爲「天行有常」，善行自然能抵消惡行。實則荀子的「天」一方面是自然之理，而天地也是自然而然生發萬物，本身無所謂知；另一方面天與天地却又對萬物具有愛意。天與天地不是主宰世界的上帝，却仍擁有傳統宗教信仰中上帝的部份特徵，那就是仁民愛物。

以基督徒的眼光來看，承認天與天地生發萬物而且愛護萬物，似乎必須同時承認天與天地具某種更高形式的知。西方的神學就肯定上帝以超感官的方式盡知一切。但仔細推敲戰國、漢代尤其宋明理學的思想，我們會發現最大多數的儒者都承認天與天地有「生生之德」及「一體之仁」，却未必承認天爲具知能的完整位格。這一想法可能卽創始於荀子對儒與道二家思想的綜合。

6.《荀子》跟《易傳》及《禮記》的關聯與影響力

本文在第一節中已經指出，《荀子》與《禮記》的關係非比尋常，但荀子傳易說在史籍上却毫無根據。然而，無論《荀子》與《易傳》作者之間的關係如何，《荀子》的某些中心思想與《易傳》極其接近則是事實。上面曾提及荀子責備老子「有見於詘，無見於信」。在〈不苟篇〉第三（14）中，荀子贊揚君子「與時屈伸，柔從若蒲葦，非懾怯也；剛强猛毅，靡所不信，非驕暴也。以義應變，知當曲直故也。」因此，荀子的一位弟子在荀子書後贊揚他明哲保身，祇不過不得其時，故無所成就（〈堯問篇〉第三十二28—31）。而〈繫辭傳〉（下3）中也非常强調「屈信相感」，並贊美「尺蠖之屈，以求信也；龍蛇之蟄以存身也。」

要如我們把屈伸的思想與《道德經》的「曲則全，枉則直」（二十二章）相比，就會發現老子不過是委曲求全，枉着身子等待自然常道替他直起來；荀子的理想則是「與時屈伸」：伸而有爲於世才是他的志向，一時之屈不過是權宜之計。老子與荀子表面似乎有些近似，實質上却完全不同；而《荀子》與《繫辭》的態度却完全一致。屈伸思想其實反映了上文所云荀子替道家所做的轉向，充分表現了儒家「參天地」的積極意味，綜合了儒與道兩種態度，可以說已經牽涉到《荀子》的中心思想。

《荀子》與〈易傳〉不僅在屈伸思想上完全一致，在另一思想上亦然。荀子所云「天地合而萬物生」（〈禮論〉第十九75），《易傳》中的說法是「天地感而萬物化生」（三十一卦咸彖），意義幾乎完全相同。這一想法在《禮記》中也可以找到：〈郊特牲〉第十一（25）就說：「天地合而萬物興焉」，〈哀公問〉第二十七（2）也說：「天地不合，萬物不生。」本文討論道家時曾指出，這一思想起源於道家，但它已經和儒家思想相綜合。究竟是誰首先開始這項綜合工作呢？上文已提及，《禮記》是漢代才編輯成書，採用了《荀子》的許多資料。《易傳》的著作年代，據李鏡池的考證，可能是在秦漢之間，一部份甚至在漢代昭帝、宣帝之後[58]。但我們也有充分理由相信，《易傳》的各部份相繼完成，最早的可能在戰國時代。根據梁啓超的意見，由劉向所校錄的三十二篇當時稱爲《孫卿新書》，大部份爲荀卿自著，小部份大約由荀門弟子記錄[59]，因此都在戰國時代執筆。張西堂更證明，至少《荀子》〈勸學篇〉爲《大戴》〈勸學篇〉的藍本[60]。大小二戴均係漢代武帝、宣帝時代的人，這是人所共知的。準此，替陰陽與天地這些道家術語賦以儒家內容，荀子一書時間上可以確定爲最早。時間的早遲本來不能證明有淵源關係；但基於漢代大儒幾皆與荀子有淵源關係的事實，就有充分理由肯定：就我個人所知古籍來判斷，荀子是把道家的陰陽、天地等術語賦以儒家內容的第一人。

何以陰陽合德與天地交感、相合而生萬物的思想會逐漸由道家而一變成爲儒家思想呢？這其中的關係仍可溯源到荀子對天與天地的基本看法，卽天與天地雖不能辨物，却愛護所生萬物。《易傳》中反映此信念的句子有：「復其見天地之心乎」（二十四卦復象）；「天地感而萬物化生，聖人感人心而天下和平，觀其所感，而天地萬物之情可見矣」（三十一卦咸象）；「天下何思何慮？天下同歸而殊途，一致而百慮。」（〈繫辭〉下3）《禮記》中也講天地之「義氣」與「仁

[58] 李鏡池：〈易傳探源〉。顧頡剛編：《古史辨㈢》，頁一〇五。
[59] 梁啓超：〈荀卿及荀子〉。羅根澤編：《古史辨㈣》——諸子叢考，頁一一〇。
[60] 張西堂：荀子勸學篇寃詞。羅根澤編：古史辨㈥——諸子續考，頁一四七—一六二。

氣」（《鄉飲酒義》第四十五3），人則可以「贊天地之化育」而「與天地參」（《中庸》第三十一20）。這一思想的繼續發展，就成爲宋明理學的「一體之仁」。

與這一構想不很符合的是荀子的性惡說。既然天地有生生之德及生物之心，那末人係天地所生，其天性應該是善的。基於這一理由，性惡說在儒家陣營中很少有人同情。但除此以外，荀子綜合儒與道的努力已爲漢代儒者一致接受。他的思想透過《易傳》與《禮記》這二部著作，普遍地影響了漢代以後的整個中國哲學界。本文第一節所引用的閆隆庭先生曾經指出：《大學篇》與《荀子》〈君道〉、〈天論〉、〈解蔽〉、〈致士〉、〈大略〉、〈堯問〉、〈修身〉七篇在內容與文句中諸多相同；《中庸篇》與《荀子書》類同者不下十一篇，而〈禮運篇〉與《荀子》類同者亦達六篇之多[61]。禮記的以上三篇都深具影響力，前二篇且被錄爲四書之二。馮友蘭主張「大學」爲荀學[62]，這樣看來，更令人覺得言之成理。戴君仁先生列述宋儒巨子如周、張、二程、朱諸人的思想均與荀子暗合，並特別指出道學家本來對荀子有成見，因此並非有心接受荀學[63]。這也正足以證明，荀子對漢與以來二千二百餘年中國哲學的影響力眞可以說是無孔不入。

[61] 陳飛龍：〈荀子禮學對後世之影響〉。《國立政治大學學報》第四十四期（民國七十年十二月），頁一八一—二二一。

[62] 馮友蘭：〈大學爲荀學說〉。羅根澤編：《古史辨㈣》，頁一七五—一八三。

[63] 戴君仁：〈荀學與宋儒〉。《大陸雜誌》第三十九卷（民國五十八年）第四期，頁一二五—一八。

方才所徵引的戴君仁先生格外强調「荀學」，因爲他以爲《荀子》一書代表荀門弟子的記錄，不能算是荀卿一個人的思想。我們在本文第一節綜合結語中曾說，即使如此，荀學的中心人物還是荀卿本人。再退一步說，即使我們對考證部份都覺得難以完全信服，至少也得承認，戰國至秦漢之間有「荀學」這樣的儒家學派，而這一學派對漢代經學（尤其對《易傳》與《禮記》）有壓倒性的影響力。不管是荀卿本人或是以荀卿爲主的學派，總之這一型的思想在中國哲學史中的關鍵地位是無可置疑的。

㈢荀子與現代中國知識份子

說明了荀子本人或其學派對漢與以來中國哲學的壓倒性影響以後，這裏我們將探討荀子與現代中國知識份子的關係及其對未來尚能保持的意義。討論荀子與現代中國知識份子的關係時，首先我們將以一般知識份子爲念：他們並未讀過荀子的書，對中國哲學的遺產亦僅有膚淺的知識，甚至根本不寄以同情，但他們的基本心態却仍和荀子非常接近；其次，我們也將約略談到以繼承儒家傳統爲其職責的現代儒學者。這以後，我們將探討荀子對現代中國人尚能發生的潛在力量，尤其是意志作正確抉擇的功能與公正學術態度的培養。

1. 荀子與一般知識份子及現代儒家學者

假如有人說現代中國知識份子繼承了荀子的哲學思想，一定會被嗤之以鼻。事實上，很少現代中國人會有閒心思去讀荀子。另一方面，現代中國知識份子至今仍繼承了儒家以天下爲己任的淑世主義和行動主義，同時對政治與道德問題保持了極尖銳的興趣。無論是清代的「經世致用」派，或者是康梁變法時代的所謂「啓蒙派」，也無論是五四時代新文化運動的健將與馬克思主義的信徒，或者是篤信科學萬能的科學主義者及實證主義者，甚至所有接受了相當程度教育的中國人，他們多少都繼承了儒家的這一傳統。

除去繼承了儒家的淑世主義和對政治與道德的興趣以外，現代中國知識份子也一致相信宇宙間有一些堪稱爲常道與常理的東西。同時，他們之中的大部份都認爲這些常道常理是自然而然、自本自根的，不需要進一步解釋。一如上文所云，宇宙間一切都遵循自本自根的常道這一信念淵自道家；利用常道「物畜而制之」，藉以「理天地」「參天地」的想法却創自荀子。這也正是荀子綜合儒道二家的成果。當然，現代中國人之相信世間一切遵循自然定律、進化原理或歷史定則(例如黑格爾的辯證法)，未必得力於老子或荀子；正如同淑世主義也未必意識地受之於儒家一般。現代中國知識份子之所以想利用自然定律、進化原理或歷史定則來改造中國改造世界，可以說是和荀子的巧合。但另一方面，荀子影響之下的中國二千多年的傳統思想型態幾乎已成爲第二天性。這一傳統思想型態甚至在五四時期高喊打倒傳統時依舊發生效力。現代中國知識份子有意或無意之間反映出這傳統的思想型態，也是不難想像的事。

除去一般中國知識份子以外，目下我國尙有一些意識地想要重整儒家傳統的學者。關於宇宙間有自本自根的常道以及利用常道「理天地」、「參天地」的想法，現代的儒家學者和一般中國知識份子的態度大致相同。所不同者是儒家學者大多相信宇宙間有所謂「天地之心、天地之生命」，亦卽「人之與天地萬物爲一體之本心」；「天地萬物之生生不已中，自有此神明或天心之遍在，以成此天命之不已。……故此天之神明與命，乃昭臨萬物之上之一無心之心，不已不息地，順如是如是理，生如是如是物，……」㊽以上所引唐君毅先生的話，足以代表大部份現代儒家學者的想法。這所謂「天地之心、天地之生命」或「天心」的意義雖不夠明朗，但大不了表示宇宙間有生生不息的力量與方向而已，並不代表意識的知。是的，唐先生也承認有所謂「天知天明」㊾，但他從未承認這「天知天明」是意識的知；因爲承認這點就引起無數難題：究竟是宇宙自身意識的知呢？還是超越宇宙的獨立存在體？意識的知如果屬於前者那就等於承認萬物有靈說；如果屬

㊽ 唐君毅：《生命存在與心靈境界》下冊，臺北市，臺灣學生書局，民國六十九年，頁八八九—八九一，九二九—九三〇。

㊾ 同書，頁九一〇。

於後者，等於承認了超越宇宙的上帝。這二者他似乎都不能接受。那末，他所說的「天知天明」還是逃不出朱熹所云「不可道是不靈」的「天地之心」。如所週知，朱熹認爲這「不可道是不靈」的「天地之心」不能夠思慮及「批判罪惡」66，也就是否定了「天地之心」具意識的知。因爲一種不能思慮、不能意識到自己的「靈心」或「天知天明」，充其量不過像輸入電腦的資訊而已，不是完整意義的知。這樣的「天地之心」或「無心之心」非常接近荀子所云能夠生物能夠「隆物以示下民」（〈賦篇〉第二十六5）却不能夠辨物的「天」（〈禮論〉第十九78）。

要如上述分析正確的話，現代儒家學者雖然非常推崇孟子，他們和荀子的淵源關係却不減於和孟子的關係，這其中的情形就像宋代道學家和荀子的微妙關係一般。其實這一點不奇怪。現代的儒學者如熊十力、方東美、唐君毅等幾乎無條件接受禮記尤其是易傳的觀點。而這兩種儒家的經典都已受到荀子或荀學的影響。

還有一件事值得注意，那就是荀子由漢興以來已如此徹底地塑造了儒家的發展，以至於後代學者已很難擺脫他的影響去理解、接受早期儒家。譬如朱熹非常推崇孔子，這是事實。但孔子相信有知有意的天，朱熹却把天詮釋成不能思慮不能「批判罪惡」而僅係「不可道是不靈」的一股力量。再如王陽明也是一代大儒。他相信「天地氣機，元無一息之停。然有個主宰，故不先不後，

---

66 朱熹：《朱子語類(一)》，臺北市，世界書局，民國四十八年，卷一，頁三～四。

不急不緩，雖千變萬化，而主宰常定」⑰，但他似乎也不相信孔子所相信的有意識的知之天。當代的某些學者甚至斷章取義，完全曲解孔子所云的天與天命（參考本文第二節之2）。一如本文開始所言，從知識社會學的觀點視之，這樣的情形很可以瞭解，甚至值得同情。但從純學術的觀點而言，我們必須擺脫足以歪曲視線的任何歷史和社會的力量，不帶有色眼睛去觀察事實。

2. 性惡論與心的抉擇功能

荀子思想之最爲世所垢病者厥爲性惡說。說句公平話，孟荀二種學說之爭，論證均近乎一面之詞。孟子祇舉出有利於性善說的事實，如人皆有惻隱之心等等，而把惡視爲「不盡其才」所致。荀子則一味以人之好利、好聲色等有利於性惡說的事實爲言，而把善視若人爲（〈性惡篇〉第二十三，1—5）。其實，孟荀二人均承認人性有二面：孟子承認人性中有「大體」「小體」之分（〈告子〉上14—15），荀子也承認人性中有微弱的「道心」（〈解蔽〉第二十一54），同時也都承認「大體」與「道心」才是正途。時至今日，我們也許不必再停留於孟荀二人的爭執，而應設法把哲學名詞更專技化一些。他們二人所云的善與惡，主要是人人所稟的利他與利已的天性。嚴格

⑰ 王陽明：《王陽明全書㈠》，臺北市，正中書局，民國四十四年，《語錄》卷一，《傳習錄》上，頁二五。

說來，二者都屬於人的基本傾向；每個人也必然會以某種程度實現它們，因此本身並非道德意義的善與惡，其所以爲善爲惡祇在於實現得不合正途。利己傾向是爲維持個體的生存與展現，利他傾向使個體向社會性發展。二者必須和協地發展，因爲個體不能在最低限度中維持一己的生存與展現時，根本也無法發展社會性（越南難民在最嚴重的饑餓狀態中甚至無懼於食人）；不發展社會性，個體的發展也會成爲畸形。因此，人必須意識地逐漸向社會性的利他傾向——仁愛發展。人以完整的自我意識認知自己並能掌握自己的發展方向，這就是孟子所云「操」「養」「存」的工夫（〈告子〉上8，14），也就是荀子所云心的「自禁」「自使」的能力。人本來應該順其天性，逐漸由一唯利己的自私態度的羈絆中解脫出來，日漸「存養」、「自使」其仁愛的天性。但人可以存養、自使其仁愛的「大體」，也可以放棄、並自禁「大體」的發展；眞正的善與惡就隨着人自己的自由選擇是否符合正途而產生：故意讓大體遭抑制，而讓小體放行無阻，這就是惡；順着天性，控制小體而讓大體得到適當的發展，這就是善。善與惡作上述的定義以後，孟荀二種學說之爭可以說已不解而自化。

儘管孟荀二人關於修養所持的態度非常接近，但荀子對「心」的自抉自擇的功能却遠較孟子發揮得更詳盡。荀子對「心」的用法不祇一種，最重要的却是知能與抉擇能力，二者都包含在〈解蔽篇〉第二十一。（24—58）的一段中。下文將闡釋荀子以知能意義所講的心，這裏先講抉擇意義的心。

荀子對心的「出令」和抉擇的功能發揮得非常透澈。整個中國哲學史中，沒有另一位思想家對這點如此深入過。＜解蔽篇＞第二十一（44—47）有如下的話：「心者形之君也，而神明之主也，出令而無所受令。自禁也、自使也、自奪也、自取也、自行也、自止也。故口可劫而使墨云，形可劫而使詘申，心不可劫而使易意。是之則受，非之則辭。故曰：心容其擇也無禁。」這一段所云是指意、擇、出令的心，決非前一段所發揮的「知道」的心。這出令的心顯然與西洋哲學所云具自由抉擇能力的意志非常接近（叔本華、尼采等所云的意志則指一種衝動，比較更接近孟荀所云的善惡之性），事實上，每個人都可體會到自己有「自禁」「自使」的能力；每個人都深知可以替自己作決定性的選擇，祇要自己的決定不動搖，沒有任何人能夠改變我們的心意。這也正是荀子所描述的心理事實。要如我們把上段和＜正名篇＞第二十二（55—62）對照，這層意思就會更形顯著。正名篇這段指出人有欲屬於天性，我們無法控制；心却能制止「情之所欲」，不讓慾望爲所欲爲：「人之所欲生甚矣，人之所惡死甚矣。然而人有從生成死者，非不欲生而欲死也，不可以生而可以死也。故欲過之而動不及，心止之也。心之所可中理，則欲雖多，奚傷於治。欲不及而動過之，心使之也。心之所可失理，則欲雖寡，奚止於亂。故治亂在於心之所可，亡於情之所欲。」這一段對心意能使欲、止欲的功能眞是說得淋漓盡致：卽使我們的慾望不烈，惡劣的心意還是能夠使我們墮落；反之，慾望很旺却無傷於治，因爲祇要心意的抉擇合乎理合乎禮（「心之所可中理」），那末慾望雖旺却不會付諸行動，心意有抑止慾望的功能。我們必須注意，荀子在上面這段中特別强調「心之所可中理」與「心之所可失理」二語。他的意思不是一味强調心意的抉擇能力，而是强調我們應該培養心意按着正理去作選擇的堅强習慣，也就是能夠「積慮」。對此，下面這四句眞是斬釘截鐵，鏗鏘有聲：「性之好惡喜怒哀樂謂之情，情然而心爲之擇謂之慮，心慮而能爲之動謂之僞，慮積焉能習焉而後成謂之僞。」（〈正名〉第二十二3—4）這裏應注意，荀子所云的「僞」有二層意思：第一層意思指任何經過自由選擇（慮）而發生的行動，第二層意思指經過許多選擇而成爲習慣（慮積焉能習焉而後成）。養成了堅强的「僞」的習慣以後，才會「使目非是無欲見也，使耳非是無欲聞也，使口非是無欲言也，使心非是無欲慮也。」（〈勸學〉第一47—48）〈正名篇〉已對「慮」字下過專技化的定義：「情然而心爲之擇謂之慮」。所以，「心非是無欲慮」就是意志對善的堅强執着，不對的事根本不予考慮，而這也就是荀子所稱的「德操」：「德操然後能定，能定然後能應，能立能應，夫是之謂成人。」（〈勸學〉第一50）荀子的這一套修養工夫遠較「大學」爲詳盡確切。「大學」中最令人惋惜的是「慮」字意義非常含糊，比之荀子〈正名篇〉不可同年而語。「知止而后有定，定而后能靜，靜而后能安，安而后能慮，慮而后能得」這些話令人聯想到靜坐養性的工夫，而不像是在替意志培養成作正確抉擇並擇善固執的堅强習慣。

誠然，這套方法也有它的弊病，那就是把誤以爲「中理」而實際上却因爲違反人性而發生類似決隄的心理情況。習於應用這套方法的西方人士（尤其是教會人士）往往會犯這個毛病。但這是運用這套方法有偏差所致，也就是心知方面有所蔽所致；同時也顯示出，這套方法尚須與「靜坐」「禪悟」的方法互爲表裏。宋明理學中的程朱比較偏於荀子的方法，陸王則比較接近老莊與禪宗的方法。二者各有千秋，不可偏廢。以我國目前的情形而論，我國莘莘學子如果多接受「心之所可中理」的訓練，而能達到壞的事根本就不想選擇的「德操」，可能極有助於精神的和諧發展。

令人遺憾的是：荀子一方面認爲求雨不過是文飾，祭祀也不過是人道，另一方面却爲了政治理由而僞裝自己相信。這樣心知與行動脫節，無形中導致不誠，惡劣影響至今尙存。

還有一件事值得注意。讀者大概還記得，六十年代的臺灣省年輕一代曾興起一股存在主義的熱風。當時許多人以沙特型的個人放任爲存在主義的代表，未免偏差。其實，存在主義所云的存在卽每個人對自己生命的體驗和抉擇，而後者正是荀子所云自禁自使的心的功能。當時大家一窩蜂講存在主義，雖然有些趕時髦，但也意味着自我意識的覺醒。自我意識如果與責任意識連在一起，可以說是相當積極的發展。民國六十九年春間的一次社會學調查更表示出，臺灣經濟發展顯然提高了自我意識[68]。這以前，隨着四人幫的垮臺，中國大陸也掀起了一股嚮往「每一社會成員

[68] 臺灣地區神學問題研究小組：《臺灣經濟發展與生活品質》，臺北新莊，民國七十一年，頁一一二—一一六，一一四—五。

的平等人權」的熱潮[69]，沙特型的存在主義據說也有人喜歡：自我意識在臺灣海峽的另一邊也開始覺醒了。誠然，海峽兩端的背景並不相同：臺灣這邊的發展是自發的，中國大陸那邊則是長期剝奪了個人基本自由而稍一放鬆所引起的强烈反應。背景雖不相同，却是向着同一方向。荀子對意志自由抉擇的强調，正足以成爲臺灣海峽兩端都已覺醒的自我意識的適當依歸。是的，漫無標準漫無目標的沙特式的存在抉擇足以引起過份的個人主義，但强調「中理」的意志抉擇，適足以培養成獨立的人格。以民主、民權爲立國之本的自由中國以內，不應該有人再對這樣的獨立人格懷戒心：中國的未來希望正是建立在能夠「自使」「自禁」頂天立地替自己國家作正確抉擇的中國人，絕不建立在隨風倒的「羣衆」身上。

3.「解蔽」與「虛壹而靜」

荀子在〈解蔽篇〉中的最大關切本來是國家的治與亂。但治與亂由心之抉擇而成：人贊許不合理的事以爲可以去做（「心之所可失理」），以合乎道的事爲不合意而以違道的事爲合意（「不可道而可非道」〈解蔽〉第二十一—30），當然會亂。何以會發生這樣乖謬的事呢？荀子說是「蔽」

[69] 魏京生：〈人權、平等與民主〉。葉洪生編：《中國往何處去？》臺北市，成文出版社，民國六十八年，頁二九九。

的毛病。可見，荀子所眞正關切的並非純學術的「謬誤」，而是謬誤必然會影響到我們「可道」或「可非道」的實際生活上的抉擇。荀子所關切的「知」也不是純學術的知，而是因爲「心知道然後可道，可道然後能守道以禁非道」（同篇32—33）。至於追求「沒世窮年不能徧也」而不求實用的知識，荀子稱這樣的人爲「妄人」，「老身長子而與愚者若一」（同篇79—81）。

儘管如此，荀子却也非常重視心知，因爲他認爲「心不知道則不可道而可非道」（同篇30）。這句話充分顯示出，荀子一方面把心知與心意的作用分得清清楚楚（「知道」與「可道」之分）：前者的功能是道的認知，後者的功能是在實際生活上對道的贊許與接受；另一方面荀子把前者視爲後者的原因。這與西洋哲學所云 Nil volitum nisi prius praecognitum（沒有一件事會被希求，除非先被認知）如出一轍。

由於心知對人生的重大關係，荀子才會在〈解蔽篇〉中說了許多知有所蔽的原因：「欲爲蔽，惡爲蔽，始爲蔽，終爲蔽，遠爲蔽，近爲蔽，博爲蔽，淺爲蔽，古爲蔽，今爲蔽。凡萬物異則莫不相爲蔽。」他所講的蔽之原因絕不限於培根的四大偶像，而幾乎是無所不蔽，近於海德格所云先於任何理解與詮釋活動的「此有之存在先然結構」（Existenziale Vor—Struktur des Daseins）。海德格承認這裏有某種循環的情況：理解與詮釋均以認知事物本身爲目標，而理解與詮釋本身均爲理解與詮釋者的「存在先然結構」所蔽。這是否意味着事物本身不可知呢？海德格不以爲然，他還是認爲我人在詮釋時不應讓一時的心血來潮與大衆的想法來影響我們的「先有期望、先有觀點與先有概念」，而讓事物本身來決定學術性題材⑩。海氏這一段話啓發了當代詮釋學的發展，對此我們在這裏不願深論。我們且來看看，荀子是以何種手法去解除存在情況（欲與惡，始與終，遠與近，博與淺，古與今）所必然會替我們造成的蔽而知道。荀子的答案是：「虛壹而靜」（〈解蔽〉二十一34—44）。

現在我們且來細細咀嚼這四個字的含義，用以品評它們對從事學術工作的現代中國人有否意義。

什麼叫「虛」呢？我們的心知從吃奶到現在收藏了無數印象與知識。它們是我們對付日常生活的極妙工具，同時也是接觸新知的階梯，因此非常寶貴。荀子却告訴我們，它們也可能先入爲主，尤其可能由每個人的存在情況而成爲偏差，這樣就會阻止新知識和新境界的產生。例如上文所云我國知識份子受荀子的影響而往往無法正確理解早期儒家。因此荀子告訴我們：「心未嘗不臧也，然而有所謂虛。……人生而有知，知而有志（「志」與「誌」通，指記憶），志也者臧也；然而有所謂虛：不以所已臧害所將受謂之虛。」這就是要我們對過去的印象和知識採取距離，使它們暫時虛懸起來，不讓它們妨害所將受的印象和知識。這樣說來，「虛」頗有些像胡塞爾的「存而不論」。

荀子「解蔽」的第二或第三個方法是「壹」和「靜」，二者和我人的存在情況有更密切的關

⑩ Martin Heidegger, *Sein und Zeit*, Tübingen: Max Niemeyer Verlag, 1957, S. 153.

係。讓他來現身說法，註釋「壹」與「靜」的意義：「心生而有知，知而有異。異也者，同時兼知之。同時兼知之，兩也。然而有所謂一，不以夫一害此一，謂之壹。」這數句中祇有「夫」字比較費解；編《荀子集解》的王先謙說：「夫」就是「彼」。意思是：同時可能獲得兩種或多種知識的時候，不可以心猿意馬而不專心（「心枝則無知，傾則不精，貳則疑惑」），必須「擇一而壹」，也就是選擇一種而對之專心致志。精於一事以後，才可舉一反三。荀子所舉的例子是：「君子壹於道而以贊稽萬物。」關於最後的「靜」字，荀子的註釋是：「不以夢劇亂知謂之靜」，也就是心知不受虛無縹渺的夢想和煩劇的環境所擾。生活在此世，我們不可能太上忘情，沒有喜怒哀樂與愛憎。感情與慾望往往會使我們以希望代替事實，這樣就會造成錯誤的判斷。這以外，周遭的環境也會影響我們的認知。「靜」就是讓我們和自己的夢想與一切周遭的影響採取應有的距離。

一如上文所言，荀子的「虛壹而靜」所培養的心知還是以「知道」「可道」「守道」爲目標。但即以純學術觀點而已，它也是極其寶貴的方法。它雖是如此古老，却絲毫無損於對現代人的意義。恰恰相反，現代中國的知識份子倒很需要以之爲座右銘，用以使中國人的學術工作不亢不卑而獨立獨行，在全世界學術界佔應有的一席之地。

《哲學與文化》第九卷第十二期　民國七十一年十二月

二、心術與心主之間

——儒家道德哲學的心理層面

(一)導　引

準備撰寫博士論文時，我首次接觸到榮格（C. G. Jung）對《易經》與《太乙金華宗旨》二書的心理學評註①。二書均由漢學家衞禮賢譯成德文。榮格替易經譯文寫了一篇長序，而對號稱

① *I Ching or Book of Changes.* The Richard Wilhelm translation rendered into English by Cary F. Baynes. Foreword by C. G. Jung. New York: Pantheon Books, 1950.—*The Secret of the Golden Flower*, translated and explained by R. Wilhelm with a European Commentary by C. G. Jung; translated into English by Cary F. Baynes. London: Routledge & Kegan Paul Ltd., 1950.

由呂洞賓所傳的《金丹要訣》寫了一本「歐洲註解」。當時我一方面感到很興奮，因爲首次看到西方學者如此推崇中國古籍；同時我頗覺納悶，因爲中國古籍並非心理學書籍，何以榮格竟對它們作了深層心理學的詮釋呢？這會不會是張冠李戴呢？

以後我在《莊子》、《荀子》、《管子》中遭遇到「心術」一詞，才發覺到中國古人是如何重視心所由之道及治心之術。說文解字對「術」字的註解如下：「術邑中道也，邑國也，引伸爲技術。」「術」既有道路與技術二意，「心術」也就可指心所由之道，同時也可指治心之術。第一義用法幾乎與「心地」同義：「心術不正」卽指「心道不正」亦卽「心地不良」。《莊子》、《荀子》、《管子》中的「心術」都是指心之道或治心之術。《莊子》提及「心術」時，雖與「五末」連接在一起而以爲不足道，但「心術之動」是達成「五末」的方法則顯然可見❷，因此是指第二義。《管子》書中有〈心術〉上下二篇，認爲「心也者智之舍也」，「心術者無爲而制竅者也」，虛與靜卽治心之術❸。《荀子》則視「蔽」爲「心術之公患」，並說「成湯監於夏桀……，文王監於殷紂，故主其心而愼治之」；又說「仁者之思也恭，聖人之思也樂，此治心之道也」

---

❷ 《莊子引得》，*A Concordance to Chuang Tzu*, Harvard-Yenching Institute Sinological Index Series, Supplement No. 20, Taipei, 1966. 34/13/26.

❸ 《管子校正》下册，臺北市，世界書局，民國四十七年，頁二一九—二二四。

❹。在〈非相篇〉中，荀子更說明心與術的關係；「故相形不如論心，論心不如擇術。形不勝心，心不勝術；術正而心順之，則形相雖惡而心術善，無害爲君子也；形相雖善而心術惡，無害爲小人也」❺，這裏的「心術」則又指第一義的心所由之道。禮記中樂記第十九：「應感起物而動，然後心術形焉」以及「淫樂慝禮不接心術」亦指此義。

比較孟子、荀子的用法，中國古人所云的「心」字，一方面固然指與「形」對立的「智之舍」，同時也牽涉到注意、慾望、意願、感情等等，大致牽涉到「心」字部首約五百左右的漢字，頗與馮德(Wilhelm Wundt)所云「心靈」(Seele)一詞的意義類似，卽指「心理過程之總彙」(Zusammenfassung Psychischer Vorgänge)❻。以這一意義而言，「心術」卽處理或影響一切心理過程的方法或技術，包括最高超的精神修養方法與最庸俗的宣傳或所謂「行爲技術」。二千年以前的中國人旣如此重視心術，那末，榮格在中國古籍中能夠找到涉及心理治療及心理活動的見地，就不值得大驚小怪了。

連帶必須一提的是：「心術」旣可指治心之術，那末這篇文章所云的「心主」當然也就指

---

❹ 《荀子引得》*A Concordance to Hsun Tzu*, Harvard-Yenching Institute Sinological Index Series, Supplement No. 22. Taipei, 1966, 78/21/7; 79/21/28, 11, 13.

❺ 同書 12／5／3—4

❻ Georg Anschütz, *Psychologie: Grundlagen, Ergebnisse and Probleme der Forschung*, Hamburg: Richard Meiner, 1953, S. 486.

「心」對形體及整個心理過程（包括領導的「心」自身）的主宰與領導功能；「心主」實卽自主的心。方才引用過的《荀子》稱成湯與文王均「主其心而愼治之」，就是指此領導功能：因爲要運用「心術」來愼治其心，仍須有一作主者。其實，「主其心而愼治之」者還是非「心」莫屬，亦卽擔任領導角色的「心」之功能。《管子》所云「心之中又有心」大約卽指此義⑦。

既然如此，照理說，中國早就應發展出一套完整的心理分析理論與心理學了。事實却並非如此，這大約是因爲中國人一味注意心的實際功能而不顧及理論，同時也由於沒有發展出分殊化的心理學專技名詞。事實上，二千多年以來所最廣泛應用的心理學專技名詞是「心」。這麼含混的名詞，對心理學進一步的發展當然是一個阻力。但另一方面，「心」這一名詞之未分殊化也產生了某種正面效果，至少它不容許中國人在理論上走西方人所走的心之「碎裂化」或「間隔化」之路。這一傾向使西方人容易鑽牛角尖，容易一味强調某一心理功能，而忽視心的其它功能，甚至把所有其它功能都約化爲唯一心理功能。華特生（John B. Watson）與施金納（B. F. Skinner）所主張的行爲主義（Behaviorism），卽以外界感覺這一從屬的心理功能爲唯一標準及尺度，用以評斷所有其它心理功能的有效性⑧。主知論、主意論及主情論是心理間隔化的其它弊病。這些弊

---

⑦《管子校正》下册，頁二二四。

⑧ Edwin G. Boring, *A History of Experimental Psychology*, New York: Appleton-Century-Crofts, 1950, pp. 654—5.

病多少也曾在中國出現，因爲性格不同的學者容易把自己所習用的心之功能視爲唯一有效；但因沒有分殊化的心理學名詞可以應用，終究無法產生這一類的理論。倒是有了西方輸入的分殊化名詞以後，西方的感覺主義及其衍生的實證主義才大行其道，使中國人眞正走入心的「間隔化」之途。

爲了要按部就班，我們必須選擇一些關鍵人物，足以代表儒家道德哲學之心理層面的看法者。無論是從哲學史的觀點，或者從理論的觀點，他們都必須具相當的代表性，儘管未必包括全部理論。這些理論均受到孔子的啓發，却是由後代的儒家學者所發展而成，卽孟子（前三七一—二八九）、荀子（前三三一—二三八）、程顥（一〇三二—八三）和程頤（一〇三三—一一〇七）。本文之所以選擇了孟荀二子，理由是因爲他們首先在道德問題上大規模應用了「心」及其它涉及心理的概念，這些概念以後一直沿用了二千多年。程氏兄弟則對宋明理學有決定性的影響。

㈡孟子的狹義與廣義之心

《二程遺書》稱道孟子，認爲「論心術無如孟子也」❾。的確，對「心」作專題討論者，應

---

❾ 朱熹編：《二程全書》（附索引），臺北市，中文出版社，一九七九年，卷之二，頁一九左。

該以孟子爲第一人。他主張個人實現了心的全部潛力（盡心），就會導致對天性的認知（知性）⑩。由於他那麼熱衷於存心、盡心、養心、求放心的方法，所以二程稱道他的「心術」並非過獎，儘管「心術」一詞從未出諸孟子口中。

說也奇怪，《孟子》書中應用「心」字不下二百次，但却連一次也沒有指血肉的心，而僅指範圍相當廣泛的各種主觀經驗（本文視「主觀經驗」、「心理現象」、「心理過程」爲同義詞），包括感情、注意力、認知以及人的一般及高貴傾向。後代的中國思想家也都沿用了他的這一用法。然而孟子對「心」字却有一個非常特殊的用法，那就是指與生俱來的「四端」，亦卽四種高貴傾向的起點：惻隱之心仁之端，羞惡之心義之端，辭讓之心禮之端，是非之心智之端⑪。孟子認爲四端和「口之於味也，目之於色也，耳之於聲也，鼻之於臭也，四肢之於安佚也」都屬於人的天性⑫。但後者五項傾向屬於低賤的「小體」，一個人祇知道滿足「小體」而忽視「大體」，就成爲「小人」；唯有前面的四端屬於高貴的「大體」，遵從「大體」的人才能成爲「大人」，才能完成自己的「本心」⑬。孟子之所以堅持性善論，是因爲他確信四端才是人的本心，作惡的

---

⑩《孟子》，〈盡心〉上之一。

⑪〈公孫丑〉上之六，〈告子〉上之六。

⑫〈盡心〉下之廿四。

⑬〈告子〉上之十及十四—十五。

人則由於不保養本有的善心而失去了它⑭。孟子應用「心」字多半僅指高貴而眞屬於人本性的四端，可以說是他心目中狹義的「心」。正因此，他才會一再呼籲人們要盡心、存心、養心、操心，不可放心、舍心而致失心；不幸失去心時，要努力「求其放心」⑮。由於四端之心構成人的天性，因此失去這個心等於疏離了自己的人性⑯。

了解了這點，我們才會理解宋明的「心性之學」。程氏兄弟習於稱「心卽性也」或「養心性」⑰，似乎「心」與「性」二字意義完全相同。其實在《孟子》書中二字原來的意義是不同的。最明顯的區別可見於上面已引用過的〈盡心〉下第二十四章，這裏孟子把五種低級傾向也稱爲性；在〈告子〉上第四章中，他也沒有對告子所云「食色性也」提出反對。可見「性」並不僅指四端之心。「心」字的意義尤其廣泛；一如上文所言，它指人的感情、注意力、各種不同傾向，包括對「本心」有害的傾向，所以也不是僅指四端。

〈告子〉上第十五章提及「心」的思考功能（「耳目之官不思，……心之官則思」）。孟子非常重視思考，因爲他說「思則得之，不思則不得也」。然而，他所云的「思」似乎並不側重邏

⑭ 〈告子〉上之八。
⑮ 〈盡心〉上之一及一八，〈盡心〉下之三十五，〈告子〉上之十一。
⑯ 〈公孫丑〉上之六。
⑰ 《二程全書》，卷之一九，頁三十一左；卷之二七，頁六右。

輯思考與理性認知，而是對「大體」和「小體」的直觀，藉此直接洞識到何者屬於大體，何者屬於小體。涉及客觀認知的思考比較更受到荀子和千餘年後的朱熹所重視。

孟子的道德思想既强調存養人「本心」的各種方法，如發揮直觀思考能力，擴充四端所及的範圍，減少欲望等等⑱，因此程氏兄弟「論心術無如孟子也」一語就並非空穴來風⑲。運用「心術」時，無形中就會把「心」視爲被動的處理對象。孟子在〈告子〉上第十章也曾提及「舍魚而取熊掌」和「舍生而取義」的主動抉擇，但並未點出它也是「心」的主要功能之一。儘管如此，孟子還是很重視「心」的思考及抉擇功能，事實上他並未忽視「心」的主宰與領導能力。

附帶亦應簡單地討論一下孟子所云「浩然之氣」的含義。〈公孫丑〉上第二章中說得很清楚，「浩然之氣」來自光明正大的道德之心；因此「行有不慊於心，則餒矣」⑳。這已經說得清清楚楚，「浩然之氣」不是純物質的東西。後代的註釋者由於受到莊子所云陰陽二氣的影響，以爲孟子的「氣」是指純粹的物質；所以才會產生「氣有清濁」的論調，以爲稟清氣者爲賢爲聖，稟濁氣者爲愚爲惡，甚至以爲作惡者的惡氣與天地之惡氣相擊搏，而爲雷所殛㉑。根據孟子的話，

---

⑱《孟子》，〈盡心〉下之三十一及三十五。

⑲《二程全書》，卷之二，頁一九左。

⑳《孟子》〈公孫丑〉上之二。

㉑《二程全書》，卷之一九，頁三二左、七七左及七八右。

「浩然之氣」應該是思想與意願二種心理活動所產生的生理及潛意識狀態，因此它隨心理活動而轉變：思想與意願活動如果「配義與道」，生理與潛意識狀態也會正氣凜然；反之，如果思想與意願所導致的行爲「不慊於心」，自己知道理虧，生理與潛意識狀態也就廢然無力。孟子的「志壹則動氣，氣壹則動志也」，表示出心理與生理及意識與潛意識之間的彼此互動關係；事實上，心理的意識活動專一，會影響生理及潛意識情況，反過來生理及潛意識情況（例如孟子所云的「蹶者」「趨者」所形成的生理上的不平衡狀態）也會影響心理。下面這段文字也很符合上面的詮釋：「夫志，氣之帥也，氣，體之充也。夫志至焉，氣次焉，故曰：持其志，無暴其氣」㉒。「氣，體之充也」非常符合「生理及潛意識狀態」的詮釋；「志」既是思想與意願活動，當然足以領導「氣」；另一方面，生理與潛意識狀態雖爲「志」所領導，却仍有它自己的惰性和固有過程，不可强求，因此孟子勸人「持其志，無暴其氣」。「心術」的需要也因「氣」的介入而益彰；因爲「心」的領導能力並非無限量的，而是受到「氣」的限制。孟子關於志與氣的這一席話充分表示出他的崇高智慧及對人性的體諒：他要人在心的思考及意願活動和潛意識與生理狀態之間保持和諧。

㉒《孟子》〈公孫丑〉上之二。

㈢荀子的僞與心知心意

往往有人把荀子視爲孟子的敵對者，因爲他反對孟子的性善說，而主張性惡。然而，實質上他們二人可謂殊途同歸，彼此補充。一如上文所言，孟子認爲「大體」與「小體」的傾向都屬於天性，但祇有前者是「思則得之」，屬於人的「本心」和眞的人性。荀子思想中，認知與抉擇的領導功能，在道德生活上扮演了更大的角色。然而，它們却被認爲是人的作爲：「情然而心爲之擇謂之慮，心慮而能爲之動謂之僞」㉓。所謂「心爲之擇」當然指「心知道然後可道」㉔，同時包括認知與抉擇。這二種心理活動既被認爲是「僞」，道德生活就順理成章地列入「僞」的範疇。荀子心目中的「性」祇包括好利、疾惡、耳目之欲等低級傾向，亦卽孟子所云的「小體」㉕。這一來，「心」與「性」二字就分道揚鑣，各有其特定的意義。

事情就這麼簡單。我們可以說，荀子和孟子的主要分歧在於他對「心」字的不同用法。荀子用「心」字不下一百五十次，意義也相當紛雜。除去有二次指血肉之心以外，荀子也像孟子一般，

㉓《荀子引得》〈正名篇〉83／22／4。
㉔同書，〈解蔽篇〉，80／21／32。
㉕同書，〈性惡篇〉，86—90。

用「心」字表示心理過程的全面，但所强調的却不相同。首先他步隨莊子，把「心」和「形」對立起來，認爲「心」領導「形」：「心者形之君也」。由於「形可刼而使詘申」，而心不然㉖，所以「形」指可見的形體，「心」則指不可見的思想、意願及其他心理活動。其次，一如剛才所引的句子所示，荀子非常强調「心」之「出令而無所受令」的抉擇與主宰功能：「自禁也，自使也，自奪也，自取也，自行也，自止也」。他用這一連串的句子表達「心」是「君」是「主」：不僅是形體及五官之主，而且還是「神明之主」㉗，亦卽「心」控制整個心理活動。第三，「心」有返諸己的特殊功能，它不但控制它自己的活動（「自禁自使」），而且還能夠「自知」㉘。對道德生活而言，「心」的最重要功能是「知道然後可道，可道然後能守道以禁非道」，反之，「心不知道則不可道而可非道」㉙。一如上文所已指出，「知道」指心的認知功能，「可道」則指心的抉擇功能。這二種再加上反省功能，使心獲得獨特的領導地位，心是「君」與「主」，而「形」與「性」都處於被領導的地位。因此，唯有心爲之慮爲之擇以後的行動才是「僞」；這一意義的「僞」非常接近多瑪斯．亞奎那的「屬人行爲」(Actus humanus)，亦卽經考慮的意志

㉖ 同書，〈解蔽篇〉，80／21／44－46。

㉗ 《莊子引得》〈庚桑楚篇〉，62／23／19，63／23／52。
《荀子引得》〈解蔽篇〉，80／21／44－45。

㉘ 同書，〈榮辱篇〉，9／4／21；〈子道篇〉，105／29／31。

㉙ 同書，〈解蔽篇〉，80／21／32－33，79／21／30。

（ex voluntate deliberata）而由人自主的行爲（未經考慮的自發行動稱爲「人之行爲」）㉚。這樣，「性僞合而天下治」一語可以作如下的闡釋：天性的衝動經過理性的考慮而由意志作合理決定以後就會歸於正途。

「屬人行爲」與「僞」之間却亦有重要差別：荀子的「僞」似乎僅指心「知道」「可道」後的善行，而「屬人行爲」也可能因對象不屬道德範疇而屬道德中立：僅於其對象爲道德意義的善或惡時，「屬人行爲」始以道德意義爲善爲惡。

儘管孟荀間有若干歧見，二人却有下列基本相同點：二人都指出心的認知與抉擇功能；强調教育與個人努力的重要時，二人事實上都承認心的認知及抉擇功能佔首要地位。然而，孟子認爲透過心的認知功能而意識到的仁、義、禮、智四端屬於人的天性；荀子却以爲認知到仁、義、禮、智屬於人爲。這一歧見本來可以透過孟子觀點的深入理解而化解，因爲孟子主張心認知仁、義、禮、智的能力屬於人的本有部份（大體），而荀子所云的「性」不過是「小體」㉛。荀子如果仔細衡量孟子在〈告子〉上十四與十五章的話，就會發覺自己所强調的心之認知、考慮及抉擇功能，正屬於孟子所云「大體」的一部份（「心之官則思，思則得之，不思則不得也」），那末二

㉚ 同書，〈正名篇〉，83／22／4。
S. Thomas, *Summa Theologiae* I-II, Q.I.a.I.

㉛ 《孟子》〈告子〉上之十四—十五。

千餘年的官司早已可以化解。在實際行動上，這一筆墨官司也並未產生嚴重後果，因爲孟荀二人都竭力提倡後天的教育。董仲舒更提出了一個折衷主張：「故性比於禾，善比於米；米出禾中，而禾未可全爲米也；善出性中，而性未可全爲善也。」㉜這樣，孟荀二人的主張似乎都已被同時接受。

有人說「大學」是荀學，其主要理由在於《荀子》〈解蔽篇〉强調「知物之理而至於聖」，而「大學」也倡導「致知」「格物」而後誠意、正心、修身、齊家、治國、平天下㉝。此說雖有部份理由，但孟子也想「正人心」，也說「不明乎善不誠其身矣」，也主張「思則得之，不思則不得也」㉞。因此《大學》很可能同時受孟荀二子影響，而荀學色彩比較强烈。無論如何，中國古代與近代思想家中全力發揮心之分辯、思慮、抉擇與主宰功能者，捨荀子莫屬。一如上文所已引述，荀子的心一方面是高級的知能，它又是控制形體與一切心理活動的主宰，同時又能返諸己而認識自己使喚自己控制自己。因此，荀子的特殊心術也就集中在培養心的認知、抉擇與控制能力，一方面使它能習於分辯是非曲直，同時使它面臨欲望的騷動而有制止的能力㉟。正因如此，

㉜《春秋繁露義證》，臺北市，河洛圖書出版社，民國六十三年，〈深察名號〉第三十五，頁二〇八、二一二；〈實性〉第三十六，頁二一七—八。

㉝馮友蘭：〈大學爲荀學說〉，見《古史辨》第四冊，臺北市，民國五十九年，頁一七五—一八二。

㉞《孟子》〈滕文公〉下之七，〈離婁〉上之十三，〈告子〉上之十五。

㉟《荀子引得》〈解蔽篇〉，79／21／30—33，85／22／60—70。

所以他反對孟子的寡欲，更反對老子的去欲；因爲他認爲欲是人的天性，無法去掉，也無法減少：「雖堯舜不能去民之欲利」。唯一的辦法是「以道制欲」㊱，也就是培養心「知道」「可道」的習慣，使「目非是無欲見也，使耳非是無欲聞也，使口非是無欲言也，使心非是無欲慮也」㊲。耳、目、口既聽命於心，〈勸學篇〉結束時所云的「德操」，實際上完全集中在心知與心意的培養之術。

荀子却也受了道家的影響。荀子雖批評老子「有見於詘，無見於信」，莊子「蔽於天而不知人」㊳，但他對天地、陰陽、常道的形上見地顯然受之於道家㊴。「虛壹而靜」的心術尤着上了道家色彩。這裏却必須指出，荀子雖應用道家所習用的「虛」「靜」二字，却沒有意思要人放棄慾望；而道家所云的「虛」「靜」幾乎都有這樣的含意。荀子的「虛」却是「不以所已臧害所將受」，亦卽放棄過去所積聚的成見；他所云的「靜」指「不以夢劇亂知」，亦卽認知時不感情用事。放棄成見而又不受亂糟糟的情緒所左右，再能專精於一個問題，這就是荀子加強心知（「心

㊱ 同書，〈禮論篇〉，70／19／1＋2；〈正名篇〉，85／22／64；〈大略篇〉，98／27／65；〈樂論篇〉，77／20／31。

㊲ 同書，〈勸學篇〉，3／1／47—48。

㊳ 同書，〈天論篇〉，64／17／51；〈解蔽篇〉，79／21／22。

㊴ 項退結：〈荀子在中國哲學史中的關鍵地位及其現代意義〉，《哲學與文化》第九卷第十一—十二期，民國七十一年十月至十二月。與道家有關部份見頁七九四——七九六。

何以知？」）的無上法門㊵。加強心知的下一步則是正確地考慮、抉擇自己的行動，用以促進仁義禮樂，治天下，參天地。而這一切都爲莊子所不齒，他認爲「禮樂徧行，則天下亂矣」，因爲會使人「失其性」㊶。可見，無論荀子受道家思想衝擊有多深，基本上他的心術始終不脫儒家的本來面目；而他對「心主」的見解尤其一針見血。

(四)二程與繼起發展

上面已經說過，孟荀以後儒家思想的黃金時代首推宋代，而程氏兄弟係宋代儒學的二位關鍵人物。他們二人各引發了「心性之學」的不同發展方向。

爲了能和二程相銜接，讓我們把孟荀二子的思想綜合成下列三點：

第一、心的各種活動可概括成二個層面，前者扮演認知、考慮、決定與命令的主動與領導角色，後者扮演被動及被心術所領導的角色。一如上文所言，主動與被動以及領導與被領導的二個層面在孟荀思想中並未被碎裂化間隔化，這就是說主動與領導的心同時也扮演被動與被領導的角

㊵《荀子引得》〈解蔽篇〉，80／21／34－41。

㊶《莊子引得》〈繕性〉，41／16／4＋5。

色。祇有形體與低級傾向（孟子所云的「小體」，荀子所云的「情性」與「欲」）應處於被動與被領導的地位，但它們也可能反客爲主，爬在心的認知、考慮、決定與命令的功能頭上，造成荀子所云的「蔽」和孟子所云「失其本心」的狀態。

第二、孟子的「心之官則思」比較是直觀的，因爲它是不學而知的「良知」「良能」，一經思考馬上就知道仁義禮智㊷。荀子的「心知道」是「可道」、「守道」、「禁非道」的先決條件，比較接近理性的知；「心不知道」則會造成「不可道而可非道」的惡果㊸。

第三、某些人心目中孟子的性善與荀子的性惡似乎意指人根本是善的或者是惡的。上面引用過的董仲舒卽有類似誤解，所以才有「性雖出善，而性未可謂善也」的論調。其實，仁義禮智四端本來就是指善的起端，本身尚未足使人成爲善人，必待人透過自己的努力去存養它們時始然。荀子的「情性」與「欲」也並不使人成爲惡人，祇在「心之所可失理」而順從情欲時始然。因此，孟荀二子實際上都承認，道德的善惡決定於人自己，亦卽取決於心的領導功能。所不同者，是荀子言心時不僅非常强調認知與抉擇的領導功能，而且把它們作爲顯性題材來討論；孟子實際上雖亦重視這二種領導功能，却從未作專題討論，而在言及心的思考功能時，比較自限於直觀性的知。

㊷《孟子》〈告子〉上之十五。

㊸《荀子引得》〈解蔽篇〉，79／21／30。

程氏兄弟繼承了孟荀二子的上述三點。他們一方面注重各種心術，甚至吸收了佛教（禪宗）的心術，同時也強調心的領導功能。不僅程頤曾說「心是所主處，仁是就事言」，並一再要求人以心爲主㊹，程顥也認爲應以「道心」來糾正人欲之心㊺。但不容諱言，涉及心知時，程顥僅言「誠知誠養」及不忘「天德」的功能㊻，程頤則接受心的理性思考及理性認知。這一微小的差異構成「心性之學」的不同學派：朱熹（一一三〇—一二〇〇）的一派比較接近程頤，後人稱之爲程朱學派，陸象山（一一三九—九三）與明代的王陽明（一四七二—一五二九）則比較接近程顥。

關於心術，程頤的下面這句話可以概括宋明理學的基本態度：「學本是治心」㊼。治心的目標卽在於成聖賢，進而由修身而至於齊國、治家、平天下。儒家宗師對其徒生的態度因此非常相似天主教的神師：二程、朱熹、陸象山、王陽明的語錄都足以證明這點。儒學宗師無意解答理論上的問題，而專心致志於協助徒生治心，往往關心到徒生實際生活的細節。不消說，他們相信不同類型的心術不僅能治療道德上的毛病，而且也能治療形體與心理上的疾病㊽。替生徒傳授治心

㊹《二程全書》，卷之十九，頁三右；卷之十六，頁三五左；卷之三，頁二右。

㊺同書，卷之十二，頁一一左。

㊻同書同卷，頁三左，八右。

㊼同書，卷之一六，頁一九右。

㊽同書，卷之三，頁二右及七右。

之道，其實可溯源於孔子，他也曾用自己的為學經驗替七十二弟子現身說法，但比較更具規模的，當然應首推孟子，難怪程氏兄弟會說「論心術無如孟子也」㊾。宋代的「心性之學」則除上承孟子以外，還吸收了道家與佛教的技術，張載（一〇二〇—七七）與程顥是最顯著的例子；程頤雖比較重視理性的知，却也喜歡閉目靜坐㊿。

程頤的靜坐表面上和禪宗的坐禪與莊子的「坐忘」有些近似，實質上却有很大的不同。程頤稱他的方法為「居敬」，「敬」的意思是「主一」，亦卽以義理養其心而使之專一，這樣心才會「虛靜」而不旁馳[51]。由於「居敬」是積極地使心專志於義理，所以程頤批評一味想達到「虛靜」境界而使「心如槁木死灰」的道家與佛教工夫。他深信心有所主才能「虛靜」：「未有不能體道而能無思者。故坐忘卽是坐馳。有忘之心乃思也」[52]。言外之音是，要想使心完全空虛，什麼都不想，將是徒勞無功。眞的「虛靜」是除天理以外什麼都不想，因此是「居敬」的後果。

程頤對進學的看法也非常重要。誠然，整個儒家傳統所云的「學」或「進學」都以「學而至

㊾ 同書，卷之二，頁一九左。

㊿ 黃宗羲：《宋元學案》（上），臺北市，河洛圖書出版社，民國六十四年，第五册，頁五及五〇；第六册，頁二。

[51] 《二程全書》：卷之二，頁三右及頁一一左；卷之一六，頁九右及頁一九左。

[52] 同書，卷之四，頁八右。

於聖人」爲第一義，程頤也並不例外；因此他開口閉口都說「言學便以道爲志」[53]。然而他仍能把「涵養」與「進學」分成二件事：「涵養須用敬，進學則在致知」[54]。致知則必須格物。程頤所云的「格物」絕不限於道德範圍。有人問他格物是否祇限於心性，抑且伸展到外物，他說：「不拘，凡眼前無非是物，皆有理，如火之所以熱，水之所以寒。……」[55]。這句話最足以顯示出他和乃兄的不同心態：程頤雖以「至於聖人」爲「學」之極處，但格物致知的對象却無邊無際，絕不限於道德範圍。誠然，他也把涉及道德修養的認知分成「聞見之知」與「德性之知」，並說「德性之知不假見聞」[56]。他認爲忠信進德之事致知甚難，必須有「眞知」「深知」，就如同有人曾爲虎所傷，言及虎時神色俱變；反之無此經歷者則無深刻的畏懼之色[57]。齊克果稱這一類「眞知」「深知」及「德性之知」爲「主觀眞理」，亦卽爲「無限者的熱情」所驅使，導向實際行動而切身體認到的眞理[58]。程頤說這樣的「眞知」並不來自「見聞之知」，是因爲後者不足以引發

[53] 同書，卷之二四，頁一九左；卷之三九，頁一左；卷之一九，頁一〇左。
[54] 同書，卷之一九，頁一〇右。
[55] 同書，卷之二〇，頁一之右。
[56] 同書，卷之一八，頁三之右。
[57] 同書，卷之一九，頁八—九右。
[58] Robert Bretall (ed.), *A Kierkegaard Anthology*, New York: The Modern Library, 1946, pp. 212-3.

前者，但不表示後者並非必要。無論如何，他反對那些「欲屏去聞見知思」「絕聖棄智」的人，認爲這是「坐禪入定」[59]，並非儒學正道。

程頤的後繼者朱熹，其求知慾尤其露骨：「知便要知得極致。……窮究徹底，眞見得決定如此」；並認爲如有人明得此理而涵養未到却爲私意所奪，則是「只爲明得不盡。若明得盡，私意自然留不得。若半青半黃，未能透徹，便是尙有渣滓，非所謂眞知也」[60]。這些話很明顯指出，朱熹認爲徹底的知是道德涵養的先決條件。他的「窮天下萬物之理」一方面包括天地間「至大與至細者，……無一物而在所遺也」，另一方面又必須有「切己工夫」[61]，二者不可偏廢。關於陸象山所云「但求之心，心明則無所不照」，朱熹斥之爲「不去隨事討論後，聽他胡做，話便信口說，脚便信步行」[62]。

反之，程頤之兄程顥就有些忽視理性之知的趨勢。「人心莫不有知，惟蔽於人欲，則忘天德也」這幾句話，就像是不承認除「天德」以外還有其他値得知的東西。說到「致知在格物」時，

---

[59] 《二程全書》，卷之一六，頁三五左。
[60] 黎靖德編：《朱子語類》，臺北市，中文出版社，一九七九年，卷第一八，《大學》五，頁六二五—六。
[61] 同書，卷第一八，頁六四一—二。
[62] 同書，卷第一八，頁六三〇。
[63] 《二程全書》，卷之一二，頁八右，頁一五右。

他說「格至也」不是指「止物」，言外也似乎說，「格」祇是人自己的境界，並不在乎去瞭解「外物」[63]。他的後繼者陸象山與王陽明也大同小異。陸象山《致胡季隨第二書》中「致知明善」一語非常令人尋味，「致知」與「明善」儼然是一件事；其〈第一書〉亦言「善之未明，知之未至」[64]。他認爲要明理必先寡欲，否則難見理之是非；寡欲與「切己自反，改過遷善」才是爲學的入門處。像朱熹那樣談學問，不過是好勝而已，無補於聖門之學[65]。陸象山一意於尊德性，以致認爲涵養德性與認知完全是一事，實際上難免忽視了理性認知的獨立與必要性。王陽明雖然很强調「學問思辨之功」，但他所云的「知」是「見父自然知孝，見兄自然知弟」的直觀之知[66]，與程頤、朱熹的格物窮理有極大的差距。後者雖有「聞見之知」與「德性之知」的區別，但仍承認「聞見之知」深入而成爲「眞知」以後，就足以引發善行；而格物窮理的範圍鉅細無遺，並不限於德性。王陽明的「格物」則似乎已約化於「去其心之不正」的修養工夫[67]。涉及道德的客觀分析與知識對他說來是次要的，充其量不過能在某些情況中替良知提供線索而已[68]。用余英時的

---

[64] 王宗沐編：《陸象山全集》，臺北市，世界書局，民國四十八年，頁五。

[65] 同書，頁二四〇—二，二五五，二六〇。

[66] 《王陽明全集》第一册，臺北市，正中書局，民國四十四年臺三版，頁五，《傳習錄》之六。

[67] 同書，頁五、廿一、六十三。

[68] A. S. Cua, *The Unity of Knowledge and Action-A Study in Wang Yang-ming's Moral Psychology*, Honolulu: The University Press of Hawaii, 1982,p. 33. 王陽明全書第一册頁58—59。

話來說，這是反智論的表現，亦即反對理性認知的表現[69]，西洋哲學中，對理性認知的忽視或不信任，其通用名稱是「非理性主義」（Irrationalism）。在中國，這一類型的非理性主義導源於孟子所云直觀型的「心之官則思」，以後爲道家及佛教的影響力所增強。

理性認知的忽視本來並非無視心的認知、抉擇與命令的領導功能。王陽明也說「身之主宰便是心，心之所發便是意」，又說「知是心之本體」[70]，充分肯定了心的領導功能。此外，由於正確的思考被認爲取決於「去其心之不正」的道德努力，因此如何寡欲，如何改過遷善的各種治心之術遂替代了理性認知的努力，坐禪、坐忘或居敬等方法也就成爲理學家所喜歡討論的題材。理性認知的忽視既加強了心術的運用，無形中也增加了心的被領導角色。

還有一個插曲值得提及。〈心術與心主之間〉這篇文章起初以英文寫成，是七十四年七月十五日在斯多尼•布魯克紐約州立大學第四屆國際中國哲學會議中宣讀的一篇論文。宣讀以後，劉述先教授立即提出意見，認爲王陽明絕非反知論者。當時我答應再仔細研讀原著。返國後寫成中文稿以後，我又和劉教授書信往返討論這個問題。發稿後劉教授來信指出，王陽明曾在《答歐陽崇一》書中說：「良知不由見聞而有，而見聞莫非良知之用。故良知不滯於見聞，而亦不離於見

---

[69] 余英時：〈反智論與中國政治傳統〉，見項維新、劉福增：《中國哲學思想論集》，臺北市，牧童出版社，民國六十八年三版，頁一〇七—八。

[70] 《王陽明全書》第一冊，頁五。

聞」（全書第一册，頁五八－五九）。劉教授認爲這幾句話足以證明王陽明並非反知論者。仔細研讀歐陽的信及王陽明的回函，我得到的結論部份與劉教授一致，但部份不同。

首先，我完全同意王陽明很重視經驗與理性的知識（「見聞之知」）；在一般性事務的處理上，他以這一類理性知識爲憑藉，否則他如何打仗治軍？因此我說王陽明和反知論有關，是限於道德哲學範圍以內。其次，王陽明在良知指導下執行道德的實際行動中，也很重視「見聞之知」，用以考慮、決定具體應踐行的道德行動（「見聞酢酢，雖千頭萬緒，莫非良知之發用流行」）。然而，王陽明却的確主張「德性的良知」本身完全不由見聞而得，而完全來自直觀。到此爲止，他仍多多少少沾了一點非理性主義的邊。

(五)儒家道德心理觀的現代意義

1. 儒家的「心」之概括性

中國人的經驗中，儒家二千餘年來所云的「心」一直同時是主動的，同時又是被動的。它既不像傳統西方心理學與哲學中那樣擁有過份主動的角色，也不像道家及其附和者那樣被賦以完全被動的角色。儒家所云的「心」因此處於中庸之道，這也構成了它在今日世界的特殊地位。

主張人應採被動角色者首推道家。莊子唯恐天下之「淫其性」，希望大家「欣欣焉人樂其性」，而最不喜歡聽到「治天下」的論調；然而他雖然蔑視心術，他自己却也提倡「心齋」與「坐忘」等方法[71]；這些方法在別人眼中也不能不算是「心術」。這一類心術及其附帶的哲學思想，今日在西方極受歡迎，心理分析也助長了這一風氣，大約這是對過份的行動主義及與日俱增的科技統治的一項反動。

另外有一種極其主動的思潮，却主張人的行爲（Behavior）完全是被動的。當然，根據行爲主義者的說法，「心」或「心靈」這些字眼根本是無意義的，因爲無法用耳目及其他感官加以觀察或測量，必須以「行爲」一詞來替代；行爲則完全可被「行爲工程」所擺佈[72]。這一切都是對西方傳統心理學與哲學的一項反動。西方傳統心理學與哲學都對理性與自由意志寄以無限信心，以爲它們對道德抉擇與行動的領導能力漫無限制。事實上，西方傳統思想或者視理性與意志一起爲人的最高領導力量，或者視理性爲最高或唯一領導力量（這就是主知論——Intellectualism），或者視意志爲最高或唯一領導力量（這就是主意論——Voluntarism）。科技化

---

[71] 《莊子引得》〈在宥〉25／11／1—3；〈人間世〉9／4／26—28；〈大宗師〉19／6／92—93。

[72] B. F. Skinner, *Beyond Freedom and Dignity*, New York: Alfred A. Knopf, 1971.

的現代世界就是這一心態的產物，以為人的知能與計畫能夠控制一切。不消說，西洋哲學史中曾出現過不同程度和不同類型的主知論與主意論。最有名的主知論可以蘇格拉底與柏拉圖為例：他們都以為不道德的行為不過是錯誤或無知而已[73]。亞里斯多德則已非極端的主知論者，祇不過在知與意二者中，比較更重視知的地位。然而他却也承認，一個人開始時明明知道而且自願地成為不道德(例如成為不義或不節制)以後，却無法不再如此[74]。中古時期的多瑪斯學派比較贊成亞里斯多德的緩和主知論，而奧古斯丁學派則比較喜歡緩和的主意論；但二派都承認知與意一起構成領導角色。晚近西方出現了許多不同型態的主意論，叔本華、尼采、海德格、沙特卽其佼佼者。他們都傾向於某種反知論，而一味強調意志或「存在設計」對道德行為的決定性角色。

儘管儒家思想中也出現了某種程度的主知論與主意論，而且也有一味講心術的人，但因為「心」字從未分殊化，因此它始終概括了人的主觀經驗之領導與被領導的雙重功能，因此從未脫離陰陽合德的模式[75]。這一模式並不僅是歷史陳跡，而是東西方文化未來發展的正路；它的要點是，

---

[73] Meno 77e, Protagoras 345b.

[74] Nichomachean Ethics, 1114a 12-22.

[75] T. Tui-chieh Hang, Unity of Yin and Yang, *A Philosophical Assessment*, a paper delivered at The International Conference of Philosophy on Harmony/Strife, Hongkong, March 10-16, 1985. —參考 Jolan Jacobi, Die Psychologie von C. G. Jung, Zürich: Rascher Verlag, 1940, S. 39-40.

今後我們不可再一味着眼於道德行爲之領導的心理層面，也不可一味把道德行爲視爲被動的過程，而應同時注意到「心」的二個層面。中國未來的道德理論正需要這樣具包容性而不倒向一面的概念。但它也必須吸取其他文化的經驗及理論，才能使未來的道德理論導向更完整更健全的發展。

2. 今後從其他文化所應吸取的要點

就「心」的概念之整體意義而言，它在中國道德哲學中的確有其不偏不倚的概括性。實際上却仍有成爲偏面的危機。一如上文所已提及，忽視理性認知對道德行動的意義，以及過份重視心術而忽視「心」的領導功能即構成偏差的危機。此外，西方哲學對位格尊嚴的經驗與理論也值得中國的道德哲學參考。

忽視理性認知的後果與補救之道　孟子側重直觀之知再加上道家、佛教的影響，這一連串歷史事實使現代的中國在道德生活上不期然而然地傾向於拒絕理性認知：今日的中國人在其他領域中雖徹頭徹尾接受理性思想，極大部份却仍深信，道德教育不需要基於理性思考的哲學知識。許多人更盲目接受行爲主義哲學，以爲道德行爲完全是人爲的，根本沒有客觀正確與不正確的問題。

在討論「聞見之知」與「德性之知」時，我們已曾見到，僅有前者雖不足以引發道德行爲，它對道德行爲仍是必要的。換句話說，「聞見之知」雖非道德行爲的足夠原因，却是它的必要原因。一個人如果主張人不過是動物，或者不過是經濟發展的工具，這一想法開始時雖屬於「聞見之知」而未立刻影響到人的行動，但久而久之不可能不發生影響。對此，中國的宗教史曾給我們上了最好的一課。戰國時的許多儒者已成爲無神論者或不可知論者，但爲了政治理由，却依舊主持、參預祭神之禮。他們認爲「君子以爲文，而百姓以爲神」[76]，以爲他們的無神論祇是理論，可以和祭神的宗教行爲分家。但他們的宗教「不誠無物」，結果爲外來的佛教所取代。更糟糕的後果是：儒家道德思想最重視的「誠」因宗教上的不誠而遭到重大創傷。《大學》明明說：「欲正其心者，先誠其意；欲誠其意者，先致其知。」意與知脫節，就談不到什麼誠了。孔子的敬神是以神存在的深刻信仰爲基礎，否則他不會說「非其鬼而祭之，諂也」，更不會說「獲罪於天無所禱也」；他之所以要人「祭神如神在」，是勸人在祭神時誠於中形於外，他的意絕未與知脫節[77]。戰國時代的儒者却完全不是那麼一回事，墨子之駡他們「執無鬼而學祭禮，是猶無客而學客禮也，是猶無魚而爲魚罟也」[78]，絕非無的放矢。墨子無異逼他們做一個抉擇，或者學祭祀而信仰鬼神，或者不信而放棄祭祀；無論是做了那種抉擇，他們都保持了誠，也就是保持了知與意的

---

[76] 《荀子引得》〈天論篇〉，64／17／39—40。

[77] 《論語》〈爲政〉第二之24，八佾第三之十三及十二。

[78] 《墨子引得》(特刊第二十一號)，東京重印，一九六一年，〈公孟〉第四十八，86／48／40—42。

相契。可惜他們却寧可放棄誠而選擇了妥協。誠的基本立場既受到腐蝕，形式主義遂逐漸形成，直到如今尚未完全消除。

忽視理性認知的傾向大約也使道德教育忽視道德哲學的訓練。令人擔心的却是，一般中學生大學生在對道德哲學一無所知的情形下，無形中却透過實際生活、小說、電影及各種大衆傳播工具吸收了享樂主義、拜金主義的道德哲學。連道德教育的決策人員往往也不知道，道德教育的重點究竟應在何處。荀子早已警告過：「心不知道則不可道而可非道」；每天的痛苦經驗都證明此語不誣，但忽視理性認知的成見太深，始終不知道警惕，更無法採取改進行動。

根據《中庸》，人的天性之形上基礎是天命：「天命之謂性」。《中庸》的性是什麼？天命又是什麼？這些問題無法在本文範圍中討論，必須在形上學及認識論植其基。可惜，現代哲學中的認識論往往爲懷疑論、唯心論、實證論或科學主義所統制。當代中國哲學界中，受這種毀滅自身的認識論影響者，頗不乏人。認識論既無法建立超越感覺知識的客觀知識，甚至根本否定了它的可能性，如何還能找到形上學及道德哲學的強有力基礎呢？今日的中國哲學界必須在當代哲學潮流中做一種鑑別工作：究竟什麼是純金，那些是祇配丟棄的垃圾。

心術與心主間的中庸之道 儘管荀子對心的認知、考慮、選擇及命令等領導功能作了非常精闢而令人心服的論述，古今中國人似乎都不很認眞接受他的說法。難怪道家的被動與反知論越來越佔上風，連儒家學者在道德修養與道德教育上也依賴寡慾、靜坐等心術。似乎很少人注意到下面的基本事實，那就是「心術」必然預設了「心主」：運用心術必然需要有心術的運用者，必須有一個認知並抉擇使用心術的領導力量，而荀子所云「主其心而愼治之」者，無疑地又非「心」莫屬。眞正令人關切的問題是：現代人的「心」究竟能否由自己的認知與抉擇能力替自己作主呢？還是聽憑別人透過大衆傳播工具、社會壓力或其他「行爲技術」來擺佈我們的「心」？後者的情況在集權主義及未開發社會中是普遍的；在民主與已進步的社會中，這種擺佈勢力也有日漸擴張的趨勢。因此，在自由與進步的社會中，每個人透過自己的認知、適當的判斷與抉擇來替自己作主的需要也就日見迫切。這也就意味着，我們必須比以前更用力去培養「心」的領導功能，亦卽認知、考慮與抉擇的功能：哲學修養與意志力的培養應雙管齊下。唯有在「心」成爲主人的情況之下，人纔不致於與自性疏離而「異化」，更不致於被日新月異的心術愚弄。

「心」成爲自己的主人以後，適當的心術却並未喪失其地位。恰恰相反，它們會成爲更迫切需要，因爲自主的心更需要運用心術加强自己的領導能力。上文曾說，亞里斯多德承認，一個人之成爲不道德雖是自主的，但既已如此，就很難改變自己。這樣的人如果眞想發揮「心」的領導能力，要恢復自己的道德修養，就非應用心術不可，以期逐漸革新自己。對此，巴斯噶說人同時是精神和自動機器，實在非常適當[79]。孟子說：「志壹則動氣，氣壹則動志。……故曰：持其

[79] Blaise Pascal, Pens'ees, Paris: Garnier, 1951, n. 252.

志，無暴其氣」[80]。如果我們把「氣」理解成生理狀態及潛意識心理狀態，就會知道它無法由意識的認知及抉擇所直接控制，而必須應用心術。坐禪、靜坐，各種不同的心理治療方法，以及馬赫西的「超覺靜坐」[81]，都不外是心術的運用。所有這些方法的終極目標，仍在於促成「心主」的領導能力。

但卽以心術而言，孟荀二子所提倡的方法也很可觀。孟子要人應用心的直觀思考能力，又要人存養四端之心而減少慾望，這就是心術的運用。荀子要我們「思索以通之，……除其害者以持養之，使目非是無欲見也，使耳非是無欲聞也，使口非是無欲言也，使心非是無欲慮也」[82]，這也是一種心術，要使我們養成優良的判斷與習慣，終於使道德行爲成爲自然而然。程頤的「居敬」也是一項心術：「敬者主一之謂」，亦卽「敬以直內」[83]。

位格尊嚴在道德哲學中的地位 《大學》所云的「修身」多少與位格尊嚴有關，因爲修身就是個人的道德修養。位格却已於第六世紀被波哀丟斯（Boethius, 480-525）界定爲「理性天性之

---

[80] 《孟子》〈公孫丑〉上之二。

[81] Yang Ju-chou, Maharishi's Being and Chinese Tai-chi〈中華民國哲學會哲學年刊〉第一期，臺北市，民國七十年，頁一八九—二一四。

[82] 《荀子引得》〈勸學篇〉，3／1／46—48。

[83] 《二程全書》，卷之一六，頁八左—九右。

個別實體」。多瑪斯毫不猶豫地稱位格爲整個自然界中最完美之物[84]。康德視位格爲絕對價值，因爲它具有自由與道德責任[85]。孟子則遠在康德以前稱道德爲超乎「人爵」的「天爵」[86]。我人無法否認，西洋哲學傳統對位格尊嚴作了更嚴謹的思考。中國道德哲學如能加強位格尊嚴這一面，自是一件美事。孟子的「天爵」思想與康德所云基於道德責任的位格尊嚴，實在可以說是先後媲美。東西思想之殊途同歸，於此可見一斑。

㈥尾　聲

從心理角度來看，我發覺儒家的道德哲學雖非常重視心術而視「心」爲被動，同時却也發展了「心」的認知與抉擇的領導一面。尤其令人欣喜的，是心理觀點使本文無須接觸到諸如「天地生物之心」或「一體之仁」這一類形上學問題。本文作者深信，本文所分析的「心」之一般意義

---

[84] S. Thomas, *Summa Theologiae*, I, Q. 29, a.3.c.

[85] I. Kant, *Kritik der praktischen Vernunft*, Stuttgart: Ph. Reklam Jun., 1961, s. 120, 233, 252.

[86] 《孟子》〈告子〉上之一六。

與特殊意義都直接與「心」字的原始意義有關，它多少牽涉到意識經驗。王陽明則稱之為「知覺」：「心不是一塊血肉，凡知覺處便是心：如耳目之知視聽，手足之知痛癢，此知覺便是心也」[87]。在意識經驗或「知覺」之外言「心」，往往指類比意義，必須清楚界定。不幸，中國哲學中往往缺乏這一類界定，難免使「心」字的意義增加了含混的新因素。

《哲學與文化》第十二卷第九期　民國七十四年九月

[87]《王陽明全書》第一冊，頁一〇一。

三、對易經的若干形上學反省

(一)導言

討論荀子在中國哲學史中的關鍵地位時，我格外指出荀子的某些中心思想與《易傳》極其接近。《易經》《易傳》則在中國思想史中佔絕無僅有的地位。爲了方便，本文中所稱的《易經》即指十三經中的《周易》，包括經與傳各部份。卽使我們不相信伏羲作六十四卦的說法，至少自周代以來，易經對中國哲學思想的形成具決定性影響，則可斷言。《周易》中的經與傳各部份的時代允或不同，但那不是這裏所討論的題材。我們這裏所關切的是，易經思想已經深入中國人的血液以內；卽使是略識之無的人，無意中也受它的影響。因此，對《易經》加以反省，也就是對中國人思想型態的一部份加以反省。我們可以像五四時代某些人，目之爲反動、落伍、不合時代；也可以像另一批人一般，不加批判地視之爲不易眞理；但也可以對它作批判性的反省：一方面接受其超時空眞理的永恆一面，同時對某些傳統解釋作新的估價，也可以用新的觀點去補充《易經》所昭示的宇宙觀與人生觀。唯有這最後一種才是建設性的態度。它一方面能幫助我們對《易經》有進一步的深入瞭解，同時也能使我們建立起一種自己信得過自己的宇宙觀與人生觀。而宇宙觀與人生觀正是形上學的一部份。

其實，由西文 Metaphysics 譯爲中文的「形上學」一詞，就是從〈繫辭〉上（12）「形而上者謂之道，形而下者謂之器」❶而來。然而，什麼是繫辭所云的「形而上」「形而下」呢？假使我們以首創形上學的亞里斯多德的觀點來看，那末亞氏所云的形上學或第一哲學，是討論「第一原因及始元」(ta prota aitia kai tas archas) 之學，並以「存有物之爲存有物」(τὸ ὂν ᾗ ὄν) 爲探討的出發點❷。「存有物之爲存有物」既不分主體與客體，本體與現象，也不分抽象的道與具體的器；這一概念涵蓋一切，甚至涵蓋了形容它限定它的任何其他概念的全部領域。因此，亞氏的形上學並不限於〈繫辭〉所說「形而上」範圍，「形而上」「形而下」都是亞氏形上學的討論對象。可是，以亞氏「第一原因及始元」之學這一尺度去衡量，形上學就不祇有他所發展的那

---

❶《斷句十三經經文》，臺北市臺灣海明書店，民國四十四年六月臺一版。

❷ Aristotle, *Metaphysics*, London: Heinemann 1968.

一種，而是有許多種。儘管亞氏形上學的若干觀點至今仍能站得很穩，但哲學史中却有許多種「第一原因及始元」之學，《易經》卽其中之一。一如其他形上學，《易經》替宇宙及人生提供了整體性的解釋，它討論了宇宙及人類的「第一原因及始元」。本文所云「形上學反省」，就是以這一觀點對《易經》加以初步探討。

(二)《易經》的自然觀

《易經》中最顯而易見的，是對大自然中形形色色事物的觀察、歸納和解釋。天、地、水、火、風、雷、山、澤八卦都是大自然所顯示的現象。中國古人從變化無常形形總總的事物中發現了「事物都在變易」這件事實，而變易有其最後原素曁最高原理及原因，也就是亞里斯多德所云的「第一原因及始元」。本來，「始元」的原文 archē 是指開始，兼有事物的基本原素、原理、原因三重意義（參見亞氏《形上學》第五書之一、二、三）。〈繫辭〉上「易有太極」(11) 這句中的「太極」酷似亞氏《形上學》第五書之一所解釋的 archē。它所指的是宇宙萬物的起始，而這所謂起始，《易經》中究竟是指最高原因，或者是萬物變化所遵循的最高規律（原理或原則），本文不敢置喙。但無論「太極」字面的意義如何，《易經》是討論宇宙萬物及人生的最高原理、原素及原因，則無可置疑，因爲這是全書的主旨所在。（十二年以後，我發覺「太極」比

較接近「常規」之意，見本書頁(一二九)

1.《易經》自然哲學要點

八卦或六十四卦的創始者既已發現世間變化無常的一切都可歸納成陰陽二個因素(二儀)，而一切變化又按陰陽相合及互相更秩的規律進行着，因此就以最簡單的二個符號(「⚊」與「⚋」)表達出自然界萬物的變化。

下面是《易經》所含自然哲學的幾個重點。這些觀點至少代表我國過去和現在大部份學者對《易經》的解釋。

1.宇宙間的一切都在變化　這是「易」這個字的根本義：全部《周易》，無論是易經易傳，都以此爲大前提。因此，中國的傳統宇宙觀是動態的。《易經》特別强調此義的地方俯拾卽是，例如：「天地變化」(〈繫上〉11)，「一闔一闢謂之變，往來不窮謂之通」(〈繫上〉10)等等。

2.變化是萬物之所以產生的最高原因及原理　這點由第一點而來，可以說是由第一點所獲的結論。宇宙間的一切在變化，這是由許多經驗事實所歸納而知的。變化是一切事物產生的最高原因則已非經驗事實。《易經》中「生生之謂易」(〈繫上〉5)及「天地絪縕，萬物化醇，男女構精，萬物化生」(〈繫下〉4)等句表達這層意思比較顯著；實則全部《易經》均洋溢着這一原則。這裏所說的原因是指：沒有變化什麼也不會發生，因此比較側重亞里斯多德的主動因。變化一方面是萬物的主動因，同時又是萬物產生過程中的內在原理；也就是說：事物的產生過程，其本身就是不斷的變化。熊十力先生說：「無一刹頃，纔生卽滅，……刹刹都是活躍躍的新變化，……聖人故曰生生之謂易也」❸，正說中了這層意思。就〈繫辭〉「生生之謂易」這句的上下文視之，「生生」似乎並不指生命的產生。《易經》中也有提起生命的地方，但不是在這裏。

3. 陰陽是萬物變化的最後原素　這點又和第二點不同。上面已說過，變化是一切事物的主動原因，又是產生過程中的內在原理。原理是一種有規律的變動方式，原素則是變動的二極。沒有A與B二極，任何變動都不可想像。原理、原素都是內在於事物的，但前者是「理」，後者是「素」，「原素」也就是亞氏《形上學》第五書之三所云 Stoicheion。原素、原理、原因總稱爲始元或 archē，這是《形上學》第五書釐清概念不可磨滅的功績之一，可惜我國哲學界往往混用，糾纏不清；連帶提及，以就正於方家。

4. 陰陽又是萬物的普遍範疇　所謂普遍範疇是指最高的類，也就是說：事物或陰或陽，非陰卽陽。是的，《易經》主張「陰陽合德，而剛柔有禮」（〈繫下〉5）。但陰德合德也是陰陽二原素所成。弄到最後，一切還是歸結到陰與陽二類。

5. 陰陽並非矛盾，而係對立而和諧的二極　適才所引用的「陰陽合德」可以說代表中國民族

❸ 熊十力：《原儒》，臺北市，明倫出版社，民國六十一年八月再版，下卷頁六八。

的中和精神：「天下何思何慮？天下同歸而殊途，一致而百慮。天下何思何慮？日往則月來，月往則日來，日月相推而明生焉。寒往則暑來，暑往則寒來，寒暑相推而歲成焉。往者屈也，來者信也，屈信相感而利生焉。」（《繫下》3）這裏破例引用了約一百字，是因爲這段話表達中和精神特別好的緣故，而且《繫辭》特別用「子曰」標明這些話的出處。此外，《說卦》中也有幾句話非常精彩：「立天之道，曰陰與陽，立地之道，曰柔與剛……」（2）；「故水火相逮，雷風不相悖，山澤通氣，然後能變化，既成萬物也」（5）。《易經》中所有這些及其他實例都是指對立的二極，並沒有矛盾的例子。卽以常識而論，眞正的矛盾也絕對無法統一。試問：「你的矛能刺穿一切盾」和「你的盾能抵禦一切矛」，這二個命題有否綜合或統一的可能呢？「以子之矛攻子之盾」這個命題是否上面二句的綜合呢？三尺童子均知其大謬不然。黑格爾和跟着他跑的馬克思就因爲思想混淆不清，才會把矛盾與對立弄成一件事。我國本世紀二十、三十、四十年代的知識份子盲然墮入這樣荒謬不經的迷魂陣中，而使今日中國落到如此悲慘境地，實令人太息不止。時至今日，中共統治下的官方哲學依舊以爲《易經》中包括矛盾相統一的辯證法，連熊十力先生都不免稍受影響❹。其實，二種對立的事物是能夠相合的；矛盾則是互相排斥互相毀滅，根本無從成立，也無從想像。

還有一點非常重要，卽《易經》雖指出陰陽二極的普遍性，但重點是在「中庸」、「中和」、

❹ 同書上卷頁四。

「同歸而殊途」；《易經》的陰陽二極並不彼此鬥爭，而是相輔相成。

6. 陰陽在事物中互爲消長　這點在上面所引日月及寒暑相推的例子中已很明顯，因爲日月寒暑並非驟然而來突然而去，而是這一個慢慢地來，另一個同時慢慢地去，二者始終是並存的。A

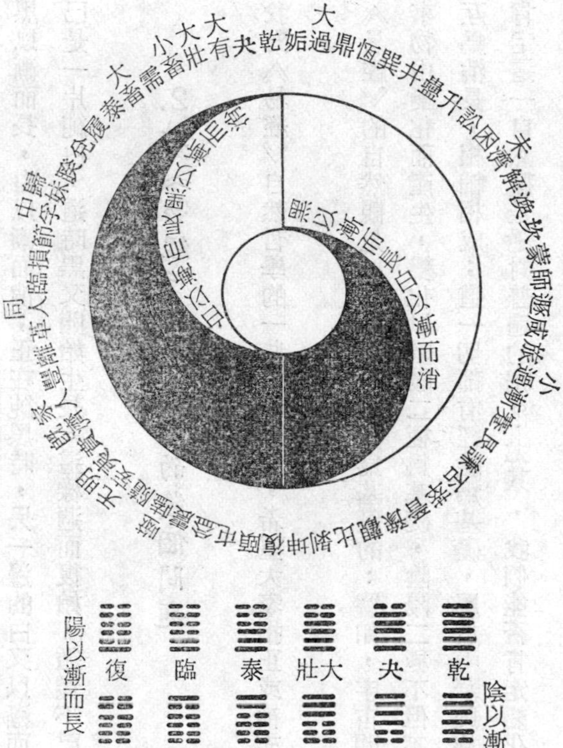

附伏羲卦圖

的消滅卽B的生長；B生長到頂點時又開始消滅，同時A又開始生長。這也正是黑白消長圖的意義：一邊是黑以漸而長，白以漸而消；正在純黑時，另一邊的白又以漸而長，黑又以漸而消；到此，圖面上已是一片純白，這時黑又開始生長。這樣週而復始，循環不已。

2. 對《易經》自然哲學的幾個問題

上面是我對《易經》自然哲學的一些粗淺理解，希望大家指正或補充。現在應提出一些問題和反省。

首先，《易經》的自然觀是以許多經驗事實爲基礎的：譬如，宇宙間我人所能觀察的一切都在變化中，事物由變化而產生，變化以陰陽二極爲基礎，陰陽二極不但不相悖，而且能夠相合，互相交替，互爲消長，相輔相成；這一切都有經驗爲基礎，屬於中華民族的不朽智慧。然而，我們有否權利肯定這一自然觀是絕對普遍的呢？尤其，我們能否肯定變化卽一切事物的最高原因呢？

其次，八卦或六十四卦是機械式的排列，因此容易使人接受一種機械論的宇宙觀。明代來知德卽作此想，他以爲「自卦象觀之，雖有變與不變之殊，相對相反之別，不過陰陽奇耦升降錯綜而已。天地之造化固如此，圖象之布列，非有意以安排也。」[三]我國學者接受此說者似乎並不少見。然而，即在自然哲學範圍以內，《易經》中也不乏目的論見地。譬如，陰陽之相輔相成，同歸殊途，就表示出有共同所「歸」的目標。《易經》是否祇能作機械論解釋？抑或有作目的論解釋的可能？這是我要提出的另一問題。

第三，陰陽這對概念，可以和希臘哲學中的某些思想相比，譬如亞納西美尼斯所云氣的稀化與濃縮就有些像陰陽二種過程；比達各拉學派中也有人說對立的諧和構成事物。然而，最與陰陽相似的，應該算亞里斯多德的質料 (hyle) 與式型 (morphê) 及潛能 (dynamis) 與實現 (energeia) 二對概念。這裏我們僅指出陰陽與潛能，實現二對概念之同異，因為這一比較有助於上面三個問題的澄清（關於潛能，實現這對概念，這裏我假定讀者已有所知。一方面是為了簡單省事，另一方面也是因為我有意比較詳細地寫這一類的文字）。

1.這二對概念彼此都有類似正負的關係，而且都可以解釋宇宙間的變化。

2.陰陽及潛能、實現都能並存，都能彼此消長。譬如上圖中的黑生長時就在實現狀態，白則在潛能狀態，反之亦然。

然而，陰陽與潛能、實現之間却有基本的差異。最主要的差異是：《易經》中的陰陽變化似乎是宇宙萬物之所以產生的最高原因及原理；亞里斯多德《形上學》中的變化也需要潛能、實現二個因素，但實現先於潛能：我人不僅先認識實現，然後才認識相應的潛能，而且祇有實現的存

⑤ 來知德：《易經來註圖解》，臺北孔學會出版，民國六十年九月刊行，頁五六七。

有者始能使潛能的存有者進入實現境界；不僅如是，潛能以實現爲目的（1049b4-1050a15）。因此，亞氏認爲唯有「其本質是實現」的「始元」（archen toiauten hes he ousia energeia）才是永恒的、必然的（1071b19-21; 1050b17-20）。依照他的推理，陰陽消長所構成的變化就不足以成爲萬物的最高原因。因爲變化必藉潛能與實現一起方能產生，而與潛能一起的實現已攙有潛能性；因此終究需要一個「其本質是實現」的必然存有者，這才得到了最後解釋。藉着潛能與實現這對概念，宇宙的目的性也更形顯著。

可能有人說：《易經》的陰陽與亞氏形上學的潛能、實現完全是各走各路，因此不應該用一種思想方式去批評或補充另一種。殊不知我們這裏有一個公認的共通點——變化。要如《易經》（或《易經》的某種解釋）眞認爲陰陽變化是絕對而封閉的系統，很顯然會與潛能、實現的概念發生衝突。

㈢《易經》的人生觀

《易經》中的自然觀與人生觀原是很密切地交織在一起。爲了方法上的嚴密，本文把二者分開講。事實上，儘管我國許多學者的自然觀採用機械論解釋，但他們的人生觀却並非如此。所以把二者分開來講可能不無意義。

只要稍涉獵《易經》，就會知道它觀察天地山川等等變化，其中心問題却在於人的吉凶。〈繫辭〉上所云「易有太極，是生兩儀，兩儀生四象，四象生八卦，八卦定吉凶，吉凶生大業」（〈繫上〉11），對此點可謂一針見血。知易的目標是「知死生」，「知天命」（〈繫上〉3，4）。每一卦辭爻辭都可證明這一看法。

《易經》之所以能從大自然的觀察而對人的行動有所啓發，是因爲人本來就是宇宙的一部份：「易之爲書也，廣大悉備，有天道焉，有人道焉，有地道焉」（〈繫下〉8）。「人道」在「天道」與「地道」之間，表示它介於二者之間。因此人的行爲如果順乎宇宙間的理，就會吉，反之也就會凶：「昔者聖人之作易也，將以順性命之理」（〈說卦〉2）。所以孔子說：「天之所助者順也」（〈繫下〉11）。

順天應理事實上已成爲中國人人生觀的一部份。也有人以爲這是中國「現代化」的一大阻力。的確，要如你把順天應理視爲消極的「聽天由命」，那不但是「現代化」的阻力，而且本來也未必是《易經》的眞諦。歐洲文藝復興時代的一位哲學家（培根）曾說：「非服從，即無法勝過大自然」（Natura non vincitur nisi parendo），這句話才足以爲「順性命之理」一語的註脚，因爲《易經》乾卦本來就要人「自強不息」。但無論怎樣努力，我們要想在大自然中順利地生活，不但勝過大自然中的阻力，而且能妥善應用大自然的潛力，就必須服從它的規律。同樣地，要在人的世界有所成就，也必須順應人的天性。世間的一些獨夫如希特勒、毛澤東之流就以爲自己可以不顧人的天性蠻幹。憑着他們的權謀和恐怖政策，誠然也能博得一時的成就，但他們終究不是無限的神，而是很有限的人，日久天長違反天性，終究逃不過全面慘敗的命運。

除去要我們順應自然以外，《易經》還認爲人不但是宇宙的一部份，而且當他成爲「大人」時，就「與天地合其德，與日月合其明，與四時合其序，與鬼神合其吉凶」（文言）。人怎能這樣「贊天地之化育」呢？〈繫辭〉上的答覆是：「言行，君子之所以動天地也」（6）。人道在天地二道之間，不但受天地影響，而且可以影響天地。

人之應該順服大自然及人的天性，可以說是有經驗及科學根據的；至於「大人」或「君子」的言行能與「天地合其德」，足以「動天地」，也就是說能影響整個宇宙，那就不是一件經驗事實，也並非由推理而得。《易經》之所以作此肯定，如果不是做文章誇大其詞，那是由於各該部份作者體驗到自己的道德行爲，並且體驗到道德行爲的前提——意志的自由抉擇。由於人對自己的道德或不道德行爲能夠作自由抉擇，所以他覺得自己對行爲負責，同時也認爲自己的言行能影響天地。最後這一想法又可能作二種詮釋：第一種假定天地間有位格性的鬼神在管理，言行會因感動鬼神而影響天地；第二種則認爲人與宇宙構成共同的「有機體」，因之人的言行會以神妙莫測的方式影響宇宙。前一種詮釋在《易經》中很難找到根據，第二種則比較更符合《易經》的整體構想。

何以體驗到道德行爲會使人想到自己的言行能「動天地」呢？〈說卦〉對此提供了很好的解釋：「昔者聖人之作易也，將以順性命之理。是以立天之道，曰陰與陽；立地之道，曰柔與剛；立人之道，曰仁與義。」(2) 說卦很明顯地表達出：天道地道人道都屬於「性命之理」。人在天地之間，可以客觀地觀察天地的「理」，也就是天地間萬事萬物所遵循的客觀規律。仁與義所形成的「人道」或道德規律却不是外在的，而是人內心所體驗到的。恰如康德在「實踐理性批判」行將結束時所云：「兩件事使心緒充滿驚奇而起敬起畏……在我上面滿佈星辰的天空，和在我以內的道德規律」。大自然必然會遵循「天道」與「地道」，而人以大自然一份子的資格也必然如此：事實上人之受制於地心吸力或其他物理或生理規律，一點不下於其他事物。然而「人道」却並不如此。「人道」的體認至相信言行影響天地，其邏輯步驟如下：

第一，仁與義所形成的「人道」原是天地規律的一部份，因爲人原來由天地所生：「有天地，然後有萬物，有萬物，然後有男女……」(〈序卦〉2)。

第二，履行或違反人道都在人自由抉擇的範圍以內：選擇人道構成善行，違反人道構成惡行。易經之承認人有善惡行爲，並承認人對善惡行爲負責，可於勸人勿忽視小善小惡見之：「小人以小善爲无益，而弗爲也，以小惡爲无傷，而弗去也，故惡積而不可揜，罪大而不可解」(〈繫下〉4)。既承認人有善惡行爲，就是隱含地肯定了自由抉擇能力，因爲沒有它，倫理的善惡是不可思議的：我人之所以不說動物有倫理的善惡，就是這個道理。本着同一理由，易經教人「終日乾乾，夕惕若厲」，「修德進業」（〈乾卦〉），又說：「言行，君子之所以動天地也，可不愼乎？」（〈繫上〉6），如果不相信人有自由抉擇能力，則勸人驚惕、當心，「修德進業」，都將成爲空話。所以，易經及中國古籍雖沒有明言自由抉擇能力，但「人道」或道德規律以自由抉擇能力爲前提，則了無疑義。也唯有如此，人才能對自己的行爲負責。

第三，人旣意識到自己的自由抉擇能力，並意識到對順應「人道」的仁義行爲及違逆「人道」的不仁不義行爲負責，同時又認爲「人道」卽天地之道，很自然地會相信人的道德或不道德行爲會影響天地。

本書作者相信，唯有透過這些邏輯步驟，我人才能瞭解中國古人何以會認爲人的道德行爲對整個宇宙發生影響。誠然，援用歷史事實作爲善惡行爲產生後果的實例，這也是中國古哲所常用的方法。但這一手法也顯然以下列二者爲前提，卽人對善惡行爲負責，而順應或違逆「人道」卽順應或違逆天地之道。

㈣尾　聲

上面是我數年中講形上學一課時的反省及討論結果。由於形上學由亞里斯多德開始系統化，所以我講這門課時，先講解亞氏形上學的重要部份，然後說到西洋哲學中的其他形上學，最後講到我國的形上學。這一來，我對中國傳統哲學的着眼點，很自然地就受亞氏影響。但這一背景可能幫助我提出一些新的問題。

《哲學與文化》第七期　民國六十三年九月

四、中國傳統哲學之目的論與機械論傾向

討論易經中自然哲學問題時，我們不期然而然地遭遇到機械論與目的論的問題。其實，來知德之主張機械論是有其悠久傳統的，而目的論的宇宙觀在中國哲學中則有更悠久的傳統。

㈠西洋哲學之目的論與機械論

目的論（Finalism）與機械論（Mechanicism）的名稱都來自西洋哲學。首先顯題地討論目的論者係亞里斯多德。他在形上學第一書第七章中提出四種原因，即質料因、型式因、主動因、目的因。這裏我們只講目的因，那是行爲與變化爲了它才發生的一種特殊原因。譬如木頭與鉛心是鉛筆的質料因，「用鉛心的筆」這一觀念是型式因，製作者是主動因，爲了能用鉛心寫字則是

目的因。目的因可謂原因的原因：質料因與型式因需要主動因使它們結合，而主動因爲了某種目的才會發生動作。型式因也就是本質。但事物的本質往往與目的密切相連：要知道一件事物是什麼，必須知道它爲什麼目的。例如當你知道鐘錶的結構與每一零件，而不知鐘錶的目的，你就根本不知道什麼是鐘錶。凡是主張目的在實在界中佔主要地位者就是主張目的論。誠然，中古時代曾有人武斷地用目的因解釋大自然現象，他們的毛病往往在於對某一個別事件是否以另一個別事件爲目的判斷錯誤，並非目的論本身的毛病。

由於某些人濫用目的論，遂引起部份人士對它的反感，甚至完全否定了它的價值。近代的機械論倒未必與機械有關，却與牛頓的古典力學（Classical Mechanics）有淵源關係。所謂力學是應用數學來論究物體的力之作用及物體受力之作用而改變位置（運動）等現象的一門學問。十七世紀的力學假定物體本身不變，變化的是物體的力及其運動。其主要代表人物牛頓在一六八六年出版的《自然哲學之數學原理》一書中創物體運動三定律。用牛頓的力學去解釋世界一切現象，一般稱爲機械論解釋（Mechanical Explanation），嚴格說來，稱之爲「力學解釋」倒是更符合原意。不管字面上的原義如何，機械論在西洋哲學中的意思是：認爲物體本身成份不變，而僅作地域運動，並認爲這樣就足以解釋宇宙間的部份或一切現象。以不變之物體的地域運動來解釋宇宙間的一切現象，包括人的思想在內，這就是純粹的機械論。古代希臘哲學中的路西帕斯（Leucippus 公元前五世紀）及德謨克利都斯（Democritus, 460-370 BC）卽係純粹的機械論者。現代的唯物論及實證論者也往往繼承這一傳統，他們認爲可以用物理及化學定律解釋一切現象。卡納普（Rudolf Carnap, 1891-1970）想把生物學，心理學及一切人文科學最後歸約於物理學與化學定律，就是一個例子。同樣地，曾得醫學及生理學諾貝爾獎金的分子生物學家莫諾（Jacques Monod, 1910-1976）也認爲生命甚至思想活動均可由物理與化學作用獲得解釋。

純粹機械論的一個特色，是用盲目的必然定律解釋宇宙間的一切現象，而否認大自然有目的性。這一思想的最著名代表人物卽方才所提及的莫諾。他的名著「偶然與必然」在七十年代初期的法國曾是一本暢銷書。他認爲只有人的行爲有意向與目的，大自然表面上的「目的規律」(téléonomie)，都可歸根於偶然❶。近代西洋哲學中對此問題討論最詳盡的應推柏格森（Henri Bergson, 1851-1941）：他雖然反對極端的目的論，因爲這樣的目的論把生命視若實現一種預先佈置好的節目表那麼死板，而主張「生命衝力」是自由而具創造力的；但他所云的生命衝力却顯然向某種方向進行着。反對世界有目的性之機械論所受的最嚴重打擊却來自物理學。當代機械論世界觀認爲一切事物終究不過是物質，而物質的唯一特徵是不可穿透性，其定律可由一個不可穿透之物質對另一不可穿透之物質所發生的作用（地域性的運動）獲得解釋。這一機械論世界觀終因二十世紀的原子物理學而徹底破產：因爲對原子物理學而言，原子並非小型球體，亦非不可穿透的物

❶ 請參考拙作〈施金納與莫諾的人觀及道德觀〉，《哲學與文化月刊》第五卷第十期（民國六十七年十月份），頁四一—六四。

質，而僅能用量子理論的數學定律去描述；數學定律却正是柏拉圖所云的觀念。這一來，物質的最終解釋竟需乞靈於觀念。量子力學泰斗海增白（Werner Heisenberg）因此由現代物理學又重新回到柏拉圖哲學❷。根據柏拉圖思想，觀念世界以善爲最高目的❸。

(二)儒道二家與目的論及機械論

把西洋哲學中的某些概念應用到中國傳統哲學，往往容易穿鑿附會，替某些句子賦以原來所沒有的意義。中國傳統思想文獻中，各段之間又往往不相連貫。但同一段中，上下文意思必然是連貫的。單獨地去看某些句子，可能意義不很明顯，但上下文一起來看，意思就會相當清楚。

嚴格說來，中國傳統哲學中並沒有和西洋哲學完全一模一樣的目的論與機械論。然而却有兩個學派發展出非常類似目的論與機械論的二種傾向。這兩個學派就是古代的儒家與道家。後代的儒家思想受了道家影響，無形中也接受了機械論的某些傾向。這一想法能否立足，我自認尚未作

---

❷ Carl Fr. von Weizsäcker, *Der Garten des Menschlichen. Beiträge zus geschichtlichen Anthropologie*, München: Hanser Verlag, 1978, S. 319-345.

❸ Plato, *Republic:* VI, 505-509.

充分研究，不敢斷然肯定；只把它作爲「工作假說」看待。

儒家最古老的詩書二經中的「天」，雖沒有墨子那樣明顯地賦以「天志」，但中國古人均視天爲有心意的，這該是不爭的事實。詩經中「受天之祜」（〈小雅・甫田之什・桑扈〉），「有命自天，命此文王」（〈大雅・文王之什・大明〉），「宜民宜人，受祿于天，保右命之，自天申之」（〈大雅・生民之什・假樂〉）等句中的「天」，顯然是有心意的，否則就不會有「祜」、「命」、「申」等行動，成王也不會「受祿于天」。至於「天」是否超越或內在於宇宙，這裏姑且存而不論，因爲這問題太複雜，而且超出了本題的範圍。

《書經》中的「天」也和《詩經》中的一樣具有心意。皐陶謨中「天命有德」、「天討有罪」等句足以證明這點。《易傳》與《禮記》中的天與地（「皇天后土」也是一樣）則指宇宙間最高的陽陰二極。當然，天居至高無上的地位，但天必須與地相匹配，才能產生萬物。中國一向有祭天地之禮（《禮記》〈禮器篇〉5），一向把天與地相提並論，實在是由來已久。單獨的「天」尚可能有超越宇宙的意義，天與地連在一起，却只可能有內在於宇宙的意義。儘管如此，祭天地及昭告天地的儀式都充分顯示出，中國古人視天地爲具心意的。正因此，《禮記》中所稱「天地之性」（〈郊特牲〉20），「天地之情」（〈樂記〉6），「天地之尊嚴氣」、「天地之義氣」、「天地溫厚之氣」、「天地之盛德氣」、「天地之仁氣」（〈鄉飲酒義〉3）等等，都可以作字面詮釋，不必視爲象徵意味。

方東美先生說《尚書》〈洪範〉篇是中國文化史的轉捩點，表示出周代的人開始把注意力轉移到理性化的道德❹。我認為方先生的見解是對的。但〈洪範〉中的「九疇」均由天所錫，尤其是(第二疇五事與第五疇皇極)都屬於道德規律。因此，「天命之謂性，率性之謂道，修道之謂教」(〈中庸〉)的道德理論實與《詩經》及《書經》的傳統一脈相通。這一傳統中的道德有其宗教性的淵源，二者不能完全分家。

然而，中國古代哲學還有另一個有力的學派，那就是老莊學派。老子講天地的口吻與《書經》完全不同；老子的道與〈洪範〉中的王道以及康王之誥中的「皇天用訓厥道」，其意義之不同尤彰彰在人耳目。《書經》中的天、「皇天」與「上帝」是有心意的，老百姓都誠惶誠恐昭告上帝。老子雖然承認「天地相合以降甘露」(三二章)，但他心目中的天地不自生(七章)，而道卻是先天地而生(二五章)。道本身無為而無不為(三七章)，自然而然(二五章)，因此是沒有心意的。莊子更清楚表示道自本自根，不但在天地之先，而且生天生地(〈大宗師〉)。

儒家與老莊的道都表示某種規律，但規律的性質完全不同。儒家的道是具心意的天所賦予的，因此稱為天命或天道。反之，老莊的道完全自本自根，是「已而不知其然」的(〈齊物論〉)；而天與地均由道所生。此外，老莊所云的天，往往是指自然而然：「天之道不爭而善勝，不言而

❹ 方東美：〈儒家哲學：孔子哲學〉，《哲學與文化月刊》第四卷第七期(民國六十六年七月份)，頁一〇—一二。

善應，不召而自來，……」（《老子》七十三章）即指此意。莊子更清楚指出：「无爲爲之之謂天」（〈天地篇〉）。因此，他雖然偶而也用「天道」一詞，但意義與詩、書及儒家的「天命」不同。

《易經》與《易傳》以萬物變化的規律爲討論對象，其中含有數理因素，似已得到充分證明。因此我國自兩漢以來卽盛行象數之學，實不足爲奇。這一學派到了宋代，又產生圖書一支，而以邵雍（康節）爲其主要代表人物。他從〈繫辭〉上（11）的「易有太極，是生兩儀，兩儀生四象，四象生八卦」等句所云的次序，由太極推衍出陰陽，進而衍生成太陽少陽太陰少陰及八卦，再重叠爲六十四卦，總稱這以自然數字排列的六十四卦爲「先天易」，（一般的《易經》六十四卦排列次序，則稱爲後天易），並按數字排列次序作了一些圖表。邵氏以爲宇宙間的一切都可以藉數字及圖來表示並獲得解釋。吳康先生稱邵雍這一想法爲機械必然論，是相當準確的❻。

對《周易》的機械必然論解釋，由明代來知德集其大成。他露骨地表示：「易道不過一陰一陽。雖曰太極生兩儀，兩儀卽陰陽也。兩儀生四象，四象卽陰陽之老少也。四象生八卦，八卦卽陰陽之生生也。八卦重而爲六十四卦，六十四卦卽陰陽之生生不窮也。……自卦象觀之，雖有變

❺ 黎凱旋：《易數淺說》，臺北市，名山出版社，民國六十四年。

❻ 吳康：《邵子易學》，臺北市，臺灣商務印書館（人人文庫），民國六十一年臺二版，自序及頁七四—七五。

與不變之殊，相對相反之別，不過陰陽奇耦升降錯綜而已。天地自然之造化固如此，圖象之布列，非有意以安排也。」❼

邵康節的機械論傾向可以溯源於道家（陳摶）。再向上推，漢代的王充也早已受道家影響而主張這樣的「自然主義」：「儒者論曰：天地故生人。此言妄也。夫天地合氣，人偶自生也，猶夫婦合氣，子則自生也。……且夫婦不故生子，以知天地不故生人也。……夫天不能故生人，則其生萬物亦不能故也，天地合氣，物偶自生矣。」（《論衡》〈物勢篇〉）王充所云的「故」，即故意，有心意，有目的之謂。他這樣責怪儒家，亦足見儒家當時確是主張目的論，否則一定會有人辯正。左右了王充的道家自然主義及機械主義思想不但影響邵雍，而且也影響張載。而張載已是宋代理學的代表人物之一。他在〈正蒙〉中曾說：「陰陽之氣則循環迭至，聚散相盪，升降相求……，運行不息，莫或使之。」（〈參兩篇〉）又說：「太虛不能無氣，氣不能不聚而為萬物，萬物不能不散而為太虛。循是出入，是皆不已而然也。」（〈太和篇〉）「橫渠易說」中詮釋「復其見天地之心乎」一句，張載認為內在不可見的稱為心，相對於可見的有形的情與事；因此「天地之心」並不指天地有心意。以本來意義而言，張載確認天係「无心，无為，无所主宰恒然如此。」（復卦彖）顯然是把「天地之心」歸約成「恒然如此」的自然規律。

❼ 鄭燦訂正，李賡附考：《易經來註圖解》，藏版者：臺北縣永和鎮，中國孔學會，民國六十年，頁六五七。

以上所舉的例子足以證明，宋代以後的儒家受道家影響何其深刻，甚至能夠使一代大儒如張載這樣的人物接受機械論的見解，認爲宇宙中只有「莫或使之」「不已而然」的規律，宇宙本身根本沒有心意。然而，一如上文所言，儒家的古老傳統却顯然主張天本身是有心意的。朱熹一方面繼承這一傳統，另一方面也並不排斥象數本身。但他顯然不能接受刻板的自然規律足以完全解釋宇宙間一切秘密的說法。

朱熹的看法在他答張敬夫的書信中表達得最爲清楚。他對復卦彖中「復其見天地之心乎」一語作了和張載完全不同的詮釋。復卦上面五爻都是陰，只有最下面一爻是陽，表示陰的力量已到極點，陽的力量又復自下而起，復卦彖遂稱於此可見天地之心。朱熹先肯定天地之心即天地生物之心；他又指出，由五陰爻及一陽爻構成的復卦本身只表示陰陽之氣的盈虛，而陰陽之氣本身並非天地生物之心：「熹則以爲天地以生物爲心者也。雖氣有闔闢，物有盈虛，而天地之心則亘古亘今未始有毫厘之間斷也。故陽極於外而復生於內，聖人以爲於此可見天地之心焉，蓋其復者氣也，其所以復者則有自來矣。向非天地之心生生不息，則陽之極也一絕而不復續矣，尙何以復生於內而爲闔闢之無窮乎？」（《朱文公文集》卷三二頁五）上面這席話中，朱熹把「天地之心」與陰陽二氣之間的盈虛兩種不同關係分得非常清楚。換句話說，根據必然規律變化的陰陽關係如果不受「天地之心」的領導，根本就不會生發萬物。用一句亞里斯多德的術語，必然的陰陽關係是質料，天地之心才是型式。朱熹又稱指導陰陽二氣的原因爲「理」或「道」，爲必然或機械關係所控制的陰陽二氣則被稱爲器。這層意思在〈答陸子靜書〉中剖析得更入微，更無疑義：「凡有形有象者皆器也，其所以爲是器之理者則道也。如是則來書所謂始終晦明奇偶之屬，皆陰陽所爲之器。獨其所以爲是器之理，如目之明，耳之聰，父之慈，子之孝，乃爲道耳。」（《朱文公集》卷三六頁一五）上面這段所云「始終晦明奇偶之屬」，明顯地是指陰陽二氣之間的象數關係，這一切都被他歸入「器」中，只有使此器之所以爲此器的理才能使我們明瞭此器的眞意義；而在許多情形中，這也同時是此器之目的。譬如朱熹所舉的耳目等例中，耳與目之所以爲耳與目，不能僅由陰陽（或原子……）的排列獲得解釋；耳之所以爲耳及目之所以爲目之理卽耳與目之本質，同時也是耳與目之目的。事實上，當我們知道耳與目是聽覺與視覺時，才知道耳與目是什麼，同時也知道了它們的目的。朱熹在答陸子靜函中所云的理與道，因此同時有本質（型式）及目的意味，可謂與亞里斯多德不謀而合。⑧

假使我們把朱熹〈答陸子靜書〉與〈答張敬夫書〉相比較，更會發覺二者均有目的論意味。天地以化生萬物爲心，亦卽以化生萬物爲目的；「所以爲是器之理」也含目的意味。朱熹本人無疑地也受了道家影響：他的理已存在於未有天地之先，他所講的「天地之心，天地之理」似乎卽係主宰一切的根本（《朱子語類》卷一理氣上），不像詩書二經中的天與上帝那樣擬人化。可是

---

⑧ Aristotle, *Metaphysics*, (Greek text with an English translation by Hugh Tredennick), London: William Heinemann, 1968. VIII, iv. 5, 1044a33-1044b2.

他繼承了詩書的目的論，始終沒有屈服於當時相當泛濫的機械論傾向，這是值得我人欽佩的。由於《易傳》基本上屬於儒家的思想體系，所以「復其見天地之心乎」與「天地之大德曰生」等語應該作目的論解釋才對，而不能由「一陰一陽之謂道」一語推演出機械論宇宙觀，以為周易除陰陽錯綜關係以外別無長物。

《哲學與文化》第七卷第三期　民國六十九年三月

五、中國傳統的宇宙觀與德日進思想

——德日進逝世二十週年紀念會（民國六十四年四月十日）中演辭

德日進在中國旣活了這麼多歲月，他的最主要最膾炙人口的二本著作（《人之現象》及《神的氛圍》）都在中國執筆，他的某些思想又與中國傳統的宇宙觀如此接近，我們不期然而然地會問：「他的思想是否淵源於中國？」即使不淵源於中國，把他的思想和中國傳統的宇宙觀作一比較也是饒有興味的事。

中國傳統的宇宙觀也就是《易經》的宇宙觀。大家都知道《易經》的基本看法是萬物均導源於乾坤，卽天地二元，而又都由陰陽二因素所成。《易經》對這點的見解非常明顯，譬如〈說卦〉：「乾天也，故稱乎父，坤地也，故稱乎母」；〈序卦〉：「有天地然後萬物生焉」；〈繫辭〉下：「天地絪緼，萬物化醇，男女構精，萬物化生」，又說：「天地之大德曰生」。「萬物化生」和「天地之大德曰生」這兩句話正好接觸到德日進思想的中心點——生命。「生」字的本意可由說文解字而知：生字原作㞢，象艸木出土上，因此原來是指萬物的生發。事實上，《易經》

所云「萬物化生」與「天地之大德曰生」，本來並不僅指生命，而是指天地間所生發的一切；但天地間所生發的既包括人和其他生物，因此「生」字也和生物尤其和人的生命拉上關係。人既由天地所生發，因此「天道」「地道」「人道」彼此息息相關，彼此互相感應。人的行為尤其會影響到宇宙：「夫大人者與天地合其德，與日月合其明，與四時合其序，與鬼神合其吉凶」（〈文言〉），又說：「言行，君子之所以動天地也」（〈繫辭〉上）。人之所以影響天地萬物，不過是萬物彼此感應的一部份；因此程明道說：「天地之間，只有一個感與應而已，更有甚事?」（《近思錄》卷一，西方人稱這互相感應的宇宙觀為 Universismus❶）然而，人在這息息相關的宇宙中是佔有特殊地位的，因為正如《禮記》〈禮運篇〉所說，人是「天地之德，陰陽之交，鬼神之會，五行之秀氣」，他又是「天地之心」。根據上文，最後這句話的意思應該是：人是天地的精華所在，因為天地間唯有人會思想。會思想的人既是天地所生，因此天地就必須包括了物質與精神，而無法把物質與精神判然區別。王充所云「精神依倚形體」《論衡》〈論死篇〉似乎頗能代表中國人的傳統見解。

生發一切而互相感應的天地，可以說就是一個大生命。因此方東美先生說宇宙具有包括一切的生命力和創造力❷。唐君毅先生在《中國文化之精神價值》中更認為天地也有精神：「我有生

---

❶ J. J. N. de Groot, Universismus. Berlin 1918.

❷ Thomé H. Fang, *The Chinese View of Life*, Hongkong 1957.

命，天地卽不能爲塊然之物質。我有精神，則天地不能爲無精神之物……。則天地卽一大宇宙生命宇宙精神也」❸。

德日進的宇宙觀認爲整個的生物界——人類也不例外——都由宇宙間的物質演化而來。一切物質均具某種意識性（Consciousness），無生命物質中的意識隱晦不清楚，植物動物的意識隨著組織的日漸複雜而提高，人的意識則上昇成爲思想和自我意識。宇宙的演變是由「潛在生命」（La Prévie）至生命（La Vie）階段，乃至於思想（La Pensée）的現階段，最後將發展到「超級生命」（La Survie）的未來階段。思想或心智層是指人類，而「超級生命」的最高階段須由人類社會去達成❹。因此德日進思想和中國的傳統思想頗有相似之處。二者都認爲世間的一切由宇宙所生，宇宙之間有某種堪稱爲生命的力量，人則是宇宙萬物的精華。但生命的演化過程，以及演化向更高意識的方向進行，這一切在中國傳統思想中似乎很難找到。

如果我們要在西方哲學史中找德氏思想的源流，則萊布尼玆（Leibniz）的單子論與德氏思想頗形接近。萊布尼玆的每個單子都有某種知覺：低級單子的知覺比較模糊，高級單子的知覺則逐漸清楚。眞眞影響德日進的則捨柏格森（Bergson）莫屬。德氏自承他幾乎把柏氏《創造的進化》一書活活吞下，並承認柏氏對他發生決定性的影響。柏氏認爲宇宙間有一種「生之張力」

---

❸ 唐君毅：《中國文化之精神價值》，臺北市，民國四十二年，頁三三一。

❹ P. Teilhard de Chardin, *Le Phénomène Humain*, Paris 1955.

(élan vital)，使萬物向著更高的生命發展不息；柏氏的最大功績在於設法在物質與精神之間建立起一座橋樑。這一不斷創新的「生命衝力」在作爲萬物動力這點來說雖有些相似易經乾卦所云的「天行健」；但這二概念却並不完全相同。我國當代的思想家如方東美、熊十力、唐君毅等均接觸到柏格森的思想，並受他影響；因此他們的說法比中國傳統的感應說更接近德日進。

然而德日進的思想和我國傳統思想也有顯然的不同。最主要的是戰國時代以降的天地居至高無上的地位，而德日進則是有神論者。我這裏祇講德日進，其實也應該包括柏格森。柏氏發表《創造的進化》是一九〇七年；當時他對上帝尚無確切的信念；但和幾位哲學家再三討論，他逐漸對「創造的進化」(Evolution Créatrice) 一詞有更清楚的說明：進化本身並無創造能力，而是創造在進化中發生[5]。對此，他於一九一二年已確切無疑：「生命衝力」卽係神的創造力；從此他公開主張有神論。德日進的進化論更是以有神論及基督信仰做出發點。德日進不贊成我國傳統思想中佔優勢的泛神論傾向。對他而言，具有進化力量的宇宙是神所創造的。進化是神創造各種生命形態（包括人類）的一種方法。他之和天主教中傳統說法的不同，並不在於承認或否定人類的精神生命由神所造，而是在於如何爲神所造：傳統說法是靈魂直接由神所造，德日進則說靈魂透過進化由神所造。當代著名神學家拉內 (Karl Rahner) 就很理解很同情德氏的說法[6]。在《

---

[5] J. Ancelet—Hustache, Henri Bergson, Paris 1954, p. 6.

[6] P. Overhage, K. Rahner, *Das Problem der Hominisation*, Freiburg 1961, S. 59-60.

神之氛圍》中，德日進一方面表示自己理解那些陶醉於宇宙視自己與天地萬物為一體的泛神論者，另一方面他認為這樣的「完全合一」所能給與我們的是「溶化與無意識」（fusion et inconscience）⑦；唯獨具位格的神才眞能使每種事物都發展自己的個別特性，同時又和神結合為一。人與神的結合並非任何一方的消失，而是二者都維持其獨立性。德日進非常强調，合一與個體性的發展相輔相成：眞正的合一並不像麵粉一樣揉成一團，而以發展自己的個性為合一的先決條件；越是合一，個性也越發展。L'union différencie（「合一造成分殊」），這是他的口頭禪，也是他的眞知灼見。這一見解對當代世界所走入的死巷實在是一個福音：它意味著資本主義中的個人主義與共產主義的集體主義均非人類的康莊大道。共產主義所造成的集體化完全抹殺了個人和人性，使人類社會淪為螞蟻的集羣，這完全是走錯了方向；資本主義過份强調某些特權階級的個人利益，而忽視大部份其他個人，亦非正道；祇有同時肯定社會與個人的價值才是人類未來發展的正途，這也正符合我國傳統的「大同」理想。

附帶地願在此一述德日進對東西文化交流的看法⑧。他認為印度、中國、日本可代表東方的三種精神價值：印度人把不可見的神視為唯一的實在，而把世界當作虛幻；中國人把人和此世視

⑦ P. Teilhard de Chardin, *Le Milieu Divin*, Paris 1957, p. 139.

⑧ P. Teilhard de Chardin, *L'Apport spirituel de l'Extrême-Orient Monumenta Nipponica* XII Avril-Juillet 1956, pp. 1-11.

爲首要，要使人與宇宙和諧無間；日本人則把個人視爲無足輕重，而以集體爲主。這三種態度各走極端時會互相對立，但互相補足恰巧可形成完美的靈修生活整體。西方人的態度恰和印度人相反，印度人祇見到世界的統一性，西方人不但不願取消世界的多樣性，反要窮究而控制世界的各面各點；但到達了這點以後，西方又必須與東方的智慧滙合。他認爲唯有東西方智慧的滙合一起，才是世界未來發展的正途。德日進又認爲，由於許多複雜的歷史因素，西方使今日世界向著人類意識的新途徑推進。任何不帶成見的人都會承認，所謂「現代化」的今日世界是由西方所促成。但人類整體精神的提昇，却有賴於東西方智慧的滙合。不管受那方面影響，德日進的宇宙觀的確已滙合了東西方的優點：他一方面强調萬物一體，另一方面又堅持個體的充分發展和獨立。我個人覺得，口頭上雖然大家都贊成東西方滙合，實際上，大多數的人始終還是偏於一面。譬如西方尚不乏有人以爲西方思想及制度可以一成不變地套在世界各國；受西方影響而不自知的東方人往往也會如此，學術、政治、宗教各界都不乏這樣的實例；俄共和中共就是死死把西方思想流入偏激的一支作爲護身符而數典忘祖；一部分中國人則往往認爲我國傳統宇宙觀已登峯造極。我們追念德日進，不能不佩服他思想的廣大、深刻而切實際；同時也不能不對我們古老而珍貴的傳統負責，努力開拓它，以期對未來世界有所貢獻。

《哲學與文化》第十六期　民國六十四年六月一日

六、儒家哲學中的生命觀

㈠緒　論

在進入正題以前，先應提出本文的三個基本觀點。首先，我祇討論生命觀，亦卽探討儒家哲學中有那些思想架構相當於一種生命觀。作了這個限制，本文就不必旁及廣義的「生命哲學」所牽及到的其他題材。這些題材簡直和哲學本身的範圍同其廣泛，甚至可說是無邊無際。因爲一般人所習稱的生命哲學實際上指「人生哲學」：人生旣包括生理、心理、文化、政治、宗教……各層面，生命哲學的範圍也就有這麼廣泛。「生命觀」則是另一回事。

其次，討論儒家哲學的生命觀時，我一貫主張採取嚴格的批判態度，這一來難免和流行的見解會有出入。我認爲這種嚴格的態度是治學的必經之途，並非矯同立異。其實我的看法大多已經發表過❶。但有機會跟大家切磋，始終是件美事。

第三，本文所云的儒家哲學僅限於戰國以後透過《易傳》而成爲通行的思想。許多人以爲這一類型思想可以完全含盖孔孟；實則透過易傳而爲後代儒家哲學所普遍接受的形上思想容或有一部份起源於孔孟，却並不完全來自孔孟。當然，這一觀點不可能在本文中說清，這裏祇不過提出而已。

(二)《易傳》中的「生」是否指生命

討論中國哲學的生命觀時，通常都以《易傳》中的「生」字爲起點。但仔細推敲《易傳》中「生」字的意義，這一詮釋可能並不貼切，需要作更進一步的補充。

既然如此，《易傳》中的「生」字究竟何所指呢？很簡單，其基本意義是指出萬物賴以生發的根源及過程。大家知道論語所代表的原初儒家思想並不討論萬物如何發生的問題，連孟子都沒有探討這個問題。《易傳》則一方面顯然含有儒家的仁義及淑世思想，另一方面致力於闡述一套

---

❶ 項退結：《人之哲學》，臺北市，中央文物供應社，民國七十一年，第三章。

宇宙根源及萬物如何發生的宇宙論及形上學；而這套哲學正源自道家。《易傳》認爲一切由天地交感而生（〈繫下〉4），又稱乾爲父，坤爲母（〈說卦〉9—11），和莊子所云「陰陽於人不啻於父母」（〈大宗師〉56）類似。易傳所云「一陰一陽之謂道」也可說是對道德經的進一步詮釋，因爲道德經以「道」爲主旨，又主張「萬物負陰而抱陽」。從時代來說，據學者專家的考據，老子書成於孔墨之後而先於孟莊❷。易傳則成於戰國末期至西漢前期，其受道家形上學影響，自屬相當可信。

依據〈繫辭〉（下5及3），萬物萬象之所以生生不已，一方面是由於陰陽二元素的「合德」，另一方面是由於二者交錯交替。「日往則月來，月往則日來」以及「寒往則暑來，暑往則寒來」（〈繫下〉3），就是陰陽交錯交替的例子。

陰陽交感合德而生萬物的例子幾乎觸目皆是，試舉若干例：

1.「天地感而萬物化生」（咸卦彖）。
2.「大哉乾元，萬物資始。」（乾卦彖）「至哉坤元，萬物資生。」（坤卦彖）
3.「天施地生」（益卦彖）
4.「天地之大德曰生」（〈繫下〉1）
5.「天地絪縕，萬物化醇；男女構精，萬物化生。」（〈繫下〉4）

---

❷ 羅根澤：《諸子考索》，臺北市，泰順書局總經銷，年不詳，頁二八一。

6.「有天地，然後萬物生焉。」（〈序卦〉1）

以上六個例子中，除例2.稱「乾元」與「坤元」以外，都說天地相感而化生萬物，例2.中的「乾元」與「坤元」之間的關係亦同。天與地及乾元與坤元之間都是陽與陰的關係，類似於男女間的配合，這在例5.中尤其明顯說出。

我在這裏所要特別指出的是：《周易》中包括上述例子而含有「生」字的四十三句中，三十六句都是指事物的發生，並不限於人或生物的發生。祇有七句僅涉及人（多半在第二十卦「觀」中：「觀我生」四次，「觀其生」二次），但都無關宏旨。因此，《周易》中的「生」字實無法與生物或人之生命的發生混爲一談。如果你不帶着先入爲主的預設來探究《周易》中「生」字的意義，你就不能不承認這個結論。誠然，《說文解字》告訴我們，生字原作 ⾅，象草木出土上，因此原意至少包括植物的發生。然而，實際應用上，「生」字絕不限於生物的發生。《周易》中所云的「生」，可以說一貫都指「萬物」的化生。

因此，如果沒有「萬物之化生本身卽係生命過程」的預設，《周易》中「生」字的主要意義顯然並不指生命的發生。

㈢那些思想架構相當於一種生命觀

上文如果正確的話，那末要在儒家哲學中找生命觀豈非雞蛋中找骨頭，完全走錯了路？我國當代幾位哲學界的先進是否都無中生有呢？上文已指出，我不贊成先入爲主把「生生之謂易」這句話和「生命」扯在一起。但是我却主張，儒家哲學的確建立了某種生命觀，因爲儒家哲人不僅主張陰陽合德及對立事物相互交錯互相補充的普遍關係，而且認爲這一切以化生萬物爲目的；這一思想架構足以使人把天地萬物視爲交感而生物的大有機體。類似的整體性構想亦曾使斯多亞學派相信宇宙有一種在一切事物中活動的世界理性或世界靈魂。《易傳》之有類似想法，由二十四「復」卦的彖得到充分的印證。復卦上面五爻都是陰，而最下面又出現陽爻，因此復卦的彖說：「復其見天地之心乎」。「天地之心」究竟何所指，宋代哲學家張載與朱熹的意見頗不一致：張載認爲它不過是「无心无爲」的活動，朱熹則主張天地間有生生不息的「生物之心」或「理」，表現於人者就是仁心❸。陰陽合德再加上內在的化生萬物的「天地之心」，就足以稱爲生命。難怪唐君毅先生稱之爲「大宇宙生命宇宙精神」❹，方東美先生則認爲中國先哲所體認的宇宙是「普遍生命流行的境界」❺，羅光總主教則稱與本體有關的萬有內在之動爲生命❻。

---

❸ 朱熹：《朱文公文集》卷三二頁五（朱子大全，臺北市，中華書局據明胡氏刻本校刊）；參考《人之哲學》頁三七一—四〇，本書頁一〇九—一一一。

❹ 唐君毅：《中國文化之精神價值》，臺北市，正中書局，民國四十二年臺初版，頁三三〇—一。

❺ 方東美：《中國人生哲學概要》，臺北市，先知出版社，民國六十三年臺再版，第二、四章。

❻ 羅光：《生命哲學》，臺北市，臺灣學生書局，民國七十四年，頁十。

一如前節所已指出，天地之所以能發生萬物，是因爲「陰陽合德」。熊十力先生用「翕」與「闢」二字代表宇宙間陰陽二種功能。這二字在寧波土話中居然成爲販夫走卒的俚語（指性交），亦足徵熊先生的用法絕非生僻。按他的說法，翕是物的開始，是一種凝固狀態，而闢則是「宇宙大心，亦名宇宙大生命」❼。熊先生對易傳的詮釋是否允當，這裏且存而不論；我祇願指出，以生發萬物爲目的之陰陽交感的普遍關係是儒家傳統思想之動態宇宙觀的基礎。

值得注意的是：這樣的生命觀和生物學的生命觀不同，和亞里斯多德所云的生命(412a14)也大異其趣，也不能等同於柏格森的生命衝力或懷海德的創造性；同時，「天地之心」却又和生命衝力或創造性有些相似。換句話說，把這一動態宇宙觀稱爲生命觀是基於類比而非單義的意義。這是我個人在此次討論時的一個微小收穫：原來我國現代哲學界先進應用「生命」一詞時意義非常不一致。如果大家承認，「生命」一詞在許多人用法中指涉某些相同點，同時不排除其他不同點，那末許多歧見卽可迎刄而解；而這正是承認生命概念的類比性。

㈣對「儒家哲學中的生命觀」之討論

❼ 熊十力：《體用論》，臺北市，臺灣學生書局，民國六十五年影印再版，頁二四—二五。

1.傅佩榮教授的評論

項教授在大文「緒論」中，提出三個基本觀點，就是他只討論儒家的「生命觀」，並且要以嚴格的批判態度爲之，然後在材料方面則以《易傳》以來的儒家爲主。接著，項教授認爲，《易傳》中的「生」是泛指萬物化生，而不特指「生命」的發生，亦卽《易傳》尚未明白分辨有生物與無生物。項教授非常重視這一分辨，他在《人之哲學》一書界說「有生物」爲：「與其他個體密切聯繫而具生發其他個體及向更高更複雜整合性發展之傾向的個體。」（頁六七）這個定義使「有生物」可以㈠涵蓋植物、動物、與人類，㈡允許種類之演化，㈢暗示人類的更高整合（如：可以對死亡有更深理解）（頁七一）。

的確，《易傳》不曾有如此明確的生命觀。但是《易傳》與其他儒家經典之所以以「生」泛指萬物化生，是爲了說明：㈠宇宙萬物或是有共同的來源（如：天或太極），或是有類似的發生過程（如：陰陽合德）；㈡宇宙萬物爲一有機體，其中各物相互感應；以及最重要的㈢人類的生命不能離開萬物，但是人類另有獨特的生命意義。儒家思想的焦點在於人的生命之成全。因此，在討論儒家生命觀時，自然須超越有生物與無生物之分辨，而專注於人的生命之途徑（人之道），亦卽：人既有此生命，則應如何善渡此生，以滿全人之天性要求。換個方式來說，人的自然生命

(表現為食色與生老病死)是否「可以」與「應該」轉化為價值生命(表現為仁義等道德)?理由何在?這是我對「儒家生命觀」所期待的討論。

根據項教授在「緒論」所說的三個基本觀點,他的推理過程是站得住的,亦即《易傳》並未論及「生命」本身,而只論及生命的發生過程為陰陽合德與交往。但是項教授認為《易傳》這一套闡述「宇宙根源及萬物生發的宇宙論及形上學」是道家的特色,而《易傳》所云「一陰一陽之謂道」又正是對《道德經》的進一步詮釋,因為「道德經以道為主旨,又主張『萬物負陰而抱陽』」。

對於《易傳》與道家(主要指老子)的這兩點關係,值得再作商榷。我們先把《易傳》與《道德經》二書之先後問題,以及是否互相影響的問題存而不論,專就二書本身與項教授大文來看,我們可以提出以下幾點意見:

第一,《易傳》在〈繫辭傳〉明白指出「易之興也,其於中古乎?」「作易者其有憂患乎?」「易之興也,其當殷之末周之盛德耶?當文王與紂之事耶?」可見「易」自有其傳統,與道家無關。不僅如此,這兒所謂易之「興」,還是後人(或在孔子時代)之揣測,它本身更可推源於「古者包犧氏王天下也……於是始作八卦」。其次,「易有太極,是生兩儀,兩儀生四象,四象生八卦」,這幾句話是項教授所云「指出萬物賴以生發的根源及過程」嗎?似乎不是。這裏的「兩儀、四象、八卦」都是「符號」或「象徵」,亦即「觀象於天,觀法於地」之象與法,因此〈繫辭傳〉要强調「是故易者,象也;象也者,像也。」它們與萬物本身之發生縱使有關,也決不是老子「道生一，一生二，二生三，三生萬物」這種明指方式。換句話說，《易傳》並不關心宇宙發生論，而只關心天人感應論，亦卽天地如何顯示「象」，讓人取法，所以在「四象生八卦」之後，要接著說「八卦定吉凶，吉凶生大業」。道家誠然重視宇宙發生論，由此生出泛道論思想，《易傳》則只重視人類如何法天地之道以求安頓。兩者差異實大。

第二，《易傳》所云「一陰一陽之謂道」，這個「道」並不指宇宙的究竟根源。宇宙的究竟根源是「太極」，由太極而生陰陽，分陰分陽之後而有陰陽變易之常則，此「常則」名爲道。因此有陰陽乃有所謂道，而非陰陽由道而生。再看老子的道，則顯然是指宇宙根源，有道而後有陰陽，陰陽由道而生。在此一點上，《易傳》與老子思想正好相反。若謂老子之陰陽爲道之展現（manifestation）或道之功能，以致萬物「負陰而抱陽」可以指稱萬物無不含攝於道，那麼這種思想與《易傳》「形而上者謂之道，形而下者謂之器」或許可以比觀。但是老子却不多談陰陽（至莊子才明白說陰陽二氣化生萬物），反而以「道生之，德蓄之，物形之，勢成之」來描寫萬物之生發過程。並且老子的泛道論是不會同意以「道」「器」二分的。再就這兩句話各自的上下文來看，則老子在「萬物負陰而抱陽」之後說「沖氣以爲和」；《易傳》則在「一陰一陽之謂道」之後說「繼之者善也，成之者性也」。前者果然關心萬物之化生，後者則關心人類之「繼善成性」以使「成性存，道義之門」。

第三，老子顯然是泛道論或一元論，《易傳》則以「乾坤」爲易之門，表現如項教授所云之

「陰陽合德」的擬似二元論（quasi-dualism），但是同時又以「太極」統合之。《易傳》這種二元論與一元論並存的情形，正可說明其非成於一時一人之手。但是最重要的是，其中顯露的人文關懷與老子的超人文關懷實在南轅北轍。

2. 我對評論的意見

首先，我對傅佩榮教授的評論表示由衷的謝意，因爲他幫助我把文中未說清之處作進一步的反省而得以說清。茲依次說明如下：

一、《易傳》的基本情調是儒家的政治觀、道德觀、人生觀、人文觀，這是大家所公認的，它所關懷的是人文，所要答覆的問題是人應該如何生活。可是爲了答覆這個問題，《易傳》的一部份作者採取了道家的宇宙起源說，這是我所要說的重點之一（見拙文中之三第二段）。至於〈繫辭〉所云易溯源到包犧氏，則祇代表〈繫辭〉作者的理論，不能作爲「與道家無關」的論據。至於兩儀、四象、八卦是指符號的形成，傅教授指出這點極是，我就把這幾句删除。說《易傳》不關心宇宙的生發，却顯然不對，拙文中之二所引六例已足以證明這點。

二、《易傳》中「一陰一陽之謂道」，並沒有意思說「道」是萬物的最高根源，這點傅教授所云甚是。但「易有太極」句和下文「兩儀生四象，四象生八卦」的語氣一樣，「兩儀生四象」

指符號的形成，「生兩儀」的「太極」爲什麼又會指根源呢？仔細觀察，《易傳》的宇宙觀是和莊子老子、一致的。《易傳》以天地爲根源，莊子與老子亦以天地陰陽爲主；「萬物負陰抱陽」的常規則是道，道是自然而然，自本自根：「人法地，地法天，天法道，道法自然」。其實，太極與道都可視爲天地陰陽間之常規。

《哲學與文化》第十三卷第四期　民國七十五年四月

中編：中國人的宗教意識與生活

七、中國宗教意識的若干型態

——由天命至吉凶之命

㈠緒　論

日常生活中，我們會一再發現「命」字在現代中國人意識中所佔的重要地位。「命好」「命壞」「認命」等詞彙不僅爲普通老百姓所習用，知識份子也同樣應用，而且相信這些詞彙代表某種深不可測的事實。信命的人因此不僅限於民間宗教的信仰者，而是廣泛地分佈於各階層。命的信仰之所以如此深入民間，是因爲它在中國有過悠久的歷史。本文的目的，不在於對命字意義的發展作完整的探討，而是要研究命字三千多年以來在中國人生活中所佔的重要地位，以及它的意義之逐漸轉變，從而觀察中國人宗教意識的轉變。

首先，本文於第一節中先提綱挈領地轉述傅斯年先生對命字原始意義的考證，並指出這一考證非常有助於我國古代天命觀的認識❶。唐君毅先生的《原命》❷，洋洋七萬言，上溯先秦，下至宋明清各家，對此問題可謂發揮盡致。但他却認爲傅氏所言爲枝葉而不切要點。唐氏此文功力之深爲世所公認，唯對傅氏的評價未免偏頗。轉述傅氏的考證以後，我將繼續探索命字從西周至孔孟時代的原始及衍生意義。第二節將一述戰國時代儒與道二家思想的融合；戰國時代以後，一方面天指自然之道，另一方面天地仍被視爲有好生之德及愛護萬物的心意；天命也就有了這雙層意義。第三節敍述王充與列子等的偶然觀點：天旣被視爲缺乏心意，所謂「天命」也就祇能是自然之道的「適偶之數」或「幸偶」（意卽恰好偶然如此）。第四節則將討論佛教的業與因果報應，現在世的命（生命、壽命）遂被視爲前世之業的果報所致。道教的命亦大同小異。

上述四節所呈現的命字意義的變化，將會顯示出宗教意識的顯著演變。一直到戰國時代爲止，中國人的天命觀充分表達出上帝與人的位格際關係。戰國以後，人逐漸成爲天地之間的樞紐（「天地生萬物，君子理天地」），同時却失去了上述的位格際關係，因爲人已成爲唯一的知的主體。他受制並利用自然之道，後者却又被賦以仁民愛物的特質。漢代乃至宋明清儒家的宗教意

---

❶ 傅斯年：《性命古訓辨證》，上海市，商務印書館，民國二十七年。

❷ 唐君毅：《中國哲學原論——導論篇》，香港，新亞研究所發行，民國六十三年七月修訂再版，一六—一八章，頁五〇〇—六一二。

識就被這一思想背景之下意義模糊不清的天命所限制：一方面天命是自然之道，另一方面天命又被認爲道德的根源與標準。王充的價值虛無主義尤其促成宗教與道德生活的解體。佛教遂乘虛而入；從此，過去世的善惡諸業與今世之命的關係遂成爲中國宗教意識的中心。但業與命之間，可以說僅是因與果的必然關係，一絲不牽涉到位格際的關係。後者却又透過人與阿彌陀佛的關係重新建立起來。道教所云的命亦頗類似。另一方面，東漢時由王充所傳布的命祿思想（意指貧富貴賤長短壽等均定於偶然的機遇）至今仍廣泛被接受。這些簡單的提示已足以顯示，命字的不同意義的確和中國人宗教生活的不同類型之間有某種關聯。

(二)由甲骨至孔孟時代命字的原始及衍生意義

殷周時代的命　傅斯年先生在《性命古訓辨證》一書中，企圖以語言學的觀點解釋思想史的問題。他所云「哲學乃語言之副產品」雖未免過火，但語言學有助於思想的澄清却是不爭的事實。根據傅氏研究，甲骨文及早期金文中(約公元前十三世紀)尚無命字，而令字則頻頻出現。殷代的令字作「令」，顯然是象形字，下端表示屈身接受號令；上端則表示屋宇或帳幕，以後大多簡化成「亼」或「𠆢」。歸納古鼎「金文」中令字的用途，均不出王令與天令二項。約自西周中葉開始（公元前約九百年），金文中始出現「命」字；開始時口部全在行列之外，以後始納入令字內部。西周晚期（約公元前八百年）器物的金文中，或者祇用令字，或者祇用命字，或者二字任意更換，足見當時是一字二體。這一切充分證明，命字的原始意義完全是命令，沒有任何其他意義。書經周誥十二篇的命字完全與金文中的「令」「命」二字一致，祇不過金文言王令更多，周誥則比較更言天命。傅氏書中列一表，指出殷代的令字逐漸演變成西周中葉的命字之若干過程，非常有趣❸，玆錄如下：

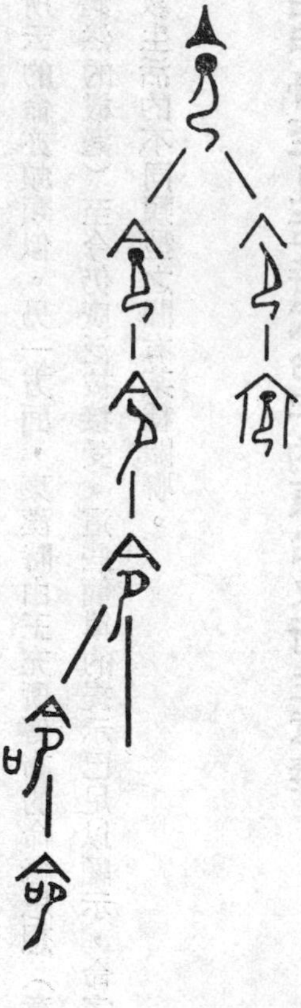

書經與詩經中的命字除去命令的原始意義（第一義）以外，已經衍生了「上天所支配的國家或個人的命運」之意。上帝安排個人或國家的命運時，可能採無條件的方式，人對之完全無可奈

❸ 傅斯年：《性命古訓辨證》，上冊頁四、二一、一六、二三、四一。

何（命字第二義）；也可能採有條件的方式（命字第三義）。詩書中所言國家與個人的命運，毫無例外均與上天的命令有關。意識到上天的命令並面臨聽從或拒絕的抉擇時，這時《書經》中的表達方式是「恪謹天命」（〈盤庚〉）、「不敢替上帝命」、「天命不僭」（〈大誥〉）、「亦唯助王宅天命」（〈康誥〉）等等。《詩經》則會說：「有命自天，命此文王。」（〈大明〉）個人與國家的命運無條件地被決定於上天之命時，《書經》會說：「天用勦絕其命」（〈甘誓〉）、「天命殛之」（〈湯誓〉）；《詩經》則有「實命不同」、「實命不猶」（〈小星〉）等句。另有一些情形中，個人與國家的命運有條件地被決定於上天之命，也就是上天對人命運的處置同時也繫於人是否恪遵天命。《詩經》所云「天命靡常」與「駿命不易」（〈文王〉），以及《書經》中的「唯天監下民，典厥義。降年有永有不永。非天夭民，民中絕命……」（〈高宗肜日〉）均指此意。毋庸否認，有關個人壽夭禍福以及國家盛衰興亡的天命，以後逐漸演變成與上帝脫離關係而全係偶然的「命祿」。但一如上文所云，殷周時代絕非如此。那時個人或國家的命運均被視爲繫於上帝的命令：決定人類命運的天之命令有時是絕對的（命之第二義），有時則是有條件的（命之第三義）。

後者這一意義在詩書中出現得最多：凡是與個人及國家命運有關的句子，最大多數均指此意。《尚書》〈召誥〉尤堪稱爲這一類型的典範：〈召誥〉的作者告戒周成王，要他記取夏殷二朝都曾受天命，統治了許多年，都曾因不修德而先後失去了上帝的命。成王必須「敬德」，並祈上天賜與久長的命。這裏的命顯然有「國家的命運」之意，而國運源自天賜的命令。「今天其命哲，命吉凶，命歷年」更顯示出，召公相信人的智慧、禍福、年代的久暫均繫於上帝的命令和賜恩。

值得一提的是：中國人從詩書時期至今，一直都相信大自然與人事之間有不可測的神妙關係，彼此互相感應。中國人也一直相信大自然的某些現象（如彗星、日蝕、鳳凰、麒麟、龜殼等等）與人的命運禍福有關，可使人預知吉凶或影響人的禍福。但詩書時期的人認為這些大自然現象顯示出超越者上帝的旨意。《尚書》的〈洪範〉尤其把大自然的休咎徵兆均視為上天所給人的訊息。上天藉休咎徵兆所昭示的意旨當然也被視為他對人的命令。戰國時代期間，上帝逐漸為自然之道所取代，休咎徵兆也被認為與上帝的意旨無關，成為卜筮者心目中的「命數」。

儒與墨之爭 視天命為上帝旨意的古代傳統一直到孔子甚至孟子的時代仍被持續。《論語》中的天仍是人向之祈禱而具知情意的上帝，能夠知人、厭人並能決定人世命運，這是任何不帶成見的學者所公認的❹。因此，孔子及其弟子所云的天命也是指上帝的命令。往往有人以為「五十

❹ 馮友蘭：〈孔子在中國歷史中之地位〉，《古史辨》之二，臺北市，明倫出版社，民國五十九年，頁一九九。
錢穆：〈論十翼非孔子作〉，《古史辨》之三，頁九二。
李鏡池：〈易傳探源〉，《古史辨》之三，頁九九—一〇〇。
楊寬：〈中國上古史導論〉，《古史辨》之七上編，頁一一三。

而知天命」表示孔子知道自己力量的限度，不敢輕舉妄動。孔子在五十歲以後的積極行動完全否定了這樣的詮釋。五十歲以前孔子沒有實際從政做官。五十歲時他才急於抓住實際從政的機會，一度竟起意應公山不狃之召，想在小小的費邑有所作爲。《史記》〈孔子世家〉對這件事有詳細的記載：「孔子年五十，公山不狃以費畔季氏，使人召孔子。孔子循道彌久，溫溫無所試，莫能己用，曰：蓋周文武起豐鎬而王，今費雖小，儻庶幾乎！欲往。」此事大約爲子路所阻；不久以後，孔子就接受魯定公的任命爲中都宰，尋晉陞爲司空及大司寇，在夾谷之會中着實發揮了他的能力（倣宋版第十四冊頁六—七）。五十六歲孔子不得已離開魯國。要如「五十而知天命」表示樂天認命的消極態度的話，那末孔子在遭到如此嚴重打擊以後大可偃旗息鼓。然而他仍想在別的國家施展一番，以老邁之年周遊列國，一直到六十九歲才重回魯國安身。可見「五十而知天命」這句話的眞諦是意識到上天要他從事實際政治的使命，要他爲天下老百姓做事而不計成敗。有了這樣的使命感，所以孔子被匡人所困時才會說：「天之未喪斯文也，匡人其如予何？」（〈子罕〉第九5）所謂「君子有三畏，畏天命，畏大人，畏聖人之言」（〈季氏〉第十六8），這幾句話中的「畏天命」顯然也是指對上天命令的順服。另一方面，孔子也深深意識到有許多人完全無能爲力的「界限情況」，並相信這些情況來自上天的安排，因此稱之爲命：「命矣夫，斯人也而有斯疾也」（〈雍也〉第六10），「死生有命，富貴在天」（〈顏淵〉第十二5），「道之將行也與命也，道之將廢也與命也」（〈憲問〉第十四36）。更露骨的是孔子對鳳鳥河圖的信仰：「鳳鳥不至，河不出圖，我已矣夫？」（〈子罕〉第九9）由於他對上天的一貫信仰，孔子講自己和別人的命運時，不可能一點不想到上天的旨意。準此，詩書中言天命之三種意義，孔子所强調的是第一、第二義。一方面他聽從上天的旨意行事（畏天命，知天命），另一方面，孔子很相信許多事是上帝無條件安排的，人對之完全無可奈何。他個人的態度是無條件接受上天的命令而不計後果。此外，孔子又把命的第一義（命令）稍作擴充而成爲「使命」之意，這可稱爲命字的第四義。

墨子在〈非命〉上中下三篇及〈非儒〉下中，似乎忘記了孔子「知其不可爲而爲之」（〈憲問〉第十四38）的畏天命精神，而死死釘住論語中所言無條件的命。墨子所云的「命」偶而也指天或人的命令（〈非攻〉下第十九44；〈明鬼〉下第三十一68），但多半指上天所限定的命運。〈非儒〉下第三十九（10）最典型地顯示出這層意思：「有强執有命以說議曰：壽夭貧富，安危治亂，固有天命，不可損益。」這也正是詩書中天命的第二義。至於天命在詩書中的第一、三兩種含義，墨子在〈天志〉上中下三篇中不但完全同意，而且視之爲生活中心，祇不過他用的是「天志」「天意」的不同名稱而已。「天之意不可不順也」（〈天志〉中第二十七73），以及「天之志者，義之經也」（〈天志〉下第二十八72），與《書經》中的「恪謹天命」意義完全相同，屬於第一義。「順天意者兼相愛，交相利，必得賞；反天意者，別相惡，交相賊，必得罰。」（〈天志〉上第二十六22—23）「天子爲善，天能賞之，天子爲暴，天能罰之。」（〈天志〉中第二十七8—9）這些句子中能賞罰的天之意，則無異於《詩經》中「天命靡常」的意思，屬於第三義。《論語》中的「命」之所以一點不涉及這賞罰的天命，是否意味着受到道家思想的影響？這是很難判定的懸案。至於那些「以天爲不明，以鬼神爲不神」的儒者（〈公孟〉第四十八50），當然更爲墨子所深惡痛疾。我在「中國哲學對人的思考」❺一文中的假定是：孔子生前道家這一類型的思想早已開始流傳，而於戰國時代集大成於道德經。孔子死後，儒者之中已有人受道家影響而不信鬼神，墨子反對這一派儒者可謂名正言順。在無鬼神的情況之下，「命」的意義當然又當作別論，墨子却似乎並未想到對這樣的命採取立場。

儘管墨子時代可能已有不信鬼神的儒者，但晚於墨子約一世紀的孟子仍追隨孔子遺風，依舊相信天能接受天子對繼任者的推薦，並能決定把管理天下的大權委托給賢人（〈萬章〉章句上5—6）。孟子所言之「立命」，如以建立命運來詮釋，則和全書以建立仁義之道爲指歸的精神不符，同時也無法與幾乎馬上就出現的「正命」的意義相連貫。「立命」「正命」都是指依上天之命行動而「盡其道」（〈盡心〉章句上1—2）。唐君毅先生說這裏的「立命」是指立人之命，意義也模糊不清。他的意思是說盡心知性就是立命，這時「人命立而天命亦立」❻。唐先生這樣的說法是把天命歸約爲人之天性，幾乎否定了天命的超越意義；徵諸上述孟子相信天接受天子的推薦，完全和天子接受諸侯的推薦以及諸侯接受大夫的推薦一般，孟子所理解的「天命」與「命」

---

❺ 見拙著《人之哲學》（臺北市，中央文物供應社，民國七十一年）頁一三六—七。

❻ 唐君毅：《中國哲學原論——導論篇》，頁五二三。

（〈離婁〉上8）顯然是超越的上天的命令。〈盡心〉章句下（24）的命字也應作同樣的詮釋：「口之於味也，目之於色也，耳之於聲也，鼻之於臭也，四肢之於安佚也，性也；有命焉，君子不謂性也。仁之於父子也，義之於君臣也，禮之於賓主也，智之於賢者也，聖人之於天道也，命也；有性焉，君子不謂命也。」從《孟子》全書的基本意向來詮釋，上面這段話的意義很清楚：口、目、耳、鼻、四肢雖有天生之性，在通常的情況之下值得滿足；但它們究竟屬於「小體」，如果與上天所命的「大體」相衝突時，君子就不再以它們是天性爲口實而認爲非滿足不可。仁義禮智雖是天的命令，但它們同時也屬於天性；既如是，就不必一味強調天命，率性而行自然就會達到「天命流行」的境界。孟子這段話可以說綜合了宋明理學的程朱與陸王之間的對立，既主張抑止人性中的悖理傾向，也主張盡心知性。上述詮釋和「存其心，養其性，所以事天也」（〈盡心〉章句上1；〈告子〉章句上8—11）的精神也完全一貫，可以說是比較合理的詮釋。孟子雖主張人性善，但他也堅決主張人的心與性可操、可存、可養、可求，同時也可放可舍；因此人必須遵行天命天道，努力存養天性的高貴一面（〈大體〉）。東漢末年的趙岐（約一〇八—二〇一）把這二句中的「命」釋爲「命祿」⑦，使上下文意義完全不連貫。他的意見居然還能爲歷代名家所接受而流傳至今，足以證明許多中國讀書人不求甚解的陋習之深。但趙岐顯然是受了早他一世紀的王充的影響。由於他不加反省地把當時流行的命字的釋義套在孟子身上，所以才會發生

⑦《十三經注疏》，《孟子注疏》（臺北市，藝文印書館影印，民國七十年），頁二五三。

如此嚴重的錯誤。傅斯年先生批評趙岐的釋義全不可通，實在是一針見血❽。

然而孟子也並不否認某些事是人力所無法干預的：「舜、禹、益相去久遠，其子之賢、不肖皆天也，非人之所能爲也。莫之爲而爲者天也，莫之致而至者命也。」（〈萬章〉章句上6）過去我曾隨一般人的意見，以爲上文中的天字意指自然❾。其實把這第六章與第五章連接起來互相比較，就會發覺天字指有知有意的位格：「天子能薦人於天，不能使天與之天下。諸侯能薦人於天子，不能使天子與之諸侯。大夫能薦人於諸侯，不能使諸侯與之大夫。」（〈萬章〉章句上5）第五章的天字既指有知有意的上帝，第六章所云「天與賢，則與賢，天與子，則與子」完全是討論同一題材，當然也是指上帝。同理，使舜、禹、益三人之子賢或不肖的「天」也不可能是「自然」，而是上帝。準此，「莫之爲而爲者天也，莫之致而至者命也」的意思應該是：人所無能爲力而發生的事由上帝之命所促成。

這樣說來，孔孟二聖前後雖相去二世紀，對天命的看法却完全一致：他們都強調人應遵上天的命令（命字第一義）而實踐仁義之道，同時也都相信上天的某些安排非人力所能干預（命字第二義），却不約而同地都不提善惡行爲所招至的賞罰（命字第三義）。最後一義正是墨子所最強

---

❽ 傅斯年：《性命古訓辨證》，中册，頁五一—五三。

❾ 〈中國哲學對人的思考〉，《哲學與文化月刊》第八卷第十一期（民國七十年十一月），頁四一；此文於民國七十一年收入《人之哲學》中時，上述觀點已經修改。可參看此書一五二頁。

調的，在詩書中也佔相當重要地位。孔孟二聖不提這點，首先未必表示他們完全否認此事。至於他們的保留態度是否多少受到道家影響而對天降賞罰一事發生懷疑呢？或者他們對此問題已有更深的了悟而不敢輕易置喙？事實上如果有一位超越天地（大自然）與百神而主宰一切的上帝的話，他對人的處理方式就不可能像墨子所云那樣簡單草率，甚至所有天災均係「天之降罰」（《尚同》中第十二32－33），而應該尚有深不可測的一面。孔孟二聖之不提天命的這一面，可能正是更高智慧的表現。

定命論所引起的誤解　往往有人稱上天對人壽夭貧富作安排的信仰爲「定命論」。其實《書經》中根本沒有「定命」二字，《詩經》《大雅》抑篇中的「訏謨定命」，意思是教帝王用偉大的謀略去鞏固自己的國運。《小雅．天保》篇「天保定爾」句中的「定」也是鞏固之意。《論語》與《孟子》二書都沒有「定命」二字。如果「定命論」一詞是翻譯西文 Praedestinationslehre 一字的話，那末這一問題似乎並未出現在中國古代思想家過。西洋哲學中此字的意思如下：表面上人的意志似乎能自抉，其實完全由上帝注定。這一神學理論在基督宗教圈子內一向爲大多數所擯斥，因爲依此說法人根本無法對自己的善惡行爲負責⑩。關於人的意志自由如何與上帝的全能互相協調的問題，中國古代思想家似乎都沒有意識到；《詩經》、《書經》、《墨子》、《論語》、

---

⑩ Karl Rahner (ed.), *Sacramentum Mundi*, Vol. V., New York: Herder and Herder 1970, pp. 88-91.

《孟子》這些書都相信上帝宰制世界，但都找不到涉及人意志自由與上帝的關係這類問題。「命祿」「逢遇」「幸偶」等概念是東漢時的產物，過去世「宿命」的想法則是由佛教傳入，不消說，這一類型的「定命論」一直到孔孟爲止均未在文獻中出現。詩書中「天命靡常」的說法也不能算是「定命論」，因爲上天對人的安排決定於人自己的行動。孔孟二聖則是一方面以積極行動執行天命的召喚（這是他們之所以有強烈使命感的原因），並踐行天命所制定的行爲規範，另一方面深深體會到人並非自己與周遭世界的絕對主人翁：我們自己的出生、每日幸與不幸的遭遇、死亡的日期和情況、後代之賢或不肖，這一切均非我人所能控制。一如上文所云，孔孟二聖把這一切歸諸上天無條件的安排而稱之爲命，這也是本文所稱第二義的命。要如這一類的信念堪稱爲「定命論」的話，那末我們可以承認，中國古代有過某種意義的定命論。但這樣的「定命論」僅及於發生在我人身上的外在事實，和我們能否以自由意志決定自己行爲的方針無涉。至於流俗所最關心的一己命運的禍福、成敗、吉凶，則完全不在孔孟二聖的考慮之中。《論語》中雖有「吉」「凶」二字，但從未連在一起（〈鄉黨〉第十5，18）；孟子甚至說「盡其道而死者正命也」（〈盡心〉章句上2）他所云的「凶」均指「凶年」或荒年，「吉」字則在孟子書中找不到。

(三)儒道思想融合下的命及相應的宗敎意識

道家意義的命 拙作〈荀子在中國哲學史中的關鍵地位及其現代意義〉⑪曾指出，道家記取歷史上古今成敗存亡禍福的記載，發覺世間一切有其常道，却未必顯示善必有賞惡必有罰。完成於戰國時代的道德經遂揚棄福善禍淫的上帝，而代之以古今一貫發生力量的自然之道：「道生之，德畜之。……是以萬物莫不尊道而貴德。……夫莫之命而常自然。」(〈道德經〉五一章)最後一句否定了上帝降命於世的想法而代之以自然。「夫物芸芸，各復歸其根。歸根曰靜，是謂復命，復命曰常。」(十六章)「莫之名而常自然」既否定了上帝降命的想法，可以說是離開了詩書與儒家的傳統，「歸根」「復命」則是建立起道家的形上學及人生觀：根與命就是自然的常道。追隨這一說法，《莊子》也有「奏之以無怠之聲，調之以自然之命」(〈天運〉第十四24)等語。自然常道既是「莫之命」而然，它就取代了傳統宗教與哲學所云自天而降的命，而本身成爲「自然之命」。正因如此，所以莊子才會說水受命於地而松柏受命於天(〈德充符〉第五10)，他所云的地與天不過是大自然，絕無任何其他意義。詩書與孔孟不可能說出這樣的話；以他們

⑪《哲學與文化月刊》第九卷第十一期(七十一年十一月)，頁三六。

的思想背景而言，這一類的話簡直不倫不類，因爲松柏與水祇能遵循自然之道，不可能聽從上天所頒佈的命令。莊子之所以根本不提「天命」，也是勢所必至的，他祇講「天道」「天行」「天理」「天時」，這些都表示自然之道。隱士之所以伏其身閉其言藏其知，莊子說是因爲「時命大謬」（〈繕性〉第十五13—15）。「時命」二字正足以說明莊子的心態：自然而然的時機就是「天時」，和這樣的時機相關聯的人之命運就是「時命」或「時運」；時命大謬也就是時運不濟。因此，《莊子》的若干句子與《論語》非常相似，如「死生命也」，「唯命之從」（〈大宗師〉第六20—21，56），但他所聽的命是陰陽交錯的自然之道，並不像孔子那樣敬畏一位有知有意的上天之命。經過了二十多個世紀的今天，中國的讀書人再也分不清這二種完全不同的命的意義，甚至連自命爲儒者的人也混淆不清：往往張冠李戴，把道家意義的命不知不覺放入孔子或孟子口中，或者竟認爲這是儒家的唯一正傳。凡此一切種因於莊子應用命字的生花之筆：他的本事在於把新酒裝入舊瓶，而使消費者品嚐者都不知不覺。

天地間的自然常道內容如何呢？那就是有與無、陰與陽的相繼相錯相生相殺（〈道德經〉第二、四十、四十二、七十七等章，《莊子》〈則陽〉第二十五67—71）。根據道家思想，宇宙間的一切與人事的成敗、存亡、禍福均可由自然常道或自然之命得到解釋，而不需要一個賞善罰惡的上帝之命。這就是道家思想對戰國時代宗教意識所引起的最大革命。

與道家的「歸根」與「復命」相應的宗教意識是與天地合一。《莊子》的「天地與我並生，而萬物與我爲一」（〈齊物論〉第二52）最足以表達這一型態的宗教意識。人能與之合一的「天地」已經超越經驗範圍以上，甚至也超越理解力以上，本身含有某種奧不可測的成份。二千多年以來，「與天地合一」或「天人合一」早已形成自古以來賢聖之士的最高理想，同時也成爲中國詩、畫與建築藝術的不竭靈感。借用路道爾夫・奧多（Rudolf Otto）的話，它早已成爲一個「既醉人又可怖的奧秘」，而進入宗教領域⑫。下面我們立刻會討論到，儒與道二種思想融合以後，儒家學者大多呈現這一類型的宗教意識。

儒與道的融合過程　淵自存在憂懼經驗的道家思想，在戰國時代無疑地產生了不可抗拒的震撼力量，儒家學者也無法脫離這一巨大衝擊。墨子之所以敢斥「儒以天爲不明，以鬼爲不神」（〈公孟〉第四十八50），就是一個證據。但一如上文所言，比墨子約晚一世紀的孟子却依舊相信有知有意的上天，只不敢多提賞罰而已。然而孟子也無法挽回儒家繼續吸收道家思想的洪流。終於荀子把儒家的積極淑世態度與道家的自然常道觀形成了天衣無縫的持久綜合。此項綜合成果經荀學派爲主的漢儒所傳授，遂成爲中國亙二千多年的儒家思想主流⑬。

一般人往往以性惡說爲荀子的特徵。由於性惡說被後人所擯棄，所以一般均以爲荀子對後代

⑫ Rudolf Otto, *The Idea of the Holy*, London: Oxford University Press, 1957, Chapters IV. V. VII.

⑬ 拙文〈荀子在中國哲學史中的地位及其現代意義〉本書頁三一五一。

的影響不深。實則董仲舒在《春秋繁露》〈深察名號〉第三十五及〈實性〉第三十六這兩篇中，一方面稱「性有善質」，表面上似乎反對荀子的性惡論，另一方面却對孟子提出質詢：「質無教之時何遽能善？」董氏「性有善質而未能善」及「性待教而爲善」的結論，顯然偏於荀子一面；而這也正是漢代編輯成的禮記所持的態度。無論是在「性僞合而天下治」的見解上，也無論是在其他問題上，荀子（更好說荀學）對漢代以來二千餘年的中國哲學思想的影響無與倫比。荀學的最大貢獻是把儒家與道家思想滙爲一流：一方面贊成天地循自然常道化生萬物的道家形上學，另一方面却不贊同道家無爲而治的政治主張，而是孔子淑世主義的忠實信徒。荀學了不起的地方，是在於不僅不讓道家形上學使人流於消極，反而使它成爲儒家淑世主義的動力：正因爲天或天地按自然常道生化萬物而「不能辨物」又「不知善」（〈禮論〉第十九78，〈堯問〉第三十二35），所以荀學派主張君子必須採取行動去治理世界：「天地生君子，君子理天地。君子者天地之參也，萬物之摠也，民之父母也。無君子則天地不理。」（〈王制〉第九65—66）這也就是儒與道綜合的結晶：「天地生君子」表示出道家的形上學，認爲天地按自然常道化生萬物；「君子理天地」而爲「天地之參」，則充分顯示出儒家積極淑世的思想。「君子者天地之參也」的情調與莊子「吾與日月參光，吾與天地爲常」（〈在宥〉第十一43）的精神完全不同。後者只願「天下欣欣焉人樂其性」，唯恐天下之「淫其性」「遷其德」，雅不願與聞於「治天下」（〈在宥〉第十一1—3）。荀子則把「天地生君子」與「君子理天地」二事視若平行：「天地者生之始也，禮義者治之始也，君子者禮義之始也。……無君子則天地不理。」（〈王制〉第九64—66）這一來，天地以自然常道化育萬物的道家思想竟成爲儒家積極採取行動的迫切動機。

接受了道家形上學以後，荀子就不可能再像孔子那樣以「畏天命」爲言。天或天地既是不識不知地按自然常道生化萬物，當然不可能對人發號施令。一如上文所云，道家的命不過是「莫之命而常自然」的常道和「自然之命」。爲了參天地治理天地，這一意義的「天命」正是君子制勝而應用的對象。《荀子》全書三十三篇中僅有一次出現的「天命」二字正是這個意思：「大天而思之，孰與物畜而制之？從天而頌之，孰與制天命而用之？」（〈天論〉第十一44）《荀子》書中用命字表示君王或父親之令者比比皆是，佔全書用命字句子之大半。可見荀子並非不再用命字表示命令，而是不用此字表示上帝之令，後者已被自然的常道所取代。當然，荀子也承認人雖能理天地參天地，却並非萬能，尤其無法控制自己的命運。他坦然承認人之禍福完全取決於遇時與否，和莊子所云的「時命」如出一轍：「遇不遇者時也，死生者命也。今有其人，不遇其時，雖賢，其能行乎？苟遇其時，何難之有？」（〈宥坐〉第二十八39—40）「恰好遇到」也就是荀子對「命」的定義（「節遇爲之命」：〈正名〉第二十二6）。爲什麼恰好如此遭遇到呢？荀子的答案完全屬於道家：自然而然。無論如何，他絕不會相信「爲善者天報之以福，爲不善者天報之以禍」：「王子比干不見剖心乎？……關龍逢不見刑乎？」（〈宥坐〉第二十八33－36）「節遇之謂命」的說法大約在戰國時代已相當流行。無論如何，成書於公元前二三九年的《呂氏春秋》也早有「禍福之所自來，衆人以爲命，焉不知其所由」（卷二〇頁一二下），以及「命也者不知所以然而然者也」（卷二〇頁一一上）等句。

把這樣的命和孔子的「死生有命」相比，表面上似乎非常接近，都表示相信禍福命運不操在人自己手裏。不同之處在於孔子相信死生富貴最後操在上帝手裏，荀子或荀學派則相信完全是偶然的遭遇。二人都很積極淑世，但孔子意識到淑世的使命來自上天，荀子則僅意識到「天地生君子」和「君子理天地」都是自然之命。荀子及荀學派比較缺乏宗教情操。然而他們的儒家意識却促使他們承認，能生物却不能辨物（〈禮論篇〉第十九78）的天關切自己所生的老百姓：「天之生民，非爲君也，天之立君，以爲民也。」（〈大略篇〉第二十七75）「皇天隆物，以示下民。」（〈賦篇〉第二十六5）〈繫辭〉下⑴所稱「天地之大德曰生」，也就是指此化生並關切世界的天地。

繼承這一傳統的董仲舒，一方面視天地爲大自然的一部份，認爲「天地陰陽木火土金水九，與人而十者天之數畢也。」（《春秋繁露》〈天地陰陽〉第八十一，卷一七，頁六）《春秋繁露》全書八十一篇中至少有四分之一專門討論陰陽五行的自然之道。另一方面董氏又認爲「察於天之意無窮極之仁也」，並說「天常以愛利爲意」（〈王道通三〉第四十四，卷一一頁九－一〇）。

但數行以後董氏又言及天之春夏秋冬與寒暑，並以爲喜怒哀樂與春秋冬夏同爲四氣而屬天與人所共有。他所云的「天」顯然屬於大自然現象而同時兼有愛利萬物之意。不僅如是，〈天辨在人〉第四十六篇認爲「天乃有喜怒哀樂之行，人亦有春秋冬夏之氣」（卷一一頁一四），唯辨之者在於人。唐君毅先生以爲〈重政〉第十三篇所云在天地之前的天地人之「元」爲上帝，實在是一項誤解。〈重政〉第十三篇及〈玉英〉第四篇中的「元」雖係天地人與萬物之本及「大始」，却仍「隨天地終始」，因此是內在於萬物的自然之道。唐先生以「君者元也，君者原也」（〈深察名號〉第三十五，卷一〇頁五）及「君人者國之元」（〈立元神〉第十九，卷六頁二）等句企圖證明他的觀點。但由「君者元也」並不能作「元者君也」的推論。元先於天地，未必就是君臨大地。董仲舒不過是說「元」爲天地人之本及大始而已。董氏所云「以元之深正天之端，以天之端正王之政」（〈玉英〉第四，卷三頁三）非常接近《道德經》廿五章「道大，天大，地大，王亦大」的順序：「元」恰好與「道」的地位相應。

一如上文所言，荀學派視天地爲大自然而同時對萬物有關切的心意，董仲舒正是這一構想的實例之一。宋儒更主張「仁者以天地萬物爲一體，莫非己也」（《近思錄》卷一頁一二）；又認爲「一陽復於下，乃天地生物之心」，「生之性便是仁」（同卷頁八、二一），也和荀學派先後如出一轍。這樣的天地缺乏完整的位格性，無形中已跡近泛神論。朱熹與其他宋明理學家的宗教意識就屬於這一類型。朱熹一方面不信有超越天地之上的「批判罪惡」的心，却又深信天地有生物之理或仁心⑭。這樣的理非常接近西方斯多亞學派、斯比諾撒及黑格爾所云的宇宙理性或宇宙精神。如所週知，理學家由此推演出道德與修養的規範。一如陳榮捷先生所指出，朱熹本人極注重「天命流行」而爲一「最虔敬而富有宗教熱誠之人」⑮。不僅朱熹如此，我人閱讀其他理學家甚至現代儒學者的著作⑯，都可以體會到這一類型的宗教意識。由於泛神型的儒家宗教意識承認天有生物和愛利萬物的仁的心意，所以才會相信「人之受命於天也，取仁於天而仁也」（《春秋繁露》〈王道通三〉第四十四，卷一一頁九）。理學家也大都接受這一類型的天命與道德規範之間的關係。

(四)自東漢至西晉的命

儒與道融合之下的命可以說是屬於正統儒家的宗教情操。它始於戰國時代，漢代廣泛爲儒家

⑭《人之哲學》，頁一八〇—一一。

⑮陳榮捷：〈朱子之宗教實踐〉，《華學月刊》第一二七期（民國七十一年七月），頁一—一五。

⑯唐君毅：《道德自我之建立》（香港，人生出版社印行，民國五十二年），《人生之體驗》（臺北市，臺灣學生書局，民國六十六年修訂重版），《心物與人生》（臺北市，臺灣學生書局，民國六十四年增訂臺初版），《生命存在與心靈境界》（臺北市，臺灣學生書局，民國六十六年）。唐先生在現代新儒學派中最具代表性。

接受，歷經各朝各代而大盛於宋明理學，直到如今尚流傳於新儒學派。然而，戰國時代以後中國知識份子之受道家影響，並不限於上述方式。「黃老之學」在西漢初期早就非常吃香。漢武帝獨尊儒術以後，道家的影響並未消失。《史記》的作者司馬遷和西漢末期《太玄》作者揚雄都深受道家薰陶。東漢時的王充尤其以道家思想爲主。王充的命和西晉所流行的列子與郭象所云的自然之命，可以說把老莊這方面的思想發揮到極致。誠然，這一型態的思想以後與佛教、道教融爲一體，成爲根深蒂固的民間信仰。但純粹的自然之命的信念在中國的力量仍相當可觀。

一如本文第二節所云，莫之命的「自然之命」的信念起自老子和莊子。老子認爲沒有超越天地的更高權威對人與萬物發號施令，一切都遵循自然之道；莊子則進而稱此自然常道爲命。從此以後，命字的部份用途遂與上古時代的原義完全脫節。所謂「知其不可奈何而安之若命」（〈人間世〉第四43，〈德充符〉第五20）就是這個意思。人既然是大自然（天地）的一部份，最後又回歸大自然，所以就應該「法地」「法天」「法道」「法自然」（〈道德經〉第二十五章），與天地之道相和諧，不必斤斤以一己的生死壽夭吉凶爲事。莊子稱此安命的情操爲「聖人之勇」，並認爲這就是「制命」之道（〈秋水〉第十七61—65）。

儒家的積極淑世傾向雖使荀子和莊子分道揚鑣，不讓荀子自限於消極的「安命」「從命」「俟時」，而使他主動地「制天命而用之……應時而使之」（〈天論〉第十七44—45）；「得時」「守天時」「不失時」「時其事」等語簡直可以說是他的口頭禪。荀子的「制天命」與莊子的「

制命」意義完全不同，於此可見一斑。然而，由於二人心目中的「命」絕非上天所頒而係自然常道，荀子對命字的用法幾乎完全和莊子相同：「命」與「天」都是指自然之道。荀子說「人之命在天」（〈彊國〉第十六4，〈天論〉第十七43）和「知命者不怨天」（〈榮辱〉第四21），都是這個意思。一如上文所言，荀子且首次對這樣的命下定義：「節遇謂之命」。「恰好遇到」也就是自然而然，不必再追究理由，唯一牽涉到的是同時遇到的許多事件所形成的時機。荀子對之所持的態度也和莊子完全相同：「天有其時」（〈天論〉第十七7）；「遇不遇者時也。……今有其人，不遇其時，雖賢，其能行乎？苟遇其時，何難之有？」（〈宥坐〉第二十八39—40）「舜遇時」（〈成相〉第二十五19）；「郁郁乎其遇時之不祥也」（〈賦篇〉第二十六31）。這一類的話在荀子書中隨處可以找到。

東漢時的王充對荀子所云的「遇」與「時」特別感到興趣，《論衡》簡直可以說是討論「遇」「時」「命」的專著：此書以「逢遇」爲其首篇，全書中也一再討論這個問題，足徵吾言不虛。〈逢遇篇〉開門見山地說：「操行有常賢，仕宦無常遇，賢不賢才也，遇不遇時也」；差不多在結尾時又說：「不求自至，不作自成，是名爲遇」。又轉述一位終身不遇而涕泣於途的老者的話，極富戲劇性：「吾年少之時，學爲文。文德成就，始欲仕宦，人君好用老。用老主亡，後主又用武，吾更爲武。武節始就，武主又亡。少主始立，好用少年。吾年又老，是以未嘗一遇。」所以會如此，王充完全歸諸「幸偶」（卷三第五篇名）與「偶會」（卷三第十篇名）。〈偶會篇〉

劈頭劈腦就說：「命吉凶之主也，自然之道，適偶之數，非有他氣旁物厭勝感動使之然也。」

當時本盛行「三命」之說，王充稱之爲「正命」、「隨命」、「遭命」：「正命」指本於所稟而得吉，「隨命」指隨人的行爲善惡而得吉凶，「遭命」則是無端遭到凶禍（卷二〈命義篇〉，頁五上）。約在同一時期問世的《白虎通》則稱之爲「壽命、隨命、遭命」，意義與王充所云三命略同（卷三下，頁一二下）。稍後的趙岐則以受命（行善得善）、隨命（行惡得惡）、遭命（行善得惡）爲三命（《十三經注疏》《孟子注疏》卷一三上頁二—四）。值得尋味的是：王充激烈反對他自己和白虎通所界定的「隨命」之說，而主張只有「正命」與「遭命」，也就是只有命中註定的吉凶。他所云「壽命」與「祿命」實際上可歸結於「正命」，而「所觸值之命」亦卽「遭命」（卷一〈命祿篇〉與〈氣壽篇〉。）。總之，王充所眞正關切的並非孔孟所念玆在玆的仁義禮智，而是一己的榮辱吉凶。由於他終極關切的只是吉凶禍福，因此道德的善惡只被視爲相對價值，甚至根本失去價值：「或性善而命凶，或性惡而命吉。操行善惡者性也，禍福吉凶者命也。或行善而得禍，是性善而命凶。或行惡而得福，是性惡而命吉也。性自有善惡，命自有吉凶。使命吉之人，雖不行善，未必無福；凶命之人，雖勉操行，未必無禍。」（卷二〈命義篇〉頁五上下）不僅行善行惡本身無價值可言，王充且認爲性善性惡均係生成如是，就如同「面色或白或黑，身形或長或短，至老極死，不可變易，天性然也」；「人性有善有惡，猶人才有高有下也。高不可下，下不可高。謂性無善惡，是謂人才無高下也。……命有貴賤，性有善惡。謂性無善惡，是謂人命無貴賤也。」（卷三〈本性篇〉頁一三上、一五下）他又說：「有不教而自善者，有教而終不善者矣，天性猶命也。」（卷一〈命祿篇〉頁一〇上）這些話眞是露骨之至；不僅善惡本身無價值可言，因爲善未必吉，惡未必凶；而且每個人之行善或作惡均不負任何責任，因爲都是生成的本性，不得不然。

準此，王充對命與性的看法屬於一種終極價值的虛無主義。天地並非有意生人（「天地不故生人，人偶自生」，卷三〈物勢篇〉頁一六），世之盛衰完全是「時」「數」在操縱（「世之治亂在時，不在政；國之安危在數，不在教」，卷一七〈治期篇〉頁一二），個人的窮達爲命所把持（「命厚祿善則庸人尊顯，命薄祿惡則奇俊落魄」，卷三〇〈自紀篇〉頁八下）。善未必吉惡未必凶（卷六〈福虛篇〉與〈禍虛篇〉），而且又都是天性使然，那末世間根本就沒有終極價值可言，也許唯一的價值是懷孕的一瞬間稟有良好的命。這樣的虛無主義對魏晉時代的清談及道德的墮落很可能會產生相當大的影響。

儘管世間一切均無意義，爲盲目的命所左右，王充却相信中國自古以來所接受的大自然與人事的互應及骨相，以爲「人命稟於天，則有表候於體。察表候以知命，猶察斗斛以知容矣。表候者骨法之謂也。」（卷三〈骨相篇〉頁四下）個人的命運可見於骨相，國家的盛衰則可見於瑞應：「天道自然，厥應偶合，聖主獲瑞，亦出羣賢。君明臣良，庶事以康。」（卷一九〈驗符篇〉頁一二下）唐君毅先生認爲王充思想可使操行清潔者安於求之有道，而不妄冀得之於命，實上契於孔孟之道⑰，大約是對此種思想不夠深入瞭解有以致之。事實上，即使王充仍主張教化，希望惡人爲善（卷二〈率性篇〉），多少還受到一些孔孟影響，但這和他的「泛命論」完全不能前後貫通。邏輯地，王充心目中的善惡吉凶都各不相關地來自同一源流——命。王充所受儒家的最深薰陶可能得之於董仲舒對符瑞與人副天數那一套說詞。

自從王充把命這一主題極端化以後，他和當時的人幾乎已把古代的原始意義遺忘。正因如此，東漢末期註疏孟子的趙岐才會把孟子口中的命完全曲解。盡心章句上⑵有如下的句子：「莫非命也，順受其正。是故知命者不立乎岩牆之下。盡其道而死者正命也。桎梏死者非正命也。」孟子在這幾句前面恰好講論「事天」與「立命」。一如上文所已說明，孟子所云的天是中國古代所信仰的有知有意的上帝，他所云的命也是指上帝的命令或使命。因此，「順受其正」的「知命」是指適然順從上天之命而不計其他；「立命」、「知命」、「正命」的意義前後一貫，甚至可以說是一件事，即意識到上天之命並全心接受躬行實踐而「殀壽不貳」。孟子之所以把「正命」與「盡其道而死」連在一起，是因爲盡道就是盡每人自己的道德義務（例如「欲爲君，盡君道，欲爲臣，盡臣道」，離婁章句上2），唯有如此才是履行上帝之命。至於被桎梏而死，這件事本身與「正命」無關，因爲盡道與不盡道者都可能如此。準此，我們會清楚見到，《孟子》的「正命」完全站在信仰上帝之命和道德的立場，壽殀吉凶均非所計。王充却幾乎是把壽夭吉凶禍福視爲人生

⑰ 唐君毅：《中國哲學原論——導論篇》，頁五六六。

唯一值得關切的對象。他所講的命既和孟子所示的風馬牛不相及，難怪《論衡》〈刺孟篇〉（卷一○頁一六上）批評孟子「桎梏死者非正命也」一語「是謂人無觸值之命也」。王充以為「桎梏死者非正命也」一語是指善人不可能遭殃之意。實則，「盡其道而死者正命也」已包括了善人「以身殉道」的可能性；以身殉道時不但可能死於桎梏，更殘酷的死也未始不可能，只不過孟子相信卽使如此死去依舊是「正命」；因為「殀壽不貳，修身以俟之」就是立命（〈盡心〉章句上1），而立命者既未必長壽，也未必保險一定吉利。王充所云的「正命」則是本於所稟的命而得福，根本與道德無涉，所以批評孟子時才會這樣牛頭不對馬嘴。王充對命字的片面看法在東漢時大約非常流行。因此，趙岐在註疏孟子的「正命」一時，像煞孟子所關切的問題是要避免橫死。我們在上面討論孟子時已經提及，趙岐是如何曲解了〈盡心〉章句下24。

東漢以後的魏晉時代，老莊思想受到空前的歡迎。命的概念之走入這一牛角尖中，那是極其自然的發展。

一如緒論中已經說過，本文無意對命字意義的發展作完整的探討，而只願藉此字意義的某些重要轉變而揭示出其中的宗教層面。《列子》與《郭象》將是本文所必須討論的二本著作。

《列子》八篇列於《漢書》〈藝文志〉。班固對此書的記載如下：「名圄寇，先莊子，莊子稱之。」一如錢穆所云，列禦寇實有其人，應該不成問題⑱。但此書至晉代始為人所知：而且依梁任

⑱ 錢穆：《先秦諸子繫年》，香港，香港大學出版社，一九五六年增訂初版，頁一七六。

公所言，可能包含了一些佛理，所以大約係後人會粹而成⑲。許多人都揣測它就是晉代張湛所僞造。無論如何，一如唐君毅所云，《列子》此書既自晉代張湛始傳於世，則其在思想史上之意義可以說是始於晉代⑳。向秀與郭象是西晉末期的人（公元第三第四世紀之交）。向秀早死，郭象的注則大致和向秀的差不多。究竟郭象是否剽竊，這樁公案對我們這裏無關宏旨㉑。主要的是郭象注釋《莊子》時的見解和列子非常相似。《列子》〈力命篇〉討論人力與命運的關係時，完全反對荀子「制天命」的說法：「既謂之命，奈何有制之者邪？朕直而推之，曲而任之，自壽自夭，自窮自達，自貴自賤，自富自貧。朕豈能識之哉？」既而他講了鮑叔推薦管仲給齊桓公（小白）的故事以後，却又說這一切不得不然：「鮑叔非能舉賢，不得不舉；小白非能用讎，不得不用。」終於他下結論說：「然而生生死死，非物非我，皆命也。智之所無可奈何。故曰：窈然無際，天道自會，漠然無分，天道自運。天地不能犯，聖智不能干，鬼魅不能欺。自然者，默之成之，平之寧之，將之迎之。」這是把「天道」「自然」和「命」完全視爲一事，可謂得道家思想眞詮。《莊子》〈德充符〉第五（44）有下列數句：「死生存亡，窮達貧富，賢與不肖，毀譽饑渴寒暑，是事之變命之行也。」郭象注釋說：「其理固當，不可逃也。故人之生也，非誤生也；生之所

---

⑲ 梁啓超：《古書眞僞及其年代》，臺北市，臺灣中華書局，民國六十七年，頁五五、六一。

⑳ 唐君毅：《中國哲學原論——導論篇》，頁五六七。

㉑ 韋政通：《中國思想史》上册，臺北市，大林出版社，民國六十八年，頁六七四—八。

有，非妄有也。天地雖大，萬物雖多，然吾之所遇，適在於是。……故凡所不遇，弗能遇也；其所遇，弗能不遇也。其所不爲，弗能爲也；其所爲，弗能不爲也。」這和列子論鮑叔與齊桓公的話如出一轍。此外，《莊子》〈大宗師〉第六(1)說：「知天之所爲，知人之所爲者，至矣。」郭象對此語的註：「知天人之所爲者，皆自然也。……天者，自然之謂也。夫爲爲者不能爲，而爲自爲耳；爲知者不能知，而知自知耳。自知耳，不知也；不知也，則知出於不知矣。自爲耳，不爲也；不爲也，則爲出於不爲矣。」（《校正莊子集釋》，頁二一三、二一四）這也和列子所云「天道自運」、「聖知不能干」、「自然者，默之成之」非常相契。列子與郭象可以說是道家思想發展的極致，連王充還受到部份儒家傳統的感染；列子與郭象可說是一塵不染的道家思想。

純粹道家的自然之命並不屬於過去的歷史陳跡，而是今日中國人活生生信念的一部份，甚至可以說是許多無宗教信仰者的宗教。一個人可能沒有其他宗教，上帝、仙、佛、菩薩一概不信，但當他面臨生死、壽夭、吉凶的緊要關頭時，就不得不接受「命」的信仰。「認命」、「命當如此」這些話之成爲老百姓的口頭禪，就足以證明命的信念是如何深入民心。「命」雖被目爲天道自運，自然而然，但何以某人一生下來就無往不利？另一人何以處處轗軻？某人何以恰好搭上某一班機而送命，另一人已買好機票何以却中途被躭擱？這一切會令人相信「命」是深奧不可測而非理性所能理解的東西，無形中也成爲具宗教意味的「既迷人而又可怖的奧秘」。福祿壽三星尤其財神之普遍爲中國人所崇敬，就是對「禍福吉凶之命」、「祿命」、「壽命」以及「貧富貴賤之命」之信仰的具體化。

㈤佛教與道教影響下之命及其宗教意義

這裏所稱的佛教，是從民間佛教信仰的角度來研討，僅於不得已時偶然提及佛學思想。不消說，這裏所討論的道教更和上文所言的道家思想大異其趣。

一如上節所云，王充的命與性完全決定於偶然的機遇，可以說是不折不扣的虛無主義。然而，卽使是淵源於這一背景的命，民間信仰也會逐漸使它變質而成爲福祿壽三星和財神。虛無主義之不能滿足人心，於此可見一斑。佛教在中國的情形亦復類似。原始佛教思想的重點莫過於緣起論，這一理論不相信世間有不變的自我，而祇有變化不已的「流轉」。正統佛學認爲佛陀卽由此一啓悟而獲得解脫，然而中國的一般佛教徒却始終無法消化這一理論。南北朝劉宋時代（四二〇—四七八）求那跋陀羅所譯的雜阿含經應該算是早期流傳中國的佛教典籍之一。此書卷四十八有如下偈言：「愚癡人所行，不合於黠慧，自所行惡行，爲自惡知識，所造衆惡行，終獲苦果報。」這一偈言由一位天子所出，世尊對他報以另一偈言：「既作不善業，終則受諸惱；造業雖歡喜，啼泣受其報。造諸善業者，終則不熱惱；歡喜而造業，安樂受其報。」此二偈中的受報者與造業者可能尙屬於同一世，下文不久就連續二次出現的「其罪生於口，死墮惡道中」（《大藏經》二，頁三五一）則清楚指出二世輪迴的因果報應。正如稍早（五胡亂華時期）譯爲中文的「別譯雜阿含經」卷第三所云：「一切生皆死，壽命必歸終；隨業受緣報，善惡各獲果；修福上昇天，爲惡入地獄。」（《大藏經》二，頁三九二）

梁武帝天監十五年（公元五一六），沙門寶昌等奉旨所集《經律異相》五十卷中，輪迴於不同世者顯然被描述爲屬於同一主體。該書所述故事不勝枚舉。例如閻羅王的前世係毘沙國王。閻羅王對罪人的定讞尤其充分證明此書作者的看法：「汝自作惡今當自受。」審問三罪人後，閻王把他們交付獄卒詣大地獄（《大藏經》五十三，頁二五八—九）。此書鬼神部、畜生部均千篇一律重覆同一靈魂輪迴於不同身之義。由於佛教經典與通俗著作一直强調業與輪迴，以後就出現「命根」的說法。《實用佛學辭典》對之有如下的釋義：「命卽壽也。然據小乘有部之義，則別有非色非心之體，由過去之業而生，因而一期之間維持煙與識，名之爲命。命能持煙與識，故名爲根。據大乘唯識之義，則第八識種子有住識之功能，使色心相續，假名爲根，非別有命之實體也。」㉒日本和尚聞證所撰《略述法相義卷上》對「命根」雖無清楚的剖析，卻也承認它是第八識「由先世業所引」（《大藏經》七十一，頁一三三）。佛教典籍所云的「命」大抵都指壽命，但壽命或命根卻由過去之業所造成：過去世的業如何，今世的命也就如何，而造過去世之業和受

㉒ 上海，佛學書局，民國二十三年。「一期」指人的一生。

現在世之命者屬於同一主體；無形中也就有「命中註定」的意味，唐君毅先生稱之爲「業命」實屬允當㉓。至於唯識論以爲姑且可以把人的命「假名」爲根，不承認別有命之實體，一般佛教徒大多不知道有這一回事；而且卽使知道也無法接受。

佛教徒相信靈魂不死不滅，這件事在南北朝時代顯然爲教內教外所公認。范縝（約四五〇—五一五）寫了一篇〈神滅論〉來駁斥佛教，佛教徒鄭道子也回敬了〈神不滅論〉一文，就是最好的證據（《弘明集》卷五，〈大藏經〉五十二，頁二七—二九）；鄭氏聲言「神爲生本，其原至妙，豈得與七尺同枯戶牖俱盡者哉？」唐朝的玄奘法師被譽爲「德隆終古，聲高宇宙，涉歷諸國百有五十，翻譯經論千有五百，盡善盡美，可稱可贊」（《法苑珠林》〈傳記篇〉第一百，〈大藏經〉五十三，頁一〇一九）；但他所推銷的唯識論主張「我」及一切諸「法」皆非實有，因此始終未爲老百姓賞識。

唐高宗總章元年（公元六六八年）由西明寺和尚道世編撰完成的《法苑珠林》一百篇，幾乎可以說包括了唐朝至今的全部民間佛教信仰。對本文關係比較密切的是〈六道〉與〈宿命〉二篇。〈六道篇〉〈諸天部〉稱六道以上尚有菩薩、緣覺、聲聞三善道；天、人、修羅處於中間，鬼神、畜生、地獄則爲三惡道。並謂「雖得梵天之身」，仍能墮入三惡道中（《大藏經》五十三，頁三〇一—二）。同篇〈鬼神部〉把六道中的鬼神附會於中國傳統信仰中的鬼：「死爲鬼，鬼者

㉓ 唐君毅：《中國哲學原論——導論篇》，頁六一〇。

歸也。」（《韓詩外傳》）「宰我曰：吾聞鬼神之名不知其所謂。子曰：氣也者神之盛也。魄也者鬼之盛也。合鬼與神，教之至也。」（《禮記》〈祭義〉第二十四24）〈宿命篇〉記載一些所有中國人都覺得非常熟悉的輪迴故事，例如唐汾州人劉善經之母因生時修福投生於宋家爲男身等等（《大藏經》五十三，頁三一六及四八〇）。這一切都以「人死精神不滅」（《大藏經》五十三，頁三八三中欄）爲其思想背景。以二十世紀末期中國人的身份閱讀《法苑珠林》，會覺得它對現代中國佛教還完全適用。此書〈敬佛篇〉告訴讀者，呼求阿彌陀佛得以投生西天淨土，並詳述唐朝人士如何熱心崇拜阿彌陀佛與彌勒佛，觀世音菩薩如何神異，如何在危難中對存念她的人施以救援（《大藏經》五十三，頁三八一—四一一）。這些故事反映出自唐朝至今的佛教民間信仰，即透過善行以及對阿彌陀佛、彌勒佛及觀世音菩薩的崇敬，過去的惡業得以消解而得到更幸福的命。此外，《法苑珠林》也充分指出當時的佛教徒很重視占相：此書第七十篇專門講占相，〈千佛篇〉也有一部份提及占相。這對現代中國的佛教徒也完全適用。

綜觀佛教影響下中國人對命的看法，我們會發現佛教所云的「命」嚴格說來僅指壽命，但同時也指人在一生壽命中所遭遇到的苦樂禍福，而這一切又都繫於過去世及現世所造的業。今世的命因此已被過去所決定。一如〈雜阿含經〉所云：「身鑠於其命，受縛於命者。」（《大藏經》二，頁三五七）由於我人無從知道過去世的業，因此佛教徒感到自己的未來命運繫於一些無從確定的不可知因素。一位錫蘭的宗教社會學家對這一心態有精細入微的描述：「在佛教中我不知道自己的未來究竟如何，因爲我不知過去（世）的功過如何。任何事情都會發生：我必須等候命運的驟然改變。因爲我現在的存在決定於過去的業，而對此我一無所知。今天我可能是窮光蛋，但明天可能會成爲王子。今天我非常健康，但明天我可能生一場致死的病。一切都是我自作自受；但我的意識經驗不能告訴我，究竟有過什麼過失。」㉔爲了要彌補過去世的業所造成的憂懼感，因此在所有相信業與輪迴的社會中，占相都非常盛行。占相的目標卽在於確定人由過去之業所應得的現世之命的吉凶。不消說，錫蘭社會學家所云的心態完全適合中國民間的佛教信仰。所謂占相應該也包含看風水、看星象、算命等等。這些本來是中國一向就有的㉕，但它們正好和佛教水乳交融。當然，除去向職業占相家請教以外，中國佛教徒格外喜歡求神問卜；這是我們在任何廟中都可以見到的重要活動之一。

業的信仰也使佛教徒勤於爲善。相信阿彌陀佛和觀世音能使人解脫惡業投生西天，無形中使

㉔ Gananath Obeyeskere, Theodicy, Sin and Salvation in a Sociology of Buddhism. E. R. Leach (ed.), *Dialectic in Practical Religion*, London: Cambridge University Press, 1968, pp. 21-22.

㉕ 可參考：龔稚川：《命理大全》，臺中市，瑞成書局，民國六十年；韋千里：《命學講義》，高雄市，大衆書局，民國四十六年；《管氏地理指蒙》，臺北永和鎭，大方出版社影印，民國六十七年。如果唐紹華先生所述是事實的話，那末毛澤東、江青、王洪文這批人都很相信宿命風水。可參閱唐撰〈中南海風水奇譚〉（青年戰士報民國七十二年一月十五日第十一版）。

阿彌陀佛取得跡近上帝的地位。這一來，戰國與西漢時代的儒家學者所取消的上帝信仰，佛教竟以意想不到的另一種形式重新歸還給老百姓。不管士大夫和高僧如何說得天花亂墜，老百姓心目中的佛與菩薩實際上取代了中國古人所信仰的上帝與百神。但上帝賞善罰惡的信念却爲果報分明的業與命所取代。佛教的業與輪迴却又非佛與菩薩所使然，而是屬於一項自發自動的規律，用道家的術語來說，那是自然之道。這一來，佛教又以另一方式把中國古老的儒與道二種思想混合爲一：佛教的淨土宗使遠古中國人和早期儒家所信的上帝變相地重歸民間；而輪迴、業與命的信仰却又以自然之道的型態爲老百姓所接受。要如我們說這就是中國自唐朝以來至今的民間佛教信仰，應該不太與事實相違。

最後我們也必須討論到道教。創道教的張陵（約公元二世紀末期）以符籙爲主，專事禱祝劾鬼。三國時代（約第三世紀）魏伯陽的《參同契》則強調「養性延命」的神仙之道。他們所共同祖述的老子、列子、莊子則主張清淨無爲。一如許地山所指出，早於梁朝時劉勰的「滅惑論」中（《弘明集》卷八，〈大藏經〉五十二，頁四九—五一），道教的這三品已被剖析得清清楚楚㉖。

㉖ 許地山：《道教史》（民國二十三年編於廣州中山大學），臺北市，牧童出版社，民國六十五年，頁二—三。許氏的〈道家思想與道教〉（《中國哲學思想論集》第三冊，臺北市，牧童出版社，民國六十五年，頁一七九—二一五）這篇文章也值得參考。

傳動家：《中國道教史》，上海，商務印書館，民國二十六年。

Henri Maspero 著，川勝義雄譯：道教——不死の探究，東京，東海大學出版會，一九六八年。

《參同契》吸收了《易經》與陰陽五行之說，符籙也吸收了巫覡與方術。許地山又說道教一向喜歡把不同的思想與宗教混合在一起；古代及儒、墨的傳統宗教思想，民間信仰和佛教都被道教所融合，終於成爲合儒釋道爲一的民間宗教。

和佛教一般，道教所云的「命」也祇是壽命之意。五代孟蜀時（公元九四七年），彭曉寫過一本《金丹正理大全周易參同契通眞義》，是《參同契》的註疏。《通眞義》引《參同契》第六十二章說：「將欲養性，延年却期」。清康熙時有人編了一本《參同契集註》，已把上二句改成「將欲養性，延命却期」。但卽使是五代時所云的「養性」，也和孟子的性善性惡問題無關，而完全在於「延生命却死期」。「性」與「命」之別，在於「命」是凡世「父母之氣」，「性」則是「天地陰陽長生眞精」之元氣㉗。另一方面，對一般老百姓而言，最深入民間的道教思想莫過於開始流傳於宋眞宗（九九八—一〇二二）年代的《太上感應篇》，它大約是宋代至今最廣泛流傳於中國民間的宗教通俗讀物之一㉘。這一小册使詩書及墨子的福善禍淫的傳統宗教思想又重新在民間發生力量：「禍福無門，唯人自召。善惡之報，如影隨形。是以天地有司過之神。依人所犯輕重，以奪人算。算減則貧耗，多逢憂患，人皆惡之，刑禍隨之，吉慶避之，惡星災之，算盡

㉗ 彭曉：《周易參同契眞義》與仇兆鰲編集：《周易參同契集註》二書合刋，臺北市，中國子學名著集成編印基金委員會影印，民國六十六年，頁九五、二八五—二八七。

㉘ 《太上感應篇註講證案彙編》，臺北市，揚善雜誌社，民國六十六年。

則死。……竈神亦然，凡人有過，大則奪紀，小則奪算。……所謂善人，人皆敬之，天道佑之，福祿隨之，衆邪遠之，神靈衞之，所作必成，神仙可冀。」《太上感應篇》却不提業、輪迴與來世，而僅言作惡者死有餘責，乃殃及子孫；所云之善惡却也包括心思念慮：「夫心起於善，善雖未爲，而吉神已隨之。或心起於惡，惡雖未爲，而凶神已隨之。」道教的這一道德信念至今仍爲老百姓生活的圭臬，《感應篇》的「諸惡莫作，衆善奉行」八個字至今仍隨處可見。當然，這一道德信念與神賞善罰惡的信仰不可分。事實上，道教所崇拜的神名目繁多，老百姓所崇拜的聖賢英雄和神話人物，佛教的佛、菩薩一概納入他們的「萬神廟」中，而以玉皇上帝爲最高尊神㉙。玉皇上帝的地位和古代上帝的地位非常相似。臺灣老百姓於春節初八日慶祝玉皇上帝生日，夜半燃放鞭炮聲勢之壯，足徵道教信仰在臺灣民間的普及。儘管如此，佛教與道教在老百姓心目中已無界線可言；信玉皇上帝者同時也相信輪迴和前世作業在今世所造成的善惡命運。收集於《道藏寶錄》㉚的道教通俗讀物如《醒修寶錄》、《道家粹語》、《文昌帝君宣講集》、《道鐘警明》

㉙ 傅勤家：《中國道教史》，頁一七六—一七八。
小柳司氣太著，陳斌和譯：《道教概說》，臺北市，臺灣商務印書館，民國六十五年，頁七〇。
Clarence Burton Day, *Chinese Peasant Cults*, Taipei: Ch'eng wen, 1974 (reprinted), pp. 132-134.
鹿港媽祖廟的一付對聯足以代表中國老百姓對上帝的信仰：「天帝最高，天地人全憑主宰；上蒼至大，上中下悉受帡幪。」

㉚ 《道藏寶錄》，臺北市，玄聖宮義德堂，民國六十八年。

等等都是佛道交融，滿紙是仙佛輪迴報應；最後一書甚至偶或提及基督。

道教一方面追求「延生命却死期」，另一方面相信玉皇上帝、神仙、佛、菩薩並勸人爲善避惡，實際上都是互相連屬。因爲無論所信的是玉皇上帝或仙佛，道教信徒的最終目的仍在於「養性延命」，也就是儘可能延長此世生命，甚至長生不老。《感應篇》勸人爲善的最高動機是「神仙可冀」，勸人避惡的動機是：否則司過之神會奪紀奪算，亦即使人早死。道家認爲人身之命來自「無極之眞」——性，這是由性至命的順路；要使人「與天地同壽」，必須使用「逆還」之法，而使「命」重歸於「性」，也就是以天地之元氣變化凡父母所生之身㉛。《道鐘警明》甚至誇口，修練到家時，「男人淫根女人月信自斷」，或者「男人練精液不走，女人煉血液息斷」㉜。然而延長的生命不見得就是幸福。因此道教除去教人「性命雙修」以外，同時也相信爲善得吉爲惡得凶，並且逐漸吸收了佛教的業與輪迴㉝。因此上文所云佛教影響下中國人對命的看法，也可以應用於道教的信徒。道教的特色是另外還講究「養性延命」。

㉛ 仇兆鰲編集：《周易參同契集註》，頁二八六—七。

㉜ 《道鐘警明》，頁二〇五、二二四，合刋於《道藏寶錄》。

㉝ 《醒修寶藏》，頁三二、四二，合刋於《道藏寶錄》。

(六)尾聲

研究命字三千餘年以來在中國的演變，我們會發覺中國人的宗教生活經歷過若干不同形態，而這些形態却有一個共同的線索可循。古代中國人由道德意識體會到統制世界的上帝；這一過程在十八世紀又復爲康德所重覆㉞。這篇文章充分說明，遠古及詩書時期的中國人心目中的命祇有命令之意，而道德命令來自上帝之命。康德在道德命令中發現來世生命的不朽與永恆；詩書期的中國古人也相信有來世的生命㉟，祇不過對上帝福善禍淫的想法有些偏重於此世。由於善人在此世未必得福，而惡人未必得禍，道家遂對上帝的信仰發生懷疑而終至肯定「天地不仁」。墨子在戰國時代想要重整天帝信仰的古老傳統；祇可惜他變本加厲肯定此世的禍福均因上天賞罰所致，遂爲荀子及漢代知識份子所排斥㊱。然而，這項備受道家及儒家知識份子攻擊的「福善禍淫」思

㉞　拙著《人之哲學》，頁一九二。

㉟　同上，頁一三三。

㊱　拙著〈荀子在中國哲學史中的關鍵地位及其現代意義〉，《哲學與文化月刊》，第九卷第十一期，頁三七—三八。

想，以後竟藉佛教和道教而普遍爲中國老百姓所接受，而上帝的信仰也透過阿彌陀佛及玉皇上帝的崇拜而變相地捲土重來。這其間的關鍵大約是因爲業與輪迴的信仰已使善惡報應不限於現世，這樣使善與惡在此世未必受到報應的疑難消失於無形。

然而，中國知識份子之所以有排斥上帝信仰的傾向，其理由尚不限於對福善禍淫所經歷的困難。另一重要疑難淵自他們對天地間常道的信念。中國知識份子比較傾向於相信宇宙之最高根源是自然而然發生效力的「道」或「理」，而不很喜歡有知有意而可能偏袒、不公正的上帝。可能由於中國人的生活經驗使他對「人情困擾」印象極爲深刻，因此很難想像一位有知有意的上帝能夠不受到同樣困擾。然而，這些想法均係擬人化所致：實則會偏袒有「人情困擾」弱點的已不成其爲上帝；如果有上帝，那末祂必須超越這些及任何弱點以上。我在「中國哲學對人的思考」中就已指出，《詩經》與《書經》所相信的上帝是道德命令的制定者，同時又是大自然及人事的常道的賦予者㊲。詩經已主張「天生烝民，有物有則」；《書經》的〈洪範〉也把歲、月、日、星辰、曆數「五紀」（大自然常道）以及壽、富、康寧、攸好德、考終命「五福」和凶短折、疾、憂、貧、惡、弱「六極」（人事常道）視爲天帝所賜之「洪範」。因此，中國最古老的傳統思想並不以爲上帝的信仰與大自然及人事的常理、規律不能相容。與愛因斯坦幾乎齊名的物理學家海增白也說自己從未懷疑宗教世界與科學世界都是眞理，絕不以爲人類有不需要宗教的一天；他又

㊲ 拙著《人之哲學》，頁一九七—八。

說克卜勒(Kepler)相信數學定律是上帝意旨的具體表現，並因首先認知造化神工之美而雀躍㊳。被認爲近代科學方法鼻祖的培根也曾向天父祝禱說：「如果我們以額上的汗珠在祢的作品中辛苦耕耘，祢將會使我們分享祢的見地和祢的安息日。」㊴他們都和我們中國人的祖先不謀而合。祇可惜詩書的這些卓越見解爲戰國及漢代的思想家所忽視。宗教與中國知識界之間從此就形成無可穿越的鴻溝，至今仍是如此。

中國宗教意識的發展還有下面的一些特色。最早的上帝與天命信仰表示人與上帝之間的位格際關係：此項關係誠然比較着重於上帝對善惡行爲的報應，但似乎也涉及某種友善關係（可參閱《詩經》〈文王篇〉）。戰國時代開始，人已被視爲天地之間的樞紐（荀子：「天地生君子，君子理天地」）；不再被認爲受制於位格性的上帝之命，而僅受制於自然之道。天地又被賦以仁民愛物的特質，而形成某種非位格性的宗教，並啓發了以天地人一體爲形上基礎的儒家道德哲學。但這樣的宗教意識究竟缺乏明確性及一貫性。佛教遂起而代之，業與命以後成爲宗教意識的重

㊳ Werner Heisenberg, Scientific Truth and Religious Truth, Universitas, *A German Review of the Arts and Sciences*, Quarterly English Language Edition, Vol. 16, No. 1 (1974), pp. 2, 3. 這篇文章已譯爲中文，收集在《人與宗教》(臺北市聯經出版事業公司，民國七十一年）一書中。譯文中的瑕疵大約在第二版中會有所改正。

㊴ Francis Bacon, The Great Instauration, E. A. Burtt (ed.), *The English Philosophers From Bacon to Mill*, New York: The Modern Library, 1939, p. 23.

心，而阿彌陀佛又使人與超越界建立起位格際的關係。這一類型的宗教却比較側重個人的業及其解脫。無私的愛在儒家及其他宗派的大乘佛教中繼續被推崇，却又缺乏位格際關係所能提供的熱力。佛教與道教的融合越發使中國人的宗教信仰自限於避惡業求福命以及養性延命的領域以內，而符籙與命相的活動尤其使宗教意識趨於狹窄。如何使現代中國的宗教意識不僅以個人的業命為念，而重新回到孔孟的道德熱情和宗教性的使命感，這是我人今日的一個大課題。

《孔孟學報》第四十五期　民國七十二年四月

本文徵引中國古典名著一覽表

為了不致加長註脚的行列，本文徵引中國古典名著時，幾乎都在正文中列出徵行處所，唯對各書版本無法交代。因此在這裏加以補充，以便讀者檢查。排列以首次徵引之先後為序：

1. 十三經注疏，尙書、詩經及孟子（第一、第二及第八册），臺北市，藝文印書館影印本。
2. 史記，上海中華書局聚珍倣宋版印。
3. 論語引得附標校經文，哈佛燕京學社編纂。
4. 墨子引得，哈佛燕京學社編纂。
5. 孟子引得，哈佛燕京學社編纂。
6. 莊子引得，哈佛燕京學社編纂。

7. 荀子引得，哈佛燕京學社編纂。
8. 呂氏春秋集釋，臺北市，世界書局。
9. 春秋繁露義證，清宣統庚戌刋本，臺北市，河洛圖書出版社影印。
10. 近思錄集解，臺北市，世界書局。
11. 論衡，中華書局據明刻本校刋。
12. 白虎通，乾隆甲辰抱經堂雕，民國十二年北京直隸書局影印。
13. 列子注，臺北市，世界書局。
14. 校正莊子集釋（包括郭象注），臺北市，世界書局。
15. 大藏經第二、五十二、五十三、七十一册，新文豐出版公司據大正原版影印。
16. 十三經經文（禮記），臺北市，臺灣開明書店。

八、孔子與索忍尼辛的宗教使命感

民國七十三年十一月份的《張老師月刊》（第十四卷第五期）曾就「我國社會對算命的態度」作了一次調查，結果發現臺灣地區約百分之五十二的人算過命，包括高等知識份子與政府官員。最近大臺北地區的電話調查大致證實二年以前的調查（聯合報七十六年二月十六日第三版）。值得注意的是，最近調查發現，年輕的（二十至卅四歲）和教育程度高的人所佔比例特別高。

也許有人想，偶然算算命無傷大雅。殊不知對「命」所抱的這一類淺薄態度，會像劣幣一樣驅除良幣。索忍尼辛與孔子的命觀，才是現代中國人所應培養的宗教情操。

我之把孔子和索忍尼辛相提並論，絕不是對孔子的不敬。事實上，孟子早就對「天將降大任於是人也」的磨礪作了如下的描寫：「必先苦其心志，勞其筋骨，餓其體膚，空乏其身，行拂亂其所爲，所以動心忍性，曾益其所不能。」這些磨礪在孔子身上完全實現：孔子不只一次遭到生命的威脅，也曾有過絕糧的經驗；年近七十尚往來於陳蔡楚之間（在今日的河南省、安徽省與湖北省），再由楚國經衞國（在河南省與河北省）回到魯國（山東南部）。孔子不僅在肉體上遭到無數困阨，心靈上更覺得莫名的挫折，因爲儘管他如何努力，他的政治與道德理想未能實現；七十歲時他不得不承認「吾道窮矣」（《史記》卷四十七〈孔子世家〉）。孔子雖然遭受這許多困阨，但他不怨天不尤人，深深意識到上天給他的時代使命，知道「天生德於予」；知道「文王既沒」他已繼承了「文」的傳統：「天之未喪斯文也，匡人其如予何？」。同樣地，索忍尼辛經歷了集中營和病苦的磨礪以後，反藉著磨礪而體會到上天給他的特殊使命。

許多人都說索忍尼辛是現代的先知。這裏先需排除一項誤解，那就是一般人以爲「先知」是未卜先知的智者。其實「先知」的角色源自舊約，而舊約中的「先知」意指上帝的代言人，預言未來是次要的事。「先知」的最重要使命是在危機時代替上帝警告世人，叫帝王與平民一起悔罪而改惡遷善。用我們中國人所熟悉的字來表達，「先知」就是時代的警鐘。今日世界面臨著歷史中空前未有的危機：反人性的共產主義已吞噬了全世界三十個國家，佔據了亞洲歐洲的最大部份，在中南美和非洲也建立起重要據點。共產主義所到之處都造成人間的悲劇，蘇聯、中國大陸、波蘭、阿富汗、越南、柬埔寨是最顯著的例子。然而，爲首的共產黨頭子並不心死，一心一意要擴張他們的勢力。長此以往，似乎世界注定要淪於萬刼不復的悲慘境地。又有誰能出來說一句讓全世界都聽得到的話呢？

索忍尼辛就在這樣的情況中應運而起，毅然接受了「先知」與時代警鐘的使命。

的確，整個世界都需要這樣的一位先知。鐵幕之內的人需要這樣的先知，讓他們鼓起道德勇氣；鐵幕之外的人也需要這樣的先知。索忍尼辛在臺活動期間，大家往往喜歡提起他是諾貝爾文學獎的得主。其實，諾貝爾文學獎得主和時代警鐘之間還有不可越過的鴻溝。沙特於一九六四年也曾獲諾貝爾獎的通知，雖然他並未接受。沙氏替自己要求絕對的自由，却又替根本毀滅自由的共產主義撐腰，這是因爲他的思想中沒有客觀的道德標準：以爲世間一切都是荒謬的，唯有人自己的自由才是價值的創造者和標準。索忍尼辛雖未提及沙特，但他在接受諾貝爾文學獎的演辭中堅決地反對這一類型的「人文主義」：他堅決反對人是實在世界的中心，承認物質與精神世界均由上帝所創造；藝術家應該像小工匠一般，在上帝的高空之下學會觀察世界的和諧，並以尖銳方式表達出來；藝術家又必須對所寫的東西和讀者負責任。

下面的詩句充分顯示出，他對上帝的信仰和使命感並非來自抽象的理論，而導源於他獨特的生命經驗：

「我是多麼容易跟你相處，主呀！
我是多麼容易相信你。
如果我懷疑，或者我的理性無能爲力，
如果最聰慧的人看不清今晚以後的事，
不知道明天應該做什麼——

這時你賜我一個無法抗拒的確訊，
使我知道你確實存在，
並且會設法不讓所有祥和之路全遭堵住。
在世間聲名的顛峯上，
我驚奇地回顧那條絕望的羊腸小徑——
從那裏我居然還能給人類帶來你光明之反射。
我需要反射多少，你將給我多少光明。
但如我無能爲力的話，
這就表示你已把此事保留給別人。」

(原文發表於 *Vestnik*, Paris, No. 81/1966, p. 22)

索氏在這首詩中表示出他的信仰和使命感源自上帝在他最悲慘時所賜與的「確訊」和「光明」。其實他的這一信念並不限於他一個人。在《癌症病房》這部小說中，索氏借一位醫生的口肯定人心中生成就有「永恒的形象」，每個人必須在有生之年保持這個形象，「就如同月亮的形象反映在安靜的池水中一般。」索氏又肯定「人不僅有生命，而且還有良心」；他相信人之最寶貴的東西並非生命，而是良心，唯有實行道德的善，人才得以保存「永恒的形象」。索氏短篇小說

《瑪特家納之莊園》就是以俄國平民的道德生活爲主題。主角是一位不爲人所理解的寡婦：她爲丈夫所遺棄，六個孩子都已死去，姊妹與妯娌也都輕視她。但她心田善良，肯不計酬勞替別人工作，而在一次幫助親戚的義舉中經過鐵軌時被火車撞死。儘管這位寡婦如此微不足道，索氏却在故事結尾時說：「我們却不知道她就是俗諺所云的義人，沒有她沒有一個鄉村能夠生存，也沒有一個城鎭能夠生存，我們的整個國家都不能生存。」這一結尾表現出索氏如何器重這位小人物，因爲她實現了「永恒的形象」。他深信上帝把這形象印鑄在每個人心中；唯有無條件尊重上帝所賜的人性，違反人性的共產主義才會消失。這也就是索忍尼辛所想反射的上帝之光，覺得是他的畢生使命。

※　　※　　※

讓我們重新回到孔子。孔子所云的「天」，沒有偏見的人都知道是指有知有意有情之天，否則「獲罪於天無所禱也」、「天生德於予」、「吾誰欺？欺天乎？」、「知我者其天乎」等語都將失去意義。孔子又以「知命」與「知天命」爲君子與小人的區別：「不知命無以爲君子也」，「君子有三畏：畏天命，畏大人，畏聖人之言。小人不知天命而不畏也，狎大人，侮聖人之言。」《說文解字》稱：「命使也從口令」；字典中把「命」字排在「口」部，就是繼承這一傳統。仔細推敲《詩經》與《書經》中的「命」字，多半都指上天或君王的命令或使命。孔子所云的「知命」與「知天命」却是指奉行天之命令或使命。孔子一生從事建立政治的道德標準，就是以上帝的使命爲基礎。「五十而知天命」一語表示他在五十歲時更清楚意識到上帝委託他的使命。他之所以能有殺身成仁的道德勇氣和道德熱情，就是因爲他有堅强的宗教信仰。

戰國時代的儒家在道家的影響之下發生了極大的變化。荀子已不相信天能辨物，他的看法決定性地影響到漢代以來二千餘年的儒學。然而這樣的儒家思想和孔子固有的信念有相當距離（請參考本書有關荀子一文）。東漢時的王充更把「命」詮釋成盲目的「吉凶之主」和「自然之道」。從此，一般人口頭上的「命」字就和詩書與孔子所指的意義脫節，變成盲目的命運，人對之只能採無可奈何的認命態度。用這樣的命去理解孔子，實在是最可怕的曲解。反之，卽使是面對人所無能爲力的事件（「命矣夫，斯人也而有斯疾也」，「死生有命」，「道之將行也與，命也；道之將廢也與，命也」），孔子都視之爲上天的命令而於心翕然，從來沒有定命論者的無奈態度，更沒有半點唯人爲本的「人本主義」驕氣。

孔子一生最了不起的一點是在行道時機來臨時，他就當仁不讓，視之爲上天對他所加的使命。孔子三十歲時一度曾爲齊景公所欣賞；三十五歲時齊景公想要重用他，却被晏嬰所阻。以後魯國一片紊亂，孔子遂決定不仕，退而從事學問和教育工作。但這一切在孔子五十歲時發生了突然的轉變。《論語》中孔子說自己「五十而知天命」。恰好在那一年他接受魯定公任命他爲中都宰。可見所謂「知天命」就是接受上天叫他從政的使命。事實上，孔子在魯國從政六年以後，不得已離開祖國，到六十九歲爲止一直都想從政，藉以實行他所體認的道。離開魯國約十四年之間，他去過衞、曹、宋、鄭、陳、蔡、楚等國，一心一意要找行道的機會。一般說來，五十歲的人都想安頓下來，而孔子恰好在五十歲要大展鴻圖；五十六歲以後自願踏上征途，十四年之間幾乎沒有固定的家。這就是「知天命」「畏天命」帶來的道德勇氣和熱情。上天既給他弘道行道的使命，他就聽天命行事，成敗生死都置之度外：「君子之仕也，行其義也。道之不行，已知之矣」。

頗有人因爲孔子曾說「未能事人，焉能事鬼」和「未知生，焉知死」，而說他倡人本主義，甚至說他是無神論者。其實這兩句話顯然是指優先程序的先後而言。耶穌曾說一個人未與人和好就不要行祭，也是這個道理。孔子的一生，尤其是最後二十三年足以證明，他是藉著深刻的宗教意識，從事政治活動，而他又深信政治應以道德爲基礎。這就是孔子的道德勇氣和道德熱情的泉源。索忍尼辛雖不諳孔子之道，却不期而然步隨了他的後塵。

《益世雜誌》第三卷第三期　民國七十一年十二月

九、臺南大專同學宗教生活的研究

㈠測驗經過

這是本書作者於民國五十五年三月至五月在臺南所作的一次測驗。類似的測驗，美國哈佛大學、雷特克立夫(Radcliffe)學院、夏威夷大學、意大利的巴維亞(Pavia)與米蘭大學，以及日本東京上智大學都曾舉行。美國所舉行的測驗是由心理學家奧爾坡(Gordon W. Allport)等所主持。意大利的測驗主持者是心理學家祖尼尼(Giorgio Zunini)。受測驗者數字如下：哈佛四一四，雷特克立夫八六，夏威夷五七七，巴維亞六四，米蘭四〇，東京二六一。我們格外參考了祖尼尼的三十七個測驗題目，每一個題目往往分開許多小題。由於意大利的情形與臺灣完全不同，因此，我們所擬定的題目也完全不同。我們儘可能把題目減少，並且使每個題目都能夠用記號答覆，不需要多寫，否則許多人會望之生畏。測驗題共印了一千份，大部份由各教授分發給成功大學各系學生。成功大學以外，臺南目前還有兩個專科學校，即臺南師專和僻處永康的家職；測驗題通過教授或同學到達這兩個專科學校同學手中。家專方面塡就的答案拿回四十七張，師專九十五張，成功大學二二六張，一共三六八張。國外作測驗的經驗告訴作者，這已經是很高的比例。

(二)測驗題內容和答案

甲、師專家專同學答案：

1.年齡：二十至廿五歲　籍貫：臺省一一〇　外省一九　性別：男七五　女六〇

系別：師專九五　家專四七　共一四二人。

2.請問您信宗教嗎？信何教？

答：儒教八　佛教四八　道教三　回教　天主教三　基督教一九

無宗教四六　其他（請指出）

3. 如果您信宗教，請說出受何者影響？

答：父親三四　母親五五　朋友八　宗教人士八　書籍八　教會四

學校五　其他（請指出）：老師一　祖宗傳統一

4. 幼年時您更喜歡父親還是母親？

答：父親四〇　母親一一三

5. 您對父親的印象如何？

答：慈愛七九　有辦法三五　懦弱四　嚴厲三九　不講理

命令做不喜歡的事一

6. 現在您對父親的感情好不好？

答：很愛他四七　愛他二一　尊敬他六九　怕他二　討厭他　恨他　淡漠四

7. 您對母親的印象如何？

答：慈愛一二六　體貼三八　溺愛一　不關心二　不講理

8. 現在您對母親的感情好不好？

答：很愛她一〇七　愛她三二　討厭她　恨她　淡漠一

9. 幼時您有否到廟裏進香？

答：有九七　沒有三三

10. 最近一年內您曾到廟裏進香嗎？

答：有六四　沒有七三

11. 現在您參加家裏的拜拜嗎？

答：是九〇　否五二

12. 如果您做拜拜或到廟裏進香，您是誠意做的還是敷衍呢？

答：誠意六四　敷衍二三　疑信參半四九

13. 您相信廟裏的神佛是萬有創造者嗎？

答：是二〇　否六八　疑信參半二

14. 小學中學或大學的教科書或教員，對您的宗教信仰是否發生了不良影響？

答：小學教員八　中學教員六　大學教授三　自然科學教科書二八　歷史教科書一二　國語教科書　其他（請指出）：小說一　神怪小說一　宗教書籍一

15. 您曾否感到自己渺小和宇宙的偉大與神秘，覺得自己的命運爲不可知的力量所掌握？

答：是一一三　否一九

16. 您是否認爲宇宙爲自有，根本不需要創造者？

答：是六三　否六九

17. 您是否認爲科學萬能，能夠解決人生一切問題？

答：是三五　否一〇五

18.您是否覺得宗教因恐懼而生，是一種安魂劑和迷信？

答：是六五　否五九

19.您是否覺得宗教祇講人死後的事，對實際人生無益？

答：是二〇　否一〇九

20.假使您信宗教，您對它是否熱心。您覺得自己對它有足夠的瞭解嗎？您對它起懷疑嗎？

答：熱心三〇　不熱心二五　有足夠瞭解二四　無足夠瞭解五一　無懷疑二一

起懷疑三六

21.您對某一宗教感到討厭嗎？對那種宗教？

答：儒教三　佛教七　道教一二　回教二三　天主教四　基督教一〇

其他（請指出）：鴨蛋教二

22.如果您不信宗教，是否對某一宗教有好感？對那一宗教？

答：儒教一四　佛教三一　道教四　回教三　天主教三三　基督教三一

其他（請指出）

23.您是否一度相信算命、測字、求籤、問仙等？

答：是六九　否六三　疑信參半一

24. 您在危急時是否祈禱？平時呢？

答：危急時祈禱六三　平時祈禱四〇

25. 您是否相信人死後靈魂不死？

答：是八〇　否四六　疑信參半一

26. 您是否覺得宗教祇是爲個人自己着想，逃避現實，對社會不起作用？

答：是一九　否一一一

乙、成功大學同學答案：

1. 年齡：十八至廿四歲　籍貫：臺省九五　外省八六　性別：男：一一〇
女四八。（共二二六人，一部份未寫明）　系別：物理一二　土木一二　外文二三
中文八二　工管四　電機五　化學六　礦冶三五　會統九　交管一
機械一一　數學四　水利三

2. 請問您信宗教嗎？信何教？

答：儒教一八　佛教三五　道教二　回教　天主教一一　基督教二八
無宗教一〇八　其他（請指出）

3. 如果您信宗教，請說出受何者影響？

答：父親二八　母親三九　朋友一〇　宗教人士六　書籍一三　教會四

學校三　其他（請指出）：自己領悟三　電影．

4.幼年時您更喜歡父親還是母親？

答：父親六七　母親一二六

5.您對父親的印象如何？

答：慈愛一〇二　有辦法三三　懦弱四　嚴厲五四　不講理一

命令做不喜歡的事一

6.現在您對父親的感情好不好？

答：很愛他六八　愛他二五　尊敬他八九　怕他二　討厭他　恨他　淡漠八

7.您對母親的印象如何？

答：慈愛一五七　體貼四五　溺愛三　不關心二　不講理

8.現在您對母親的感情好不好？

答：很愛她一四六　愛她三〇　討厭她　恨她　淡漠二

9.幼時您有否到廟裏進香？

答：有一二一　沒有七〇

10.最近一年內您曾到廟裏進香嗎？

答：有六二　沒有一〇五

11. 現在您參加家裏的拜拜嗎？

答：是一一八　否六四

12. 如果您做拜拜或到廟裏進香，您是誠意做的還是敷衍呢？

答：誠意六七　敷衍三四　疑信參半五七　好玩一

13. 您相信廟裏的神佛是萬有創造者嗎？

答：是一八　否一二八

14. 小學中學或大學的教科書或教員，對您的宗教信仰是否發生了不良影響？

答：小學教員五　中學教員一一　大學教授九　自然科學教科書四一

歷史教科書一一　國語教科書二　其他（請指出）：若干已受洗教徒行爲不良

傳教的宗教師一　雜誌一　自我探索一　課餘哲學書籍一

15. 您曾否感到自己渺小和宇宙的偉大與神秘，覺得自己的命運爲不可知的力量所掌握？

答：是一四〇　否四五

16. 您是否認爲宇宙爲自有，根本不需要創造者？

答：是一二五　否六七

17. 您是否認爲科學萬能，能夠解決人生一切問題？

答：是三九　否一六〇

18.您是否覺得宗教因恐懼而生，是一種安魂劑和迷信？

答：是八一　否一一一

19.您是否覺得宗教祇講人死後的事，對實際人生無益？

答：是四〇　否一七五

20.假使您信宗教，您對它是否熱心？您覺得自己對它有足夠的瞭解嗎？您對它起懷疑嗎？

答：熱心四一　不熱心一四　有足夠瞭解二四　無足夠瞭解五〇　無懷疑八

起懷疑四五

21.您對某一宗教感到討厭嗎？對那種宗教？

答：儒教六　佛教一一　道教一七　回教一六　天主教一四　基督教一八

其他(請指出)：一貫道二　所有宗教一

22.如果您不信宗教，是否對某一宗教有好感？對那一宗教？

答：儒教一八　佛教三七　道教五　回教二　天主教三九　基督教二二

其他(請指出)

23.您是否一度相信算命、測字、求籤、問仙等？

答：是九八　否六八

24.您在危急時是否祈禱？平時呢？

答：危急時祈禱八四 平時祈禱五四

25. 您是否相信人死後靈魂不死？

答：是一一一 否五五 不知二〇

26. 您是否覺得宗教祗是爲個人自己着想，逃避現實，對社會不起作用？

答：是二一 否一七〇

測驗題中所以對父母關係擬了這許多問題，是因爲某些心理學家認爲對父母的好感或惡感，對宗教生活有決定性的影響。但測驗結果，我們覺得臺南大專學生對父母的態度，都大同小異。所以有關父母的問題暫時不加分析。

㈢專科學校同學的宗教生活

1. **對於廟宇的態度** 幼小時進廟的百分比是六十八；最近一年內曾到廟裏進香的百分比是四十五；參加家裏拜拜的百分比是六十三。參加拜拜或去廟裏進香的，其中百分之四十五是誠意的。兩個專科學校同學最大多數是臺灣省人，他們對於廟宇的關係似乎比較密切。雖然如此，誠意去廟裏進香的和誠意作拜拜的不到總數之半。即使到廟裏進香，對於廟裏的神佛究竟是誰，大多沒有清楚的認識。相信廟裏的神佛是萬有創造者的，則祗佔百分之十四。

2. 對於創造者和宗教的態度　認宇宙爲自有的佔百分之四十五，而相信宇宙需要創造者的佔百分之四十九，另一部份沒有答覆。感到自己的渺小和宇宙的偉大和神秘，而且覺得自己的命運爲不可知的力量所掌握者佔百分之八十。這件事實表示，極大多數的智識份子都有基本的胚胎型的宗教情愫。另一方面，認宗教因恐懼而生，是安魂劑和迷信的却也佔百分之四十六。自認信宗教的佔百分之五十七，無宗教的僅佔百分之三十二。可見一部份人口頭上說相信宗教(如佛教)，實則視之爲迷信或安魂劑。雖然如此，最大多數卽百分之八十都承認宗教對實際人生有裨益，祗有百分之十三以爲宗教祗講死後的事，對實際人生無益。宗教的社會意義亦爲百分之七十八承認，祗有百分之十四以爲宗教是逃避現實，祗爲個人自己着想。還有一件非常有趣的事：雖然無神主義者佔百分之四十五，相信靈魂不死者却佔百分之五十六强，而一度相信算命、測字、抽籤、問仙等等也佔百分之四十九。

專科學校同學對於宗教是否熱心呢？至少三十位說自己熱心，二十五位說對宗教有足夠了解。百分之四十四在危急時祈禱，百分之二十八在平時祈禱。

3. 對於不同宗教的好感與惡感　現在我們把專科學校同學中，對各宗教感到討厭的百分比，依次列在下面：

回教三七　道教二〇　基督教一七　佛教一二　天主教七　儒教五

專科學校同學對每一宗教有好感的百分比：

天主教二八　基督教二七　佛教二七　儒教一二　道教三　以上百分比祇按有好感或惡感者計算，其餘人數不算在內。

4.誰對信或不信宗敎的影響力最大？ 母親影響最大，其次是父親，再其次是朋友、書籍等等。對於宗教信仰發生反影響的，則以自然科學教科書爲最重要，其次是歷史教科書，再其次是小學、中學、大學的老師。

對於各宗教的觀感，有二人另加補充。其中一人說：「無宗教信仰，然對宗教的存在亦極贊成。我亦不歧視任何宗教，甚至我都十分敬仰。」另一人說：「我雖然沒有篤信某一種宗教，但並不反對宗教，因爲每一個宗教的教義總是要人行善，還能使人在失望時，得到信心，獲得鼓勵。我曾經試着去信仰某一宗教，但總失敗，因爲我不能相信某一個主或神才是眞正的萬物創造者。現在我所知道的宗教只有佛教、天主教和基督教，其中基督教，有時我稍覺不滿，因常聽一些傳教士和基督徒過於偏激的反對其他宗教」。

㈣成功大學同學的宗敎生活

1. 對於廟宇的態度 幼時進廟的百分比是五十四；最近一年內到廟裏進香的百分比爲三十七；參加家裏拜拜的百分比是五十二。參加拜拜或去廟裏進香的，其中百分之三十是誠意的。與專科學校相比，這些數字都已減低。相信廟裏的神佛是萬有創造者祇有百分之八。

2. 對於創造者和宗敎的態度 認宇宙爲自有的佔百分之五十五，遠較二專科學校爲高；而相信宇宙需要創造者的則佔百分之三十，其餘不加可否。感到自己的渺小和宇宙的偉大和神秘，而且覺得自己的命運爲不可知的力量所控制，却也佔百分之六十二；但這個數字也在專科學校以下。自認信宗教的僅佔百分之四十二，無宗教的佔百分之四十八。以爲宗教是由恐懼而生的一種安魂劑與迷信者則佔百分之四十六。宗教對實際人生的裨益，成大學生中的百分之七十七都表示肯定，祇有百分之十八以爲宗教祇講人死後的事；承認宗教對社會的意義者佔百分之七十五，祇有百分之九說宗教祇爲個人着想。相信靈魂不死者佔百分之四十九；一度相信算命、測字等等佔百分之四十三。

成大同學對宗教是否熱心和有所了解呢？只有四十一位說自已熱心，二十四位說對宗教有足夠了解。百分之三十七在危急時祈禱，百分之二十四在平時祈禱

3. 對不同宗敎的惡感與好感 成大同學中對各種宗教感到討厭的百分比如下：

基督教二二　道教二一　回教二〇　天主教一七　佛教一三　儒教七

對於各宗教的好感比率如下：

天主教三二　佛教三〇　基督教一八　儒教一五　道教四　回教二。

4.誰對信或不信宗教的影響力最大？這點成大同學與專科學校大同小異，母親最大，父親書籍朋友等次之。但是父母親影響力的比率較專科學校同學爲低。下面的表可證明這點：

對信或不信宗教的影響力量比較表：

	父親	母親	朋友	宗教人士	書籍
專科學校百分比	二八	四四	七	七	七
成功大學百分比	二七	三八	一〇	六	一三

上表指出，專科學校同學受家庭的影響比較深。對於宗教信仰發生的反影響，成大同學受自然科學教科書影響最大，其次是歷史教科書，再其次是中學大學小學老師。

對於宗教的看法，一位彰化籍的男同學的見解很有意思，他說：「吾只認虔誠拜神，信何種教無所謂。不過不喜浪費鋪張。看鄉下阿婆那種虔誠，那就是宗教信仰的明證。」江蘇籍的一位同學認爲：「任何宗教祇要是勸人行善，則無討厭之理由」。

一位唸物理的同學對於作拜拜的心情描寫得非常坦白可喜：「帶一點僥倖心理，希望萬一祖宗有靈或許降福於我。」

另一位同學承認自己渺小，感到命運爲不可知的力量所掌握，但是他以爲：「此種感覺不太正確」。

還有二位同學作了很多意義深長的表示，其中一位（臺灣省）說：「目前自由中國宗教之較大者大概是佛教、道教、基督教、天主教四教。我們暫且不談教義如何，僅言信教方式，我覺得信教應本着莊嚴、肅穆、簡樸、虔誠等等，才算是信教。假如一窩蜂趕熱鬧似的唯恐人不知，唯恐不夠體面，唯恐時間花得不多，唯恐金錢揮霍得不完，如此便完全失却了信教的意義。卽使上帝也不會接受這種祈禱和請求，更不必談庇護了。所以我對臺灣的大拜拜極感討厭，不但俗不可耐，更是國民知識未開的鐵證。我們何不一本正經地，認眞地作高級而文雅的拜拜呢？因此我對基督教和天主教便不得不特別欣賞了，雖然從前我是反對的！尤其此兩教所作的社會福利、社會救濟、音樂、文學、美術……等各種不同有意義的措施，皆本基督博愛的精神加以宏揚，我們更不得不舉雙手贊成！所以我歡迎天主教，也歡迎基督教，愛護教堂，尊敬教徒！我們希望的是國民知識的提高以及中心的信仰和團結互助的精神！

然而我們也有進言：第一、宗教不應當權威化，動不動以魔鬼、地獄爲護身符，他應以誠懇、同情、憐憫之心誘導之。第二、宗教不應强加罪惡於人身上，要知凡生物皆有求生的本能，其一言一行一舉一動莫不以生爲要求，間或有錯誤，但可感化之，爲甚麼要强以先天卽有罪加諸人身呢？第三、宗教要和平共存化，要知各教各有長處，不可一概抹殺。我們何不彼此尊重，互相研究，吸收長處，拋却短處，以達理想化呢？」

還有一位同學（南投縣）的意見如下：「首先，我要徵求測驗先生的意見的就是：我覺得儒家思想，只是代表中國歷史的傳統思想，並不是宗教！何以？第一、它沒有組織，雖然有孔廟，但這是國家的文化機構之一。第二、它沒有信仰的對象。或許您認爲孔子就是。事實上，儒家思想並不是起源於孔子，唐堯、虞舜、夏禹、周公都是偉大的儒家思想人物。我想儒家思想大概是中國歷史的產物吧，或者說大自然的產物更加眞切。第三、它沒有教條。或者，您要說四書五經就是教條。四書五經不過是儒家學者的作品而已，裏面所說的事理，雖然有一部份歷久長新，三千年前可行，二十一世紀仍然可行，却有一大部份需隨時代而修正。我所以塡儒教，這是因爲我是一個儒家思想的愛好者。我認爲每一個中國人都應該讀過四書。因爲這本書內，詳述許多爲人處世的道理，是一本人生哲學的書籍，不！它是中國人生活習慣的代表。要住在中國就必須了解中國人的習慣！我爲什麼喜愛儒家思想？因爲我喜愛自由；它沒有教條來約束我！它就像許多路燈，照耀着我的路。您以爲如何？

宗教離不開愛。事實上，愛佔據了人類活動的大部份，這就是科學不能解決人類的一切問題的原因。人類除物質的基本要求以外，還需要精神生活，這就是愛的力量。有些宗教認爲人類需要博愛，不分等級。但儒家却認爲愛有等級，必須由近及遠，例如必先愛父母、兄弟、姐妹、愛家庭，然後把這種愛推廣到別人的家庭以至整個社會國家，甚至全人類，全大自然界。所謂『老吾老以及人之老，幼吾幼以及人之幼』，所謂『仁民愛物』即是也。我覺得我們要先愛我們的國家民族，才能談得上愛世界的人類是嗎？

我不否認，我常到廟裏拜拜。事實上，我不迷信。我是陪母親去的，另一方面我覺得中國的廟宇建築有許多藝術價值，我是去那裏觀光看熱鬧。拜拜的東西很不衞生，所以我常勸母親敬神以心，而不必拿許多食物去拜，這一點我們已經做到了。

至於心靈的恐懼，我認爲這與身體健康，以及生理狀態很有關係。或許宗教對安寧恐懼之心靈有很大貢獻。然而我覺得防止恐懼的方法是，行爲正大光明，心靈純正，不做虧心事，當然不怕鬼敲門。對嗎？」

這位同學所云儒教並非宗教，這是許多人爭得面紅耳赤的問題。我人姑且可以說：儒教有某些宗教因素，而不是一個嚴格意義的宗教。至於宗教究竟有什麼意義，這不是本文題旨所在，恕不贅述。

(五)若干比較數字

概括敍述了臺南大專同學的宗教生活以後，我人不禁要問，宗教信仰與籍貫、性別、系別、等等是否相關（Correlated）。作者格外感謝谷慧珍小姐，她用了數天工夫和極大的耐心，製成下面的比較表：

教別	外省	本省	男	女	算命測字等等	最近一年進香	不相信有創造者	不相信有靈魂	系別
儒教	二	一三	一二	四	九	八	一三	三	中四 外一 師三 化一 土一 礦三 機一
佛教	三	六八	五〇	一九	三四	五四	三八	二三	中一四 物一 礦五 外四 土一 機一 師二七 家一一
道教		四	三	一	一	五	二		中一 家一 師一
天主教	八	二	六	四	一		五		中二 礦一 會三 家一 電一 師二
基督教	一八	二六	二〇	一三	一〇	五	一〇	二	中八 化二 交一 會二 外三 物一 工一 師六 機三 礦三 水一 家九
無宗教	六四	六九	九二	四七	八一	三四	一〇三	六四	中二七 機四 會三 師二三 電四 外九 物九 工三 教二 化五 礦一五 水一 家一三 土九

上面這個表替我們指出，相信佛教、儒教、道教的同學差不多都是本省人，信天主教者以外

省爲多，基督教的同學外省本省都遠比天主教者更多，而以本省居多數。外省的大專同學多半無宗教；本省同學半數以上都信宗教，可是無宗教的還是超過任何個別宗教的人數。全體男女同學百分比：男的佔六三，女的佔三七。無宗教的男女同學百分比：男同學佔六六，女同學佔三四。以系別比較，我們可以把物理、土木、電機、化學、礦冶、機械、數學、水利統稱爲自然科學系，而把外文、中文、工管、會統、交管、師範、家職等列爲另一系統。這樣我們會發覺，自然科學各系同學無宗教與有宗教之比是四九：二六，而其他各系中，無宗教與有宗教之比是八〇：八五。

令人驚奇的是：曾一度信測字看相者，以無宗教者佔最大多數，其次是佛教、基督教、儒教。無宗教同學不相信有創造者自是意想中事，但是其中却有六十四人相信有靈魂，這大概是傳統的影響所致。無宗教與信基督教者，有一部份最近一年以內到廟裏進香，也很出人意外。上表又指出，信基督教、天主教的同學中，不信創造者的也佔很大的比例；其中有幾位是在「慕道」階段。

無宗教信仰者却似乎更容易相信算命、測字等等，而有宗教信仰者則反是。上表中無宗教者，相信算命測字者八十一人，而有宗教者祇有五十五人。

爲了知道信創造者和不信創造者，信有靈魂與不信有靈魂，與本省外省以及性別、系別等的關係，我們又製成下面的表：

	外省	本省	男	女	曾信測字算命等等	系別
不信有創造者	五四	一〇二	一一三	四四	八三	機七 中三四 水二 物六 會四 化六 土五 電三 師三五 數四 礦二四 外九 家一二
相信有創造者	三六	八五	六四	六二	三八	中一三 電一 水二 師三四 物二 礦二 機二 化二 會五 家二四 工三 外六
不信有靈魂	三一	七一	七〇	二七	五七	中一八 土七 師二五 外六 家八 數三 水二 礦八 電一 化四 會一 機三 物三
相信有靈魂	五六	一〇五	九二	六九	五九	家一七 礦一九 水一 土一 機三 會九 中三三 化二 電一 外八 物五 工三 師三九 敎一

右面這個表替我們指出：本省和外省同學中，相信與不信創造者的比例差不多：外省的是三六：五四，本省的是八五：一〇二。男女同學對創造者的信仰就有顯著的區別：男同學不信創造者遠超過相信創造者的數字，女同學則反是。令人驚奇的是：不信創造者而曾信算命、測字、求籤等八十三人，相信創造者而信測字、算命的却只有三十八人。這件事實似乎可以使我們下一個結論，不信創造者心靈中所遺留下來的空缺，往往爲另一種「信仰」所塡補。

在不信創造者的同學中，屬於自然科學各系的同學與其他各系相比，佔相當大的份量：五七：八五；相信有創造者同學中，自然科學各系中僅佔十一人，而其他各系九十二人。這似乎表示，我國的自然科學多少尙與無神論相關（Correlated）。師專的同學相信與不信創造者的數字幾乎相等。祇有家職和成大會統系的同學中，信創造者超過不信創造者的人數。

對於靈魂的信仰，自然科學各系中三十六人相信有靈魂，三十一人不相信有靈魂。同樣地，中文系、外文系、會統系、師專、家職同學中，相信有靈魂者都超過不相信有靈魂的人數。

(六)各地大專學生宗教生活比較

敍述了臺南大專同學宗教生活以後，我們不妨把其中幾點拿出來和美國、意大利、日本等地比較一下。美國的哈佛、雷特克利夫、夏威夷、意大利的巴維亞、米蘭等地的測驗，上文已經說起過。東京上智大學在一九六五年春季也曾作過一次測驗。我們祇拿四點作比較：大專學生是否覺得宗教爲人生所必需？信不信創造者？信不信宗教？信不信靈魂不死？

宗教是否人生所必需？美國、意大利、日本的測驗都提出了這個問題。臺南的測驗却故意不提這個，因爲我們認爲在臺灣正面提出這個問題，似乎犯宣傳宗教的嫌疑；不如提出宗教對個人對社會有否功用的問題。結果，幾乎五分之四的大專同學都承認宗教對個人與社會的功用。但是既有半數不信創造者，大約也有半數不承認宗教對人生的必要性。

大專學生是否相信創造者呢？臺南大專同學約有半數相信。東京上智大學對這點所發的問題，測驗者自己承認欠清楚：他們的問題是「是否相信神（Kami）？」。而神一詞的意義却並不清楚，可以解作創造者或者可解作某一較崇高的存在。因此東京上智大學中信「神」者，雖有百分之三十九，實則信創造者的百分比可能更低。

大專學生信不信宗教？美國與意大利並無這個問題，因爲幾乎每人都加入某一宗教團體，很少人根本沒有宗教的；而這個問題在臺灣與日本就很重要。

關於靈魂不死，凡是相信人死後靈魂以某種方式繼續生活者，就算是相信靈魂不死，因此信輪迴者也計在內。

上述各地測驗對若干點的百分比，試列成圖表如左：

項目 / 測驗地	測驗人數	宗教對人生是否必要？			宗教對社會有否用處？			宗教對每個人是否有用？			是否信宗教？			是否信創造者？			是否信人死後靈魂不死？		
		不必要	不確定	必要	無用	未寫或不確	有用	無用	未寫或不確	有用	不信	未答	信	不信	未答或不確	信	不信	未答或不確	信
Harvard	414(男)	19	13	68										19	17	52	16	20	64
Radcliffe	86(男多於女)	12	6	82										18	12	59	11	19	70
Hawaii	577(男女相等)	17	13	70												60			
Pavia	64(男多於女)	17	15	68										27	12	61	16	14	70
Milano	40(男女相等)	0	0	100							0	0	100	5	0	95	2	4	94
東京上智大學	226	17	31	50							72	10	18	31	30	39			
臺南專科學校	142(男女相等)				14	8	78	16	7	77	32	12	57	45	7	49	32	12	56
臺南成大	226(男多於女)				9	16	75	18	5	77	48	10	42	55	15	30	24	27	49

參考資料

G. W. Allport, Le radici della religione, Estratto da "Orientamenti Pedagogici" Anno IV-numero 2 (Società editrice internazionale, Torino)

H. C. Rümke, The Psychology of Unbelief, Rockliff, London 1952

Sophia Religious Survey, Sunday Examiner Jan. 14th, 1966

J.J. Spae, The Religious Life of Japanese Catholics and Non-Catholics—A National Inquiry—Committee of the Apostolate, Himeji, 1957

G. Zunini, Sulle "attitudini" religiose di studenti universitari, Archivio di Psicologia, Neurologia e Psichiatria, Anno XV-Fasc. 3, 1954, pp. 205-249

十、宗教的定義與宗教哲學

在自然科學中，對每一學科提出定義似乎並非難事。例如國內曾流行一時的一本生物學課本一開始就說：生物學所探討的是生活的物體，後者則包括植物、動物與人類。物理學課本也是一開始就說物理學的基幹是物理量，亦卽以數學的計量方式去探討自然界的定律。卽使在哲學中，若干科目的研討對象也相當淸楚，例如哲學史、道德哲學等等。宗教哲學却不然。粗看起來，宗教似乎是擺在眼前的一件明顯事實。我們只需正視這件事實，找出它的本質因素，馬上就可對它下定義，以後就可直搗有關的哲學題材，諸如上帝、世界、靈魂等等。實際上却是問題重重。這篇文章因此包括下列三點：第一，對宗教下定義的各種暗礁；第二，宗教描述定義的探索；第三，宗教哲學的主要題材。

㈠對宗敎下定義的各種暗礁

一如海德格所云，我人接觸任何問題時均已有「先有意向、先有觀點與先有想法」(Vorhabe, Vorsicht, Vorgriff)[1]。其他問題如此，宗教問題尤其變本加厲，因爲宗教的基本信念往往涉及每個人「安身立命」的基礎。因此，信宗教與不信宗教的人，或者信不同宗教的人，他們對宗教的基本看法往往一開始就南轅北轍。有人以爲不信宗教的人對宗教的觀點比較客觀。實則，不信宗教者心目中，往往也有一個自以爲足以替代宗教信仰而更合理更好的信念；這樣無形中對宗教懷有成見或甚至敵意，而很難對宗教有不偏不倚的理解。既然如此，宗教徒對宗教的理解應該就更可靠了吧。但這又未必，因爲許多人相信，宗教徒對宗教的看法未免有偏頗，更何況宗教徒與宗教徒之間又復有基本的歧見。

讓我們舉兩個各走極端的例子，藉以表達出對宗教下定義的困難。

中古時代的西方世界屬於基督宗教，總攬政、教、文化大權於一身。生活在這樣的世界裏的人，往往會認爲宗教卽「人對上帝之從屬關係」。拉丁文 religio 一詞的字源也助長了這一風

[1] Martin Heidegger, *Sein und Zeit*, Tübingen: Max Niemeyer, 1957, s. 148-151.

氣。它可能源自relegere，即重新閱讀重新觀察上帝之事；可能來自religare，意即重新束縛，亦即與上帝緊緊相接；也可能來自reeligere，意即重新選擇上帝爲主。其實這一想法並不始自基督徒，因爲在基督誕生以前的古代西方哲人（如西塞洛）已是如此。中古時代的基督徒不過採用了前人的名詞而已。有了二千多年的傳統做後臺，難怪至今不衰。

然而這一定義一移植到中國與印度就無法完全適用，因爲佛教顯然不相信神與上帝。借用波亨斯基的一句話，這樣的定義失之過窄，亦即以自己的地區概括全世界，以自己的片面觀點概括全體❷。

另一個例子是佛洛伊德（S. Freud）。由於他在個別神經病患者身上見到某些強迫行爲與宗教的繁文縟節有些相似，他就大膽建構了宗教即人類普遍之強迫性神經病的理論❸。顯然，這是以片面概括全體的另一實例。費爾巴哈（L. Feuerbach, 1804-72）認爲宗教不過是窮人得不到優裕生活而把希望寄託於來世的結果（他的名句：「窮人有富裕的上帝」），社會學家以爲宗教僅係保持社會所公認的價值之一種努力，以及其他約化性的宗教定義，都是犯了這個毛病。

❷ 這一類著作頗多。例如曾仰如的《宗教哲學》（光啓，六三年）稱宗教爲「神人之間的某種聯繫」（頁九）；楊紹南的《宗教哲學概論》（商務，五八年）稱之爲「人對於有位格的『至上神』所有的精神關係的總彙」（頁一五）。

❸ Sigmund Freud, *The Future of an Illusion*, translated by W. D. Robson-Scott, New York: Liveright, 1953, p. 76.

對宗教採狹隘的定義既不足取，於是有人設法替它下一個廣泛得無所不包的定義。田立克所云的「終極關切」(ultimate concern)，就是這一類的宗教定義。田氏認爲一切文化活動都是先驅性的，唯獨「無限之物」(the Infinite) 屬於終極關切。但「無限之物」又是什麼呢?它不是上帝，因爲上帝也不過是信仰的「基本象徵」之一而已。田氏對信仰的定義如下：「個人自我的整體及集中行爲，亦卽無條件、無限而終極關切的行爲」(A total and centered act of the personal self, the act of unconditional, infinite and ultimate concern)❹。他認爲終極關切必須藉象徵表達自己，而上帝只是超越一己的自我 (self in its self-transcending quality) ❺的象徵；個人自我的集中及整合才是「終極關懷」的起點與終點：「終極關切亦卽個人生活的整合中心」❻。所謂「無限之物」就是「無限熱情」，並非客觀實在的無限。每個時代有屬於自己的活的象徵；日久天長，原來是活的象徵失去活力，不再「造成回應、行動與交流」，就成爲死去或不眞實的象徵❼。這一說法與榮格心理學若合符節❽。正因如此，終極關切的象徵可能是上帝或

---

❹ Paul Tillich, *Dynamics of Faith*, New York: Harper and Row, 1957, p. 8.

❺ 同書，頁十七。

❻ 同書，頁一〇六。

❼ 同書，頁九六。

❽ Raymond Hostie, C. G. Jung und die Religion, München: Karl Alber, 1957, p. 150-155.

超人，也可能是摩天樓等等。一個人只要把自己的關切提昇至「無條件」的絕對層面，就算是信仰與宗教。照這樣的說法，家庭、政治、科學、經濟活動都可以提昇爲終極關切的象徵而成爲信仰。每個人既必然有自己的整合中心，所以都可以說是有信仰。因此田氏以下面這些話結束《信仰之動力》一書：「信仰的任何否定，其本身卽信仰的表現，亦卽終極關切的表現。」❾

田氏的見解有其獨到之處，例如他指出人生其他事務均屬「先驅關切」(preliminary concerns)，唯獨「終極關切」屬於信仰範圍，又如他一再強調信仰及宗教在人格發展過程中的整合功能❿。但他似乎也和心理學家榮格一般，把上帝及其他信仰內容均歸約爲人格整合功能的象徵。果眞如此，宗教與其他非宗教活動就很難辨別，因爲心理治療、藝術、瑜珈術以及許多其他活動均有助於人格的整合。基本上，這一構想和中國社會流行的想法差來無幾，卽宗教不外是心靈的寄託。足以使心靈獲得寄託的東西既不只一端，那就等於說宗教的範圍寬廣無比，包羅萬象，人的任何活動都可能屬於宗教，而常人所云的宗教不過是宗教的特殊型態而已。

下面二位美國教授大約受了田氏的影響，因此他們所界定的宗教也漫無邊際。一位是喬治亞大學 (University of Georgia, Athens) 宗教系教授富雷 (Frederick Ferré)，另一位是加州州立學院 (California State College, Bakersfield) 哲學及宗教系教授克格利 (Charles W. Kegley)。

---

❾ Paul Tillich, *Dynamics of Faith*, p. 127.

❿ 同書，頁一〇五。

二位教授都頗有著述，在國際學術界也略有名氣。他們的見解雖不盡相同，但他們的宗教觀之漫無邊際則同。可能這代表當代宗教哲學流行一時的風氣也說不定。富氏所云的「宗教性世界模型」是「表現出廣泛而具强烈價值能量之實在界範圍的任何形象」，這些形象可能來自傳統神學，也可能來自諸如科技、生態等自然界理想（Ideals of Natural Order）⑪。富氏的「宗教性世界模型」除去「廣泛的實在界範圍」這一因素以外，另一因素「具强烈價值能量」就接近「終極關切」，只不過富氏的「價值能量」更中立，更無法區分宗教與非宗教的界線。克格利則把宗教界定為「個人及（或）羣體對其所視為最大價值及實在之任何事物及任何位格的態度或主動關係，以及由此態度或關係而發生的行動」⑫。克氏的定義似乎更接近田力克對信仰的看法。一九八三年在奧國東南部和三年前在美國邁亞密，我都曾對這模糊不清的定義提出疑難：因為根據這樣的定義，對政治、科學、競賽、經濟活動的熱中都可以稱為宗教，甚至少年維特亦堪稱為宗教人物。富氏承認我的質疑是公平的（fair）；克氏則沒有機會答覆我的問題。

⑪ Frederick Ferré, Organizing Images and Scientific Ideals: Dual Sources for Contemporary Religious World Models, Abstracts of the Eighth International Wittgenstein Symposium, 15.-21. August 1983, Kirchberg/Wechsel., p. 12.

⑫ Charles W. Kegley, Religion and Value, Absolute Values and the Search for the Peace of Mankind (IX. International Conference on the Unity of the Sciences, Nov. 22-30, 1980, Miami Beach, Florida), vol. I., New York, 1981, pp. 26-27.

全世界幾乎首屈一指的理則學權威波亨斯基（Joseph M. Bocheński）一九八三年八月間也參加了方才提及的會議。那是維也那南部山區（Kirchberg am Wechsel）舉行的第八屆維根斯坦研討會。由於宗教哲學是這次研討會中的主要題材之一，所以波氏被邀請對宗教哲學發表演辭，作爲開幕典禮的一部份。演辭中他提出對宗教哲學的十一個要求（Postulate），獲得與會者全體的贊賞。他對宗教哲學中狹隘的「堂區主義」(Parochialismus) 與分不清界線的浮泛傾向均曾加以撻伐。宗教哲學中的堂區主義今日似乎早已不再時髦，儘管教會及反宗教陣營中仍不乏有人因循舊說。一如上文所云，國際會議中屢見不鮮的是分不清界線的浮泛傾向。波氏自己的堅定主張是：宗教哲學即宗教邏輯。我對這句話頗覺不解，因此開會休息時曾向波氏提出問題。他的答案簡要清楚，但內容不外乎他在《宗教的邏輯》一書中所說的。仔細推敲此書導引第三節，發覺波氏首先把此書侷限於世界性宗教以內，卽婆羅門教、佛教、猶太教、基督宗教及回教的主流，而不及於較小教派；其次他視宗教爲社會現象，因此以宗教社團所應用的宗教語言爲此書的討論對象。這一來，宗教哲學也就循理成章地可以歸納於研究宗教語言的宗教邏輯了。根據導引第六節中的大綱，宗教邏輯的研究範圍有三，卽宗教語言的邏輯結構，宗教語言的意義，宗教語言的證明⑬。

波氏的見解雖不愧爲一家之言，却未能對人的宗教行動作徹底的探討。首先他把自己侷限於

⑬ Joseph. M. Bocheński, *Logik der Religion*, Paderborn: Schöningh, 1968, p. 19-21, 25-26.

屬於世界性宗教主流的社團，以後又在這些宗教社會現象中選擇宗教語言爲硏討對象。他認爲宗教社團具某些特殊的宗教行爲，而宗教行爲的最大特徵是應用宗教語言。他之所以這樣做法，只是爲了硏究神學或佛學的實際上的方便，却沒有考慮到根本問題。首先，世界性宗教的主流是否涵蓋了人類整體的宗教活動呢？顯然不是。擧例說，我國儒家、道家與道教人士是否也有一些宗教行爲及語言呢？這一類行爲與語言又當如何界定？其次，宗教一般說來是以社團方式見諸人世。但這絕不表示，不參加社團卽不可能有宗教行動。換言之，個人的宗教行動先於任何宗教社團，而且可以在社團之外獨立存在。因此，以社團行爲界定宗教，未免捨本逐末。此外，宗教語言誠然是宗教的主要表達方式之一，但絕非唯一的表達方式，也不是宗教的基本現象。對此我非常贊同海德格的見解。用他的術語來說，語言是人理解、詮釋自己的產物。用一般語言來說，人之所以爲人的特點在於抉擇自己所要採取的方向（這就是理解、詮釋自己），這以後外界事物才對我有意義而成爲陳述的對象⑭。因此，宗教對我發生意義而成爲可以陳述的語言以前，我對宗教早已採取了某種態度。後者才是宗教的基本現象。準此，宗教語言與宗教邏輯充其量僅能視爲宗教哲學的一個主要部份，而不能當作唯一可能的形態。

⑭ Martin Heidegger, Op. cit. p. 156-7.

(二)宗教之描述定義的探索

既然如此，那末如何才能得到一個適當的宗教定義呢？依據上述理由，要替宗教下一個本質定義是不可能的事，因爲這馬上會使我們捲入每個人均無法避免的「先有觀點」或成見之中。那末唯一可能的是尋找一個描述定義，而後者必須儘可能適合所有宗教現象。對此，威廉・詹姆士所云具「兌現價值」(Cash-value) 的觀念，頗值得我們參考。詹氏認爲一個觀念之是否正確，當視它是否能在實際生活上「兌現」而定，就如同支票必須在指定的銀行能兌現才是眞的一般⑮。貼合到目前所討論的問題，一個正確的宗教定義必須適用於所有宗教現象，就如同能完全兌現的支票一般，而描述欠準確的宗教定義也就如同不能完全兌現的支票一般。因此，像波亨斯基所云只適合世界性宗教主流的宗教定義，就像一張僅能兌現一部份的支票。同樣地，僅能適合宗教社團的宗教定義，也不能適合只屬於個人的宗教行動：一個在荒野中甚至在太空飛行的孤獨者可能不屬於任何宗教社團，却可能有他自己的宗教行動。正確的宗教定義也必須能在這樣的宗教行動

⑮ William James, *Pragmatism*, New York: Longmans, Green and Co. 1949, p. 201. 頗普的「檢證」(verify) 與「否證」(falsify) 亦大致類同。

中兌現。這樣的宗教定義必須基於儘可能廣泛的經驗事實：它必須適合我人所知涉及宗教的所有經驗事實，而且僅僅適合這些事實。因爲如果宗教定義能夠廣泛地應用於政治、經濟或甚至男女間的情誼，那又失去了定義的效用。拿金錢的比喩來說，這樣的定義就如同應用於廣泛交易的貨幣，而不是限於特種用途的支票。

棘手的問題却在於用什麼標準來確定什麼是涉及宗教的經驗事實，什麼又不是。一如上文所言，宗教在成爲社會現象及制度以前，首先是個人的行動。因此所有涉及宗教的事實之所以被認定爲宗教事實，最後均取決於主觀經驗。換言之，沒有所謂純客觀的宗教事實。有了這一體認以後，要想做出一個能切合所有宗教事實的描述定義，唯一可遵循的途徑是沿着宗教學（一稱比較宗教學）的路走。當然，宗教學的各門學科也無法把全人類所有可能的宗教事實列出一張清單。但它們至少是最接近原始經驗的學問，透過它們我們才有機會接觸到否則無法接觸到的廣泛宗教事實，而把它們提昇到主體際的層面。這樣做的時候，我們必須清楚意識到雙方面的限度：一方面，我們所接觸到的絕非宗教事實的全面，而只是目前所能接觸到的最廣面。另一方面，所有這些事實都有其主觀性，卽爲某一經驗主體所認定；但極大多數主體的認定就會使某些事實獲得主體際的有效性。

既然如此，描述的宗教定義必須透過冗長的路子才能達到，亦卽透過比較宗教史、宗教現象學、宗教心理學、宗教社會學以及宗教象徵學這些經驗性的宗教學科。宗教哲學與宗教學走的是不同的路子，但透過宗教學以後才能超越它。

這篇文章中，我們無法也不必對各種經驗性的宗教學科作詳盡的敍述。我們僅須列舉這些學科所提供「主體際有效」的一些宗教事實。讓我們把這些事實依次排列在下面：

比較宗敎史：1.拜物在原始宗教中非常明顯，例如崇拜石塊、山、川、星辰等等。但這樣的物均被認爲與某種神有關：被崇拜之物實際上被當作祖宗或其他神祇的象徵，或被視爲祖宗或其他神祇的居住之所。完全與神無關的純粹拜物教實際上並不存在⑯。2.祖先靈魂及鬼神的崇拜在許多文化中可以見到。3.若干部落把某種獸類視爲親屬，稱爲圖騰；它往往被目爲具神秘的超人力量，而作爲巫術工具。4.某些部落崇拜最高的天帝，並視之爲道德的源流。誠然，比較宗教史所舉的資料非常廣泛。但許多學者比較側重對事實提出理論性的詮釋。本文對這一類詮釋不願置評，只願意吸取我們所需要的主體際有效的宗教事實。

宗敎現象學：這門學科所用的原始資料與比較宗教史完全一致，但它不理會宗教的生長與變化的歷史，而僅觀察宗教史所提供的宗教現象，對之加以理解及分類而不予以評價。對宗教現象作最深入分析的學者當推海勒（F. Heiler）與奧多（R. Otto）二人。宗教現象學指出一件重要事

---

⑯ W. Schmidt, The Origin and Growth of Religion, Facts and Theories, New York: Cooper Square, 1972, pp. 59-60。此書早已爲北平輔仁大學（蕭思毅）譯爲中文。臺灣曾翻印：施密特：《比較宗敎史》，臺北市，輔仁書局，民國五十七年九月臺一版。

實，卽宗教未必指向人以外的神或超自然力量，也可能指向包括人在內的宇宙整體。無論如何，宗教指向一種「令人顫怖又心醉的奧秘」(Mysterium tremendum et fascinosum) 或神聖 (das Heilige, Numinosum) 的經驗。最後這句話源自奧多，幾乎已成爲最廣泛爲人接受的一個宗教特徵⑰。奧多曾於一九一〇—一一年間相繼去北非、埃及、巴勒斯坦、印度、中國、日本，並經由美國回到德國。《神聖的觀念》一書遂於一九一七年出版。他對「神聖」的描述雖然大部份源自《聖經》，尤其源自《舊約》，同時却也受了全世界各宗教的影響。奧多並不否認宗教中理性成份的重要性，但他同時相信宗教經驗不能完全涵蓋在理性概念以內，尚需要另一類型的理解。希伯來文中 qādôsh 即具不可言喻的豐富內涵，絕不只是康德所云「全然道德的意志」，而是「自成一類」(sui generis) 的「神聖」(numinosum)經驗。他不僅是士來馬赫(F. E. D. Schleiermacher, 1768-1834) 所云的「從屬感」，而是被造物面對最高神祇而深覺自己爲虛無的感受（第三、四章）。奧多非常重視這一「受造意識」，認爲它與罪的感受往往是同一件事：依撒衣亞先知之自慚其不潔之唇（陸、五），使徒彼得因耶穌一言而捕捉到無數條魚，驚駭之餘，就自稱爲罪人（路伍、八），並不敢與耶穌爲伍，就是這一感覺（第七章）。一方面感受到自己的虛無，同時意

---

⑰ Rudolf Otto, *The Idea of the Holy*, An Inquinry into non-rational factor in the idea of the divine and its relation to the rational, London: Oxford University Press, 1957, Chapters 3-6.

識到自己所面對的是「完全異於自己者」（ganz Anderer）和超越一切的「超絕者」，這就是神聖的感受。這一感受使人顫慄驚怖（怕鬼也是類似的現象），因爲我人面對着一種完全生疏的奧秘境界。但完全生疏的東西又刺激人的想像力：我們同時意識到自己所面對的是超越一切而不可言喩的實在；這就令人沉醉、思慕不已（第四、五、六章）。教會禮儀尤其宗教音樂的神秘氣氛、哥德式的教堂、中國建築與山水畫所表達的虛靈，都表達出神聖的感受；我國山水畫尤其使人體會到原始「不可道」的道（第九章）。我個人認爲道德經對全世界讀者的衝擊力，可能也導源於此。奧多又引用奧古斯丁懺悔錄第二卷第九章的話⑱作爲補充：「我驚怖，由於我和他不一樣。我熱望，由於我和他相似。」

「神聖的觀念」一書所揭示的普遍事實是：人往往會深深感受到自己的虛無和面對着一個「完全異於自己的奧秘」。至於奧多所云的「被造物意識」則僅代表源自舊約的神聖經驗。

宗教心理學：它所提供的確切事實是：宗教和心理健康有非常密切的關係。佛洛伊德認爲宗教是集體的神經病和幻想，但並不否認它對本能衝動的抑制力量，只認爲這種力量弊多於利⑲。榮格則一反此說，堅決主張宗教是人格走向完整發展（Individuation, Psychische Totalität, Selbst）時由潛意識所展示的神聖經驗（das Numinosum）；他又認爲人格的個體化（Individua-

---

⑱ 很奇怪，無論在拉丁文原本或中文譯本（光啓出版社）中，二卷九章中都找不到這句話。

⑲ S. Freud, The Future of an Illusion, p. 77.

tion）及完整化是每個人在其後半生所絕對需要完成的使命[20]。奧爾波則相信宗教情愫使人和存有整體產生富有意義的聯繫[21]。呂姆克甚至認爲不信宗教係人格發展不健全的後果：他認爲每個人藉「充滿信賴的信心」(Trustful Belief) 而得以生存；這一信心在發展途中如受到抑制，人就再也無力向宗教信仰跳躍[22]。我個人的見解是：宗教心理學家有意或無意中均對事實作了某些詮釋。我們這裏所需要的，是從宗教心理學家去吸取涉及宗教的確切不移的事實。從這一觀點來看，心理學所提供的確切事實，似乎是宗教對心理健全所發生的功能。心理功能往往也影響生理功能，所以下面的描述定義中也包括生理功能。

宗敎社會學：正如宗教心理學觀察宗教對心理健全有關的事實，同樣地，宗教社會學或者研究宗教社團的社會組織型態，或者研究宗教對社會凝固及改造所發生的正面或負面功能。杜爾幹 (Durkheim, 1858-1917) 比較注意宗教在社會中所發生的無與倫比的凝固力[23]，馬克士・韋伯 (Max Weber, 1864-1921) 則比較着重宗教的社會改造力量[24]。對亞洲而言，奧培耶西克里針

---

[20] C. G. Jung, *Il problema dell inconscio*, Torino: Einaudi, 1942, pp. 208; *Psicologia e Alchimia*, Roma: Astrolobio, 1950, p. 30.

[21] Gorden W. Allport, Becoming, New Haven: Yale University Press, 1978, p. 96.

[22] H. C. Rümke, The Psychology of Unbelief, London: Rockliff, 1952, pp. 38-52.

[23] E. Durkheim, *The Elementary Forms of the Religious Life*, New York: Free Press, 1947, p. 62.

[24] Max Weber, The Protestant Ethic and the Spirit of Capitalism, New York: Scribner, 1958.

對佛教業與報應思想的社會功能之研究特別值得注意㉕。

宗教象徵學：這門新興學科專以詮釋宗教禮節與神話之象徵意義爲事。一如宗教史學家埃里亞德（M. Eliade）所云：「利用適當的詮釋方法，宗教史不再是化石、殘跡與新奇之物的博物館，而成爲等待解答的一連串有用資訊」㉖。目下對宗教象徵的詮釋約可分社會學、心理分析與結構主義三個方向。這門學科既以詮釋象徵的意義爲事，它所提供的新事實將是非常有限。

現在讓我們把各種經驗性宗教學科所舉出涉及宗教的各種事實總結起來，嘗試對「宗教行爲」下一個描述定義。之所以要對「宗教行爲」下定義，是因爲宗教社團及制度化的宗教以宗教行爲爲基礎：沒有宗教行爲的社團或制度根本就失去宗教性，而沒有宗教社團或制度仍可有宗教行爲。有了「宗教行爲」的描述定義，宗教的描述定義才成爲可能：因爲「宗教行爲」所界定的並非任何宗教制度或社團本身，而是宗教制度社團、人物、事物之「宗教性」。

我所嘗試的宗教行爲的定義如下：「對神聖領域（事物、力量、位格）的信念及由之而來的

續㉔ The Sociology of Religion, Boston: Beacon Press, 1967; The Religions of China: Confucianism and Taoism, New York: The Free Press, 1968.

㉕ Gananath Obeyesekere, Theodicy, *Sin and Salvation in a Sociology of Buddhism*, E. R. Leach (ed.), Dialectic in Practical Religion, Cambridge: Cambridge University Press, 1968, pp. 21-22.

㉖ W. Richard Comstock, *Religion and Man*, New York: Harper and Row, 1971, p. 57.

行動，此項信念與行動往往導致心理、生理、社會及其他功能。」

這一定義必須詳加闡釋。

此定義的優點：上述定義的優點有三：第一，它一方面包容了不同「系譜」的宗教現象，同時又能藉「神聖領域」這一概念區別宗教與非宗教的領域。第二，「神聖領域」完全屬於現象學的描述，對「神聖」事物、力量、位格的存在不加可否，因爲它只是信念所指的「所思」(Noema)，並未肯定所思內容的實在性。要如宗教定義中被認爲神聖的事物、力量、位格必須是客觀存在的話，那末許多神廟的宗教性可能馬上發生問題。由於同一理由，定義中未採用「超越」或「超自然」等詞，因爲「超越」往往指超越日常經驗，或者指一個客觀存在或卓然獨立的實在；「超自然」的意義更是分歧：或者指神異現象，或者指超越不同意義的自然界之上。這些涵義無形中都會使宗教定義本身介入形上學的問題。反之，下文將說清，「神聖領域」完全是主觀信念所指向的思想內容。一方面不先入爲主肯定神聖事物、力量或位格的實在，另一方面又向這一範疇的形上思考完全開放。第三，這一定義承認宗教的心理、生理、社會因素，而不把宗教歸約於這些因素。事實上，心理、生理與社會因素會影響宗教生活，反過來，宗教生活也往往產生心理、生理與社會功能。不容否認，處於「界限情況」的人會對「神聖領域」感到心理需要。對「心靈寄託」的這一需要顯然會催促人相信有「神聖領域」的存在而形成宗教行動。但人除心理需要以外還有求知的層面，這一層面在宗教行動中並非袖手旁觀。因此沒有任何理由把宗教約化，以爲它不過是「心靈寄託」而已。同樣地，社會地位較低經濟生活較貧困的人往往更容易體會到自己的「界限情況」，因此也更容易對宗教行為感到需要。但「界限情況」既不限於社會地位較低的人，把宗教約化成社會或經濟因素也就不合事實。反過來，宗教心理學充分證明，不同的宗教信念與行動對人格的整合或分崩離析造成顯著後果，甚至也會影響生理上的運作。宗教對某一地區的社會進步或落後、安寧或動亂之不可磨滅的影響力也是大家有目共睹的。但宗教的心理、生理與社會功能均與人的信念與行動有密切關係，這該是件顯著的事實。

「神聖領域」的涵義　「神聖領域」這一名詞顯然來自奧多對宗教經驗的描述。一如上文所言，他所云的「神聖」是指超越一切而不可言喻的實在和令人思慕不已的價值。「神聖」的事物、力量和位格本身未必超越常人經驗範圍以上，但却被確信為具有超越人以上而且為人所無法理解的能力。圖騰、神物、佛性等就是神聖的事物，命運是神聖的力量，神祇與上帝則是神聖的位格。神聖的事物、力量與位格一起構成「神聖領域」。這一領域正好具有奧多所云「令人顫怖又心醉的奧秘」之神聖特質，同時又能與雅士培（Karl Jaspers, 1883-1969）所云的「超越界」貼合無間。

關於這點，人類學家馬凌諾斯基（Bronislaw Malinowski, 1884-1942）可以幫助我們有更深切的瞭解。他所研究的土著儘管度着原始生活，却能區別完全不同的範圍，一個是理性經驗行為的社會情況，另一個是儀式和崇拜的社會情況。例如在捕魚、園藝等工作上，他們的態度很理性，知道自己能以智力和體力來控制大自然。另一方面，經驗又告訴他們，儘管用盡心力，事情却未必順利：某年一切順利，五穀豐登；另一年惡運似乎從頭到尾纏繞着他們，一切努力付諸東流。爲了應付這些人力無法控制的因素，他們就覺得需要巫術和禱告㉗。人力所無法控制的範圍就是「神聖領域」，亦卽雅士培所云的「超越界」。一如雅氏所云，疾病、死亡、偶然事件、罪惡感、世界的不可靠，這一切都使我們體會到自己的失敗與微弱無能（界限情況），但同時也使我們依附超越界㉘。雅士培心目中之相對於界限情況的超越界，和奧多對受造意識與「超絕者」的想法非常接近。人越體味到自己的微弱和虛無，他也越會相信超越界與超絕者；二者一起方形成「神聖」的經驗。事實上，原始的土著和高度現代化的人們都同樣地體會到大自然和我們自己僅有一部份在我們自己的控制之下，絕大部份都在「界限情況」之中；而「超越界」正是人所無能爲力的「神聖領域」。

「界限情況」與「神聖領域」是相對的，同時往往連在一起，這也就同時肯定了二者有分離

㉗ 馬凌諾斯基著，朱岑樓譯，《巫術、科學與宗教》，臺北市，協志工業叢書出版股份有限公司，民國六十七年，頁一〇—一二。

㉘ Karl Jaspers, Einführung in die Philosophie, München: Piper, 1969, S. 20-24, 65-66. 項退結：《現代存在思想家》，臺北市，現代學苑月刊社，民國六十三年，頁六五—六七，七八—八〇。

的可能。事實上每個人都在界限情況中，却未必都有宗教行爲。因爲也有人認爲超過自己能力以上的事並不超過自己的理解力，更不超過包括人在內的整個自然界的力量以上。這正是自然主義者的想法；偶然興起的宗教經驗往往被他們的理性所湮沒。

不同系譜的宗教行動　對神聖領域的信念必然導致某種行動。宗教的信念既多彩多姿，跟着信念而發生的宗教行動也同樣地多彩多姿。每個人最注意到的宗教行動往往是他所最憎厭最不屑或最崇拜最歆羡的一面，因之也就造成對宗教態度的絕大分歧。宗教行動的確可以排列成一系列的「光譜」，從紅色到紫色甚至紫外線，樣樣俱全。事實上，什葉派回教徒的偏激狂熱是宗教行動，深具責任感而對社會獻身可能是宗教行動，修身養性自渡渡人也可能是宗教行動，吃素念佛寄望西天樂土也是，廟裏進香望子成龍或發財也是，相信冥冥中有命運在擺佈而泰然自處或偈促不安也未嘗不是宗教行動。總之，凡是對神聖領域有某種信念而形成的某種內在或外在的行動，都可以稱爲宗教行爲。例如「泰然自處」是內在行動，而念佛則已是外在行動。反之，只以人格整合爲終極關切（田立克），或僅具强烈能量之實在界形象（富雷），或僅對視爲最大價值及實在之事物、位格有某種態度及行動（克格利），則不能算是宗教行爲，因爲這些可能包括政治、經濟、個人修養、性愛及其他種種行動，而對神聖領域絲毫不發生關係。充其量可以稱類似行動爲「宗教代替品」。

某人的行動或者本身自爲目的，例如求知或休息；或者只是爲達到另一目的之方法，例如爲爭取人好感而送禮。宗教行動可能本身以達到神聖領域為目的，也可能僅利用神聖領域而想到非神聖領域的目標。無論是前後二種情形，都可以稱為宗教行動。當然後者的境界較低，但至少也涉及神聖領域。從最低至最高境界，我們可以把宗教行動排列成下面的系譜：

1. 純以神聖領域為手段而以追求一般性價值（性愛、財富、權力等）為目的——巫術（相信風水影響人吉凶屬之）。
2. 追求一般性價值時，對神聖領域帶有敬意而採禱告方式。
3. 追求神聖領域本身，同時仍想藉之獲得一般性的價值。
4. 純粹追求神聖領域而達到忘我境界，或者視一般性價值為次要或無關緊要。

㈢宗教哲學的主要題材

1. 本節與前文的銜接

仔細審量上述定義，我們會發覺，「宗教行為」的定義並未界定任何宗教制度或社團本身，而祇界定宗教制度、社團以及事物、位格等等之所以具宗教性的基礎。例如一個宗教社團之所以成其爲宗教社團，是由於它以踐行或促進某種宗教行爲爲目的。宗教社團之所以彼此不同，是由於所踐行或促進的宗教行爲之性質不同。宗教人物則往往由於隸屬於某一宗教社團而得名。但卽使不隸屬任何宗教社團，一個人如果一貫地履行某種宗教行爲，也未始不可稱爲宗教人物。準此，宗教行爲的定義雖未界定任何具體的宗教制度、社團或人物，卻點出了這些制度、社團或人物之所以具宗教性的本質基礎。

然而，由這一定義做出發點，宗教哲學馬上會面臨如下的問題：這一定義所界定的宗教行爲既取決於主觀「信念」，那末宗教是否祇是主觀心態，根本就沒有客觀的認知價值可言？事實上，宗教哲學中頗不乏這一類的想法。像十九世紀新康德學派中的那多爾普（Paul Natorp, 1854-1924），以及和新康德學派接近的田立克就是如此㉙。這裏不過略舉二例而已，其實持這一想法的又豈止此二人？

一如上文所言，宗教事實雖因多數主體的認定而獲得廣泛的「主體際有效性」，但這「主體際有效性」與卡納普所云基於外界感覺的主體際經驗（如見到、聽到、嗅到、觸到）不同；後者

㉙ Johannes Hessen, Religionsphilosophie. Band I: Methoden und Gestalten der Religionsphilosophie. München: Ernst Reinhardt Verlag, 1955², S. 83-91, 146, 178-191.

所涉的對象被稱爲外界或物理事物（如燈、桌子等等）㉚。本文定義中的宗教事實與宗教行爲却不然。它既是一種信念及由之而來的行動，因此最後勢必取決於主觀判斷。這意味着同一件事可能對甲具宗教意義，而對乙則不然；甚至同一個人一度認爲某些事實具宗教性，現在則不再作如是想；或者反過來，以前以爲某些事不具宗教性，現在却覺得自己恍然大悟，深知個中三昧。上面曾說過，儘管每個人都在界限情況之中，却未必相信超過自己能力的領域就屬於神聖領域。舉例說，卜筮對甲骨文及書經時代的人具宗教意義，因爲那時的人深信天帝，並相信藉卜筮可以「紹天明」（《書經》〈大誥〉）。廟宇中求神問卜不消說亦具宗教意義。把命運視爲冥冥中擺佈一切的不可知的力量，甚至相信「金玉之世」就會出現金玉的符瑞㉛；這也是把「幸偶」之命視爲能獨立行動的「吉凶之主」而賦予神聖意義。下面我們將指出，王充這一想法和他一貫主張的「天道自然，厥應偶合」之說互相矛盾。但這正好說明，無論你怎樣巧妙地用理性去解釋一切，宗教信念與行動還是會從後門進來。另一方面，不庸否認，也有人把卜筮視爲潛意識的功能。榮格在《太乙金華宗旨》註釋中，就說曾親身經歷過利用易經預卜未來完全應驗，却認爲這是由於我人的潛意識生活在「相對的同時」中，並替這一特性鑄造了 synchronicity（同時性）一字

㉚ 項退結：《邁向未來的哲學思想》，臺北市，先知出版社，民國六十四年再版，頁一六七—一七一。
㉛ 王充，《論衡》（中華書局據明刻本校刊），臺北市，臺灣中華書局，民國七十年，第二册，卷一九，頁一〇。

㉜。一位在羅馬執業的猶太籍心理分析家曾告訴我，他在納粹軍隊行將南下的紊亂情況中，曾徵求《易經》的意見；答案非常明顯，叫他立刻溜之大吉。他連夜決定出走；次日納粹的軍隊就佔領了羅馬。他說要徵求《易經》必須全神貫注，這是進入潛意識境界的必要條件。姑不論「同時性」與潛意識的關係是否事實，榮格就沒有把易經預卜未來的功能視爲神聖。應用易經預卜未來因此對他沒有宗教意義。

這樣說來，宗教事實是否完全是主觀的呢？答案却是否定的。第一，根據本文中的定義，對神聖領域的信念及由之而來的行動卽係宗教行爲，不管當事者本人是否意識到或承認。例如祇要相信有「吉凶之主」的命，而且相信它以我人意想不到而且無可理解的方式在擺佈我們，並因這一信念而發生了內在或外在的行動，根據本文定義，就是一種宗教行爲，不管當事人是否承認。第二，定義中雖對「神聖事物、力量或位格」的存在不加可否，而對神聖領域的信念又會因人因時而異，但這一領域本身之是否存在及以何種方式存在，則是形上學的重要課題。當然，如果你死心貼地接受邏輯實證論的說法，以爲形上學語言沒有意義，或者接受康德的見解，以爲人的知識祇能及於現象而無法深入眞相，那末宗教事實也就祇有純主觀的份。然而這二種說法却絕非天經地義。下文將嘗試指出知識論如何超越主觀主義的途徑，然後再嘗試就「宗教行爲」中的二極

㉜ *The Secret of the Golden Flower*, translated by R. Wilhelm with a Commentary by C. G. Jung, London: Routledge and Kegan Paul, 1950, pp. 141-4.

——宗教行爲的主體及其所面對的神聖領域——作一些形上思考的起步。

本來，宗教哲學並不限於形上學問題。宗教與人生各不同領域的關係，諸如與道德、獨立思考、語言、文化、藝術、社會、政治生活的關係，都構成宗教哲學的題材。各不同宗教中的哲學問題，本來也是宗教哲學的重要題材。本文在討論形上學問題時，多少會牽涉到各不同宗教，但範圍將非常有限。畢竟，本文的目的在於一述我對宗教哲學的看法與基本構想，而不是要對之作一個完整的計畫。

2. 如何超越宗教哲學中的主觀主義？

自從康德把涉及宗教的形上學推理納入「先驗的幻覺」(transzendentaler Schein, A 293, B 349) 以來，近代西洋哲學似乎已一蹶不振，再也沒有膽量對宗教問題作强有力的形上學思考。康德認爲人的思考能力僅於認識的先驗或先起條件範圍以內有效；一跨過此範圍而作超越判斷 (transzendente Urteile)，就是爲「先驗的幻覺」所欺㉝。這樣，有關宗教而涉及人、世界、上帝的形上學推理，就被康德一筆勾消。他認爲人的理性無法避免這樣的幻覺，因此必然會產生

㉝ I. Kant, *Kritik der reinen Vernunft*, Hamburg: Meiner, 1956, S. 334-8.

㉞ 同書，頁四二六a。

幻覺；這樣就會把「主觀的思想條件視爲客觀知識」㉞。

實證論及當代的邏輯實證論則把我人認知能力縮小到外界感官所及的範圍以內。邏輯實證論更以爲唯有涉及這一範圍的「事物語言」或「物理語言」才能成爲主體際可證驗的認知眞理。形上學所涉及的既非外界感覺所及，因此其命題不過是「似實物命題」，沒有客觀認知的意義㉟。

這裏當然不可能解決這樣廣泛的問題。充其量不過能指出一條路徑而已。

康德認爲他的先驗哲學一舉封住了「超越判斷」的路，因之也封住了眞相或「物自身」的路，後者從哲學推理的認知觀點而言成爲不可知。實則他肯定先驗或先起的認知條件時，却沒有意識到自己同時也作了存有者卽存有者的絕對肯定。不寧唯是，任何命題均蘊含了這一肯定，否則此命題本身從理則觀點卽自相矛盾而無從立足。當他對先驗認知條件作某種主張時，他早已預設了亞里斯多德形上學第四書中的存有最高原則——不矛盾原理。這也就是說，不矛盾原理的預設是他建構先驗哲學的先驗條件。指出康德先驗哲學本身所蘊含而未意識到的先驗條件，當代哲學界稱之爲「先驗方法」㊱。高雷特（Emerich Coreth）所云一切疑問均以某種「先有知識」爲其「視域」，而疑問則是任何知識的起點，也是應用了這個先驗方法；因爲一切疑問的最後視域

㉟ R. Carnap, The Logical Syntax of Language, in: Thomas M. Olshewsky (ed.), *Problems in the Philosophy of Language*, New York: Holt, Rinehart and Winston, pp. 45-55.

㊱ Otto Muck, *The Transcendental Method*, New York: Herder and Herder, 1968, pp. 27-47.

不屬於經驗界，而是先起的亦卽先驗的存有領域[37]。彭達第尼（Gustavo Bontadini）所走的路也大同小異。彭氏發覺康德一開始就禀承了笛卡兒、洛克、休謨等一脈相傳的認識學二元論，在認識主體與客體之間劃了一道鴻溝。因之，經驗一開始就被預設爲外在事物與先起形式之綜合。但這一經驗觀並非呈現於意識的原始事實，因此不能作爲認識論的出發點。眞正的出發點應是某物臨在於我的最原始經驗。這最原始的臨在於我的經驗已打破了主客體間之鴻溝，直接使人接觸到形上學的起點——存有者[38]。彭達第尼實際上也是應用了先驗方法，因爲他也是在康德所云知識之先驗條件中發現了不必要的認識學二元論預設，而此項預設可以藉最原始的「臨在於我」的經驗消失於無形。

許多人往往把康德的批判哲學視若天經地義，以爲康德對知識的批判已經道出了最後的一句話。其實，康德哲學除知識批判以外尙有其他重要貢獻，我在這裏絕無意抹煞或沖淡。但他對知識的批判却早已被超越。他對上帝存在論證的批判往往由於他理解不澈底所致。例如他對宇宙論證的批判取材於萊布尼兹的「世界的非必然性」論證（a contingentia mundi），却沒有溯源至多瑪斯或亞里斯多德的實現與潛能[39]。時至今日，康德的主客二元思想亦早已被胡塞爾的現象學

[37] Emerich Coreth, *Metaphysics*, New York: Herder and Herder, 1968, pp. 46-68.
[38] Gustavo Bontadini, La funzione metodologica dell'unità dell'esperienza. In: M. F. Sciacca (ed.), *Filosofi Italiani Contemporanei*, Milano: Marzoratti, 1946, pp. 159-168.
[39] I. Kant, Kritik d. reinen Vernunft, S. 578-583.

所化解。既然如此，宗教哲學也就沒有必要自限於主觀主義的藩籬之下。

實證論及邏輯實證論之把我人認知能力縮減至外界感官所及的範圍，也可以用同一先驗方法來克勝。因爲肯定實證論爲眞理已假定了存有者是存有者的最高原理。而這一原理本身卽否定了實證論的預設，因爲它的應用並不限於感官所及的範圍，而可以應用於實在的或設想出來的存有領域整體。

3. 宗教行為的二極之形上探索

如果本文對宗教或（更好說）宗教性之定義可取的話，那末宗教哲學的最主要課題就莫過於對此定義中的二極作哲學探索，尤其作形上學的探索，因爲形上學問題才是哲學的中心問題。定義中的二極顯然是人與神聖領域：前者是宗教信念與行動的主體，後者則是宗教信念與行動所指向的內容。

關於人在宗教哲學中的地位，我必須先作下面的澄清。作爲宗教信念與行動的主體，人是這些信念與行動的原因，先於這一切。但作爲形上探索的對象，人却從屬於神聖領域。換句話說，我們對神聖領域的信念如何，對人的信念亦隨之而變；我們對人的信念是我們對神聖領域的信念之函數。這裏我並不否認反方向的函數關係，卽人本身怎樣，就會有怎樣的信念。但這是因果的關係，而不是信念內容之間的關係。說清了這點，我們將先討論隨不同類型的神聖領域觀而變之不同類型的人觀。這其中的關係，說到個別問題時才會清楚。

a. 對神聖領域的形上探索

上面已說過，所謂「神聖領域」是指神聖事物、力量或位格，而所謂「神聖領域」則超過人與自然界能力及人所理解的自然程序以上。以這一意義而言，「神聖領域」實在很接近「超自然領域」。一如上文所言，「超自然」一詞在傳統神學、哲學及當代的文化人類學中，涵義非常紛歧。爲了避免一開始就捲入用詞上的紛爭，才用「神聖」一詞。上面已說過，某甲所信爲神聖的，某乙可能不信；亦卽神聖領域的信念隨信念的主體而異。但神聖領域本身是否及以何種方式存在，則是另一回事。下面先討論神聖領域的否定，以後對不同類型的神聖領域觀作最簡單的敍述，最後從形上學觀點採取立場。

神聖領域的否定　談到宗教事實與主觀判斷的關係時，上面曾說起預卜未來對某些人屬於神聖領域，對心理學家榮格則不然。然而榮格却不敢完全否定神聖領域，祇認爲用易經預卜未來不屬於這一領域而已。這樣的情形非常普遍，絕不限於這一例子。這裏我們要討論的則是神聖領域的根本否定。

否認神聖領域是把宇宙間的一切均視爲自然，均係人的理解力所及；宇宙間某些事理目下可能尙非我人能理解，但原則上絕非超過人的理解力。實證論與邏輯實證論、頗普（Karl Popper）的批判理性主義、各種不同的唯物論均否認神聖領域的存在。持此見解者至少有下述二種可能性：一種把宇宙間的規律或常道視若整個宇宙的始元，另一種則認爲追溯到最後應以盲目的機緣爲最高始元。古希臘哲人德謨克利都斯、中國東漢的王充、以及法國諾貝爾獎得主莫諾(Jacques Monod, 1910-76) 均主張世間的一切最後起源於絕對的偶然[40]。

神聖事物的肯定 那些宗教信念以超過人力、自然力及理解力的事物爲對象呢？首先當然應推拜物教，它所信所崇拜的山、川、石塊、日、月、星辰等等無疑地被認爲神聖事物。其次，佛教所信之佛性被認爲絕對的實在[41]；它既非力又非位格，却具有神聖性。不得已祇好把它歸入神聖事物。本着同樣理由，易傳及宋明理學所云的天地也祇能歸入神聖事物的範疇中，因爲天地顯然非力又非位格，却擁有神妙莫測的生生之德（〈繫下〉一）。宋明理學家大都把「天地之心」(二十四復卦之彖)視爲「天地生物之心」及仁心[42]。這樣的天地雖非具理智與意志的完整位格，

---

[40] Jacques Monod, *Le hasard et la nécessité*, Paris: Seuil, 1970, pp. 147-8. 此書有二種中譯本。

[41] S. Radhakrishnan and Ch. A. Moore, A Source Book in Indian Philosophy, Princeton, N. J.: Princeton University Press, 1957, p. 273.

[42] 朱熹編：《近思錄集解》，臺北市，世界書局，民國五十一年，卷一，頁八、一六。

却也不是塊然的物質，而具有某種神聖性。至於董仲舒心目中的天地則又與易傳及宋明理學中的稍有不同，且留到下面來談。

神聖力量的肯定　相信宇宙間有某些超過人力自然力及理解力而獨立操作的力量，就是相信神聖的力量。輪迴、命運及巫術均可納入這一範疇。本文之所以不把巫術與宗教分界[43]，就是這個道理。輪迴是印度教及佛教的共同信念。它不是物或位格，而是一種我人無法理解的規律及力量。命運本來被認爲偶然的遭遇。但王充心目中的命却已是「吉凶之主」，擁有獨立操作的能力，不但可以左右世之盛衰和人之窮達，而且能響應聖王盛德而讓金玉之瑞出現[44]。王充似乎沒有意識到，這樣的命和「幸偶」及「偶會」的想法自相矛盾。因爲操盛衰、窮達大權的命擁有無比的權力，會使怎麼樣的時代出現怎麼樣的符瑞，從受孕「初禀自然之氣」時就決定人的富貴貧賤[45]，怎麼還可能是偶然？這樣的信念無形中已使「命」成爲「令人顫怖又心醉的奧秘」。許多人自以爲不信宗教，却深信不可測之命運的力量。根據本文對宗教的定義，這樣的信念及由之而來的行動似具宗教性。爲了改善自己的命運，原始人往往訴諸巫術，亦即應用儀式和咒語去利用某種神秘的超人力量[46]。我國人企圖用風水、陽宅來改善自己的命運，也就很接近巫術。

[43] 馬凌諾斯基：《巫術、科學與宗敎》，頁六五—六七。
[44] 王充：《論衡》，卷一七頁一一—一二，卷三頁一，卷六頁八下，卷一九頁一〇下。
[45] 同書卷二頁五，卷三頁九。
[46] 馬凌諾斯基：《巫術、科學與宗敎》，頁三。

神聖位格之肯定　全世界極大多數宗教都相信人力、自然力與對大自然的理解所不及的精神體（一般所稱的鬼神）。據斯賓塞（Herbert Spencer, 1820-1903）及泰勒（Edward Burnett Tylor, 1832-1917）所云，宗教與鬼神信仰的關係至爲密切㊼，而鬼神顯然係具理智與意志的位格。這一信仰可能與最高上帝的信仰並存，但也可能單獨存在。

神聖的最高位格之肯定　我國古代相信在鬼神之上有一位至高無上的上帝，統攝一切鬼神及世界。人類學家斯密特經由他個人的窮年研究，發覺許多原始民族都相信有至高無上的「高帝」(High-God)。猶太教、基督宗教與回教則信最高之上帝從無中創造萬有。

奧義書相信整個世界就是梵天，亦卽不朽的自我。梵天是生命和快樂，有知有意，亦卽完整的最高位格；他又創生了整個宇宙，因此是一切事物的始元㊽。董仲舒所云的天地一方面顯然是可見的大自然，因爲他所云的天有春夏秋冬四季與清暖寒暑之分。但另一方面天「常以愛利爲意」而具「無窮極之仁」，天又是祭百神以先必先祭拜的上帝㊾。董氏心目中的可見之天似乎同時也很接近完整的最高位格。

㊼ W. Schmidt, The Origin and Growth of Religion: Facts and Theories, pp. 23-77.

㊽ S. Radhakrishnan etc., A Source Book in Indian Philosophy, pp. 65-66, 70, 77-79.

㊾ 蘇輿編：《春秋繁露義證》，臺北市，河洛圖書出版社，民國六十三年影印（原版宣統庚戌刊）。〈王道通三〉第四十四，頁三三一—四；〈郊祀〉第六十九，頁二八八—九；〈順命〉第七十，頁二八九—二九二。

對神聖領域的形上學起步 從形上學觀點而言，要確定神聖領域之是否存在，端繫於我人在哲學思考範圍以內能否證明無限實在之存在。一如上文所云，知識論無法證明這一思考不可能。科學則以經驗事實爲研究對象，對於經驗所不可及的領域，原則上祇能採存而不論的中立態度。形上學更無法證明實在界僅以物質世界或我人所能經驗的世界爲限。恰恰相反，形上學足以從有限的實現世界（Actualized world）證明絕對無限的純粹實現（actus purus），它是一切其他實現之存有物的原因。純粹實現既是無限的，就不可能爲物質世界或現有世界所限制；換言之，他不可能與世界或天地爲一體，也不可能是任何形態的物或力，而是絕對超越一切。有限實現世界中的人已是完整的位格，無限的純粹實現既是人之最高源流，當然更不可能非位格，而是最完美的位格。然而，我人不應以一己的度量去窺測純粹實現，因爲有無限的距離介乎其中。用一句古老的西洋哲學術語，人的語言應用於純粹實現時祇有類比的有效性。用一句中國的老話，我們不可能「以管窺天，以蠡測海」。

b. 對人的形上探索

上文曾說，對人的信念是我人對神聖領域的信念之函數。對人的形上探索亦然，因爲形上學的思考會使我們確認自己在萬有整體中的地位。上文既劃分了否認及承認神聖領域這兩種形上學思考型態，這裏不妨也作這一劃分。

否認神聖領域的人觀　這一思考型態在中外思想界中都相當流行，那就是認爲人不過是宇宙及生物進化的一個階段，或者認爲人不過是天地的氣之聚散的一個過程。當然，這並不意味着人無足重輕。卽使相信人是進化或氣之聚散的階段或過程，也會承認人在宇宙中的獨特性。但歸根結底，人來自宇宙，最後歸於宇宙，他的獨立性充其量限於某一時間空間，甚至根本不存在。最典型的是馬克思主義。馬克思很贊成進化論，認爲可與歷史唯物論及辯證論結合在一起；但他格外强調的是人的社會關係。理由很簡單：宇宙間的一切是物質，而物質以辯證方式向上演變。人類社會的歷史演變因此也必然是辯證的，表顯於各時代的生產與經濟關係；經濟關係則必然是社會關係。這一來，馬克思心目中的人祇可能是「社會關係的總和」(Ensemble der gesellschaftlichen Verhältnisse)[50]。社會關係以外，馬克思再也無法設想人還有什麼意義可言。種族主義和馬克思主義人觀的不同，祇不過前者的重點是種族而非社會關係而已，對人所持的基本態度則大同小異。最露骨的是結構主義：以爲宇宙中祇有定律、次序、典型、系統是實在的，人根本就是它們的函生物。

承認神聖領域的人觀　上文曾討論到相信神聖領域的若干不同類型。相信宇宙中支配一切的是非位格的佛性、輪迴或命運時，人的位格之終極意義就很難把握，往往被視爲「無常」或「虛

---

[50] 馬克思：〈關於費爾巴哈的提綱〉，《馬克思選集》第一卷，「北京」，人民出版社，一九七二年，頁一八。

空」。同樣地，把整個世界與梵天或上帝視爲一體，人往往消失於梵天或上帝以內。唯有承認超越宇宙而與宇宙保持關係而具位格性的上帝，才能保證人的位格永久獨立。我個人認爲康德對這點有極深刻的見地：人在道德生活上「無止境的無限進步」要求理性主體之位格和存在爲無止境，而唯有傳統意義的上帝之存在才能保證與道德相符的最高福善不成爲泡影[51]。

我個人深信，從形上學觀點，人的位格之永久獨立性唯有在證明具位格性之上帝以後，並透過人性嚮往永恒這件事實才能建立。這一論證頗與十三世紀哲學家波拿文都拉（Bonaventura, 1217-74）相近：必然之目的使爲達到此目的所需之一切成爲必然；人性既嚮往永恒幸福，則永恒應非子虛[52]。人性對永恒的主觀嚮往却未必保證永恒爲事實。唯獨證明至善的上帝之存在，而嚮往永恒的人性最後溯源於上帝，「自然的期望不可能是虛妄」(Naturale desiderium non potest esse inane）這一原則才能成立。這一論證雖亦接近康德，但仍有基本的差別。因爲，一如上文所指出，超越宇宙而具位格性之上帝可循形上學途徑嚴格證明，而康德在「純粹理性批判」中則把上帝存在的論證列爲先驗理性之幻覺，僅視爲「實踐理性」的要求。

---

[51] 康德（謝扶雅譯）：《康德的道德哲學》，香港，基督敎文藝出版社，一九七二年再版，頁二三九：二三三。

[52] S. Vanni-Rovighi, *L'Immortalità dell'anima nei maestri francescani del secolo* XIII. Milano: Vita e Pensiero, 1936, pp. 36-37, **42**.

人的生命不限於此世，絕不祇是西方人的宗教信念。詩經中就有「文王在上，於昭於天」及「文王陟降，在帝左右」等句。儒家雖不强調鬼神及來世，但老百姓所信的民間佛教却有非常堅强的來世信念；道教的神仙則被認爲能達不死之境。有人說來世與永恆對中國人完全不重要，其實祇是極少數人如此。對最大多數的老百姓而言，這始終是人生最大問題之一。

最後，我必須破除一項可能發生的誤解。我這裏嘗試對人本身的位格作形上思考，結論是唯有具位格性的上帝才能保證每一個人位格的永恆獨立；却並非意味着持不同信念的讀者就不尊重他人的位格獨立。事實上，理論的信念可能和實際生活結合而形成知行合一的情況，但也可能彼此脫節。因此，一個人理論上可能信上帝及位格的永恆獨立，實際生活却可能背道而馳；反之，理論上一個人可能信僅有萬法而無我，或者相信一切祇是氣（物質）之聚散，實際生活上却可能尊重他人的位格尊嚴。本文無意牽涉到實際生活上的態度，只不過指出位格尊嚴的形上基礎而已。

《哲學與文化》第十一卷四期　民國七十三年四月

下編：中國當代哲學

下編·中國當代哲學

十一、當代中國哲學的特色與內容

㈠當代中國哲學的範圍

當代中國與傳統中國不同的主要特徵在於與西洋文化思想接觸而形成，當代中國哲學亦然。由此做出發點，有人把鴉片戰爭（一八四一—四二）視爲當代中國哲學的開始❶。的確，隨着鴉片戰爭而來的五口通商首次使中國的門戶敞開；接着淸廷不得已允許了天主教傳教士（一八四四）與基督教傳教士（一八四五）的活動。可是，這一切並未打開了中國士大夫的「心門」；他們雖然已懾於「西夷」的「堅甲利兵」，但仍認爲只有中國可算是文化古國，外國人只是些會打仗而

❶ 胡秋原：《一百三十年來中國思想史綱》，臺北市，學術出版社，民國六十一年十二月。

不講理的蠻夷；那時的中國士大夫仍不屑於學習外國文化。拾取了基督教片斷教義作爲太平天國（一八五〇—六四）思想基礎的，只有洪秀全那樣第二第三流的文人。因此把鴉片戰爭視爲當代中國哲學的開始未免太早一些。

也有人把一八九八年列爲當代中國哲學的開始❷，那是因爲嚴復所譯的天演論在那年出版，而此書對二十世紀初期的中國知識分子具決定性的影響。然而，中國高級知識分子遠在一八九八年以前已決心接受西洋文化，至少吸收其中的一部份；對西洋思想的融化工作也早已開始。因此，以一八九八年爲當代中國哲學的開始，未免太晚了些。至於因戊戌政變而把一八九八年視爲當代中國哲學的開始，那尤其不適當；就其對全國的心理衝擊而言，一八九五年的馬關條約遠較戊戌政變爲深。我認爲當代中國哲學開始於中國知識分子看清了傳統中國文化需要西洋文化的補充同時開始吸收西洋思想之時。討論思想問題應以思想因素爲主，不應釘住任何個別政治事件。思想的變化則是漸進而緩慢的，很難確定何年何月何日。我們可以確定的是，約莫在上世紀的六十年代，太平天國被平定以後，有識之士如曾國藩、馮桂芬、容閎等均認爲「西學」的提倡在所必行；於是，北京的同文館（成立於一八六七年），天津的水師學堂，上海的製造局等機構，都紛紛從事西書的翻譯。外國傳教士所創辦的多種刊物對此風氣的促成也有很大貢獻，其中尤以《教會新報》及《萬國公報》（上海，一八六八—七四；一八七四—一九〇六改名爲《萬國公報》）

❷ O. Brière, Fifty Years of Chinese Philosophy 1898-1950. London: Allen and Unwin, 1956.

爲最著。有了這些書籍與報刊，清末知識分子才會對西洋文化與思想有了初步認識。

在上述情形之下，首先想熔中西思想於一爐的中國思想家康有爲，他在一八八一年（壬午）在北京考試後南歸經上海，大購江南製造總局及外國教會所譯西書，並訂購《萬國公報》❸。回鄉後閉戶潛修，他的一套思想於焉產生。基於這些歷史事實，我們可以說，中國當代哲學由十九世紀六十年代已萌其芽，而以康有爲爲其首屈一指的代表人物。由那時開始一直到我們這一代，這就是當代中國哲學所及的範圍。

㈡由歷史背景看當代中國哲學的特點

方才我們說，太平天國以後，中國人開始意識到「西學」的重要性。所以如此的原因是因爲見到西洋人之强及中國的弱。中國當代哲學自始至今都着了强化中國的色彩。康有爲的大同理想，要使中國撥亂世而登太平世，就是鑒於清廷積弱而引起的「天下大亂」。嚴復所譯的《天演論》尤其使中國青年一代深信「優勝劣敗，適者生存」，覺得非自强不足以繼續生存。國父孫中山先生創立三民主義固然以强化中國爲日的，五四運動甚至接受馬克思主義的心理背景亦莫不如此。

❸ 康有爲：《康南海自編年譜》，臺北市，宏業書局，民國六十五年，第二十二冊，頁一二—一三。

此。一方面這一心態造成了許多人的自卑感，甚至到了作賤自己的不正常現象（最極端的想法以爲線裝書都可丟入茅廁！）；另一方面又使另一些人過份高擡自己。不亢不卑平實自信的態度，直到如今似乎仍不多見。過份崇拜「國外」及「回國學人」等等，就是這一心態的表現。

假使我們只從上面這點去看當代中國哲學，可能會認爲卑之無甚高論。實則當代中國哲學與當代中國人的命運息息相關；它是歷史所造成，同時又反過來塑造當代中國人的歷史。孫中山先生之所以能建立亞洲第一個共和國，就得力於康、梁、嚴、譚等所已造成的當時思想風氣；中國大陸的赤化之得力於本世紀二十至四十年代的左派思想工作，尤其是顯而易見的事實。哲學思想對某一時代的國家、民族之關係如此重大，幾乎會使哲學系師生自己都不敢相信。然而，這却是鐵一般的事實。過去如此，未來又何獨不然？

回顧過去，我們不能否認中國當代哲學有其輝煌成就；它已使奄奄一息的老大帝國甦醒起來。另一方面，由於饑不擇食，過去的中國當代哲學誤入歧途，接受了錯誤而完全不切實際的烏托邦思想——馬列主義。無論如何，這些思想總是以全中國老百姓的前途爲念。現在某些地域主義者則在傳播一些根本莫須有的人爲的問題，甚至有人以爲臺省民間宗教足以代表「臺灣民族」的特色，足以使它有成爲獨立國家的資格。我們如果回到馬關條約時清廷把臺灣省割讓給日本所引起的全中國知識份子的憤慨，就會知道當時中國人的感覺，譚嗣同就因這件事而勸中國人不要視滿人爲同類，因爲他們「視華人之身家，曾弄具之不若」❹。康有爲稱清廷割讓臺灣後「臺灣臣民不敢奉詔」❺。可見當時中國人心目中的臺灣根本和中國其他省份一般；住在臺灣或住在福建、浙江……，其爲中國人完全一致。我們看到馬關條約割讓臺灣一事對全中國知識份子（包括臺灣省知識份子）所引起的極大刺激，今日我們生活在臺灣的中國人更應該對得起先祖，不斤斤於一時恩怨及個人野心，而以十萬萬中國同胞的前途爲念。馬關條約割讓臺灣所造成的心理刺激使許多有識之士決心改造中國。今天在臺灣的中國人則應該替十萬萬一度完全中國人的出路與前途去思想。透過中國當代哲學的研究，我們應以公正而帶批判的態度去瞭解過去，瞭解我們自己所受的影響，並腳踏實地思考選擇我們未來所應走的路徑。

㈢分期與主要代表人物

哲學史的分期多少是約定俗成的，但也應舉出言之成理的事實根據。我們一開始就說當代中國哲學的主要特徵在於與西洋文化思想接觸而形成。依據這一標準，可以把當代中國哲學分成體

❹ 譚嗣同：《仁學》，臺北市，大中書局，民國四十七年，頁五七○。
❺ 康有爲：〈上清帝第二書〉。

用期，覺醒期、西化期、融合期四個階段。玆分述如下。

體用期是指太平天國平定（一八六四）後至甲午之戰前夕（一八九三）那段期間。當時有識之士均深信中國在某些方面勢非向西洋人學習不可，曾國藩、張之洞、馮桂芬、郭嵩燾、王韜、薛福成、鄭觀應等就是如此❻。但當時的中國知識份子尚未直接與西洋的哲學思想接觸，所願接受的範圍限於「西政」與「西藝」，而以中國固有的「舊學」爲根基。依據張之洞的〈勸學篇〉，中國當時非廣設「學堂」不可，而學堂中必須「新舊兼學」與「政藝兼學」：「四書五經、中國史事、政書、地圖爲舊學；西政、西藝、西史爲新學。舊學爲體，新學爲用，不使偏廢。……學校、地理、度支、賦稅、武備、律例、勸工、通商、西政也；算、繪、礦、醫、聲、光、化、電、西藝也。（西政之刑獄，立法最善，西藝之醫，最于兵事有益，習武備者宜講求）。才識遠大者而年長者宜西政，心思精敏而年少者宜西藝。」他又主張「舊學以持身，新學以應世」；「中學爲內學，西學爲外學，中學治身心，西學應世事」❼。張之洞的這套說法並非徒託空言，事實上他早已按此方針興學。然而「西政與西藝」無形中受西洋哲學思想（例如系統化與邏輯思考方法）影響甚深。因此，這一時期的中國知識份子已開始與西洋哲學思想接觸，但意識地尚停留

---

❻《中國歷代思想家㈧》，臺北市，臺灣商務印書館，民國六十七年。

❼張之洞：〈勸學篇〉，《張文襄公全集》㈥卷二〇二—二〇三，臺北市，文海出版社影印，民國五十二年，頁三六九九—三七五〇。

在接受「西政」「西藝」的階段。稱之爲「體用期」頗爲適宜。

覺醒期是指甲午之戰（一八九四）至民國三年這一階段。甲午那年我國爲日本所敗，促使國父孫中山先生在檀香山開創興中會。翌年，馬關條約把臺澎列島割讓給日本，引起中國知識份子的大覺醒，在康有爲的發動之下，首次發生聯名直接向皇帝上書（公車上書）的愛國運動。從康有爲開始，中國人已接受西洋政治哲學、進化論及其他思想。繼之而起的，有嚴復、梁啓超、譚嗣同、王國維等，他們接受西洋思想的態度已不再受體用理論的拘束。

西化期開始於民國四年《新青年雜誌》所領導的新文化運動，一直到民國三十八年大陸赤化爲止。這一時期的特色是全面摒棄中國的傳統思想，而想用西洋文化和西洋思想把中國徹底改造，簡稱全面西化。這一思想的代表人物是創《新青年雜誌》的陳獨秀，以及胡適之、吳稚暉、蔡元培等。

未幾，陳獨秀與馬克思主義接觸，很快就走火入魔。在他的倡導之下，中國共產黨於民國十年成立，而以《新青年雜誌》爲機關報。從此，馬克思主義在中國迅速傳播，終至釀成中國大陸赤化的悲劇。

當然，所謂西化期是說這一時期以上述思想爲主流，並不是說捨此即無其他思想。事實上，這一時期的中國哲學界不僅與西洋思想有廣泛的接觸（如羅素、杜威、詹姆士、柏格森、歐鏗等思想），對中國傳統哲學也有很深刻的反省，其中尤以梁漱溟、馮友蘭、熊十力爲最著。只可惜這些思想均無力阻止馬克思思想的泛濫成災，這實在是中國的大悲劇。

融合期是指大陸赤化後臺灣、香港及海外哲學界融合中西哲學的努力。這一時期始於民國三十九年，至今方興未艾。大家的共同出發點是全部西化思想的破產，因爲它替中國帶來了共產主義的空前大災害。但最近幾年以來，中國大陸方面也開始有人提倡中西哲學的融合。關於未來應走的路徑，大抵可分六種不同趨向。不消說，各不同趨向之間有許多互相接觸的地方。

首先是以唐君毅、牟宗三等爲首的新亞學派（由唐君毅與錢穆等於民國三十九年在香港所創的新亞書院而得名）。唐君毅把斐希德與黑格爾的思想與中國儒家思想融於一爐，牟宗三則把康德與儒學相融合；二位先生均强調儒家的道德實踐，獲得年青一代的若干反響。

其次是主張中西融合的一些天主教思想家所採取的方向，吳森教授稱之爲中國士林哲學⑧。他們也像新亞學派一般，比較傾向於儒家的道德觀，同時却也接受佛、道、墨各派的優點；一方面要全面發揮人性的光輝，同時以創造宇宙的上帝作爲人性完美化的起點及終點。對西洋哲學而言，他們一方面比較接近亞里斯多德、奧古斯丁至多瑪斯的傳統，但對現象學、存在哲學、詮釋學以及分析哲學各派均保持高度興趣與同情。準此，最好還是稱他們爲中國天主教學派。

---

⑧ 吳森：〈中國大陸之外的當代中國哲學〉，青年戰士報，民國六十九年三月十五及十七日，中西文化版（第十版）。吳敎授的分類大致與傅佩榮先生雷同。參見〈中國思想與基督宗敎〉（《輔仁大學神學論集》之三十二）。

第三是中國佛學，其主要代表人物都想把佛學與中國文化融合起來；在臺灣有中國文化學院的印順法師與曉雲法師，香港有羅時憲教授及新亞書院講師霍韜晦，美國有巴壺天教授等⑨。

第四是三民主義哲學：目下中央研究院及臺灣各知名大學均有三民主義研究所的設立，一方面致力於三民主義的政治、經濟、法律、文化各方面思想的研究，同時也想建立三民主義的哲學。繼承《國父遺志而以《易經》、王陽明思想加以進一層發揮的應推先總統蔣中正；他以外的主要代表人物有陳立夫、任卓宣等。

第五是最近幾年以來大陸方面的融合傾向！他們認爲馬克思主義必須與儒家思想結合才有出路。

第六是缺乏其他方面明確信念而主張中西融合的思想家。他們大多在北美大學受過教育或執教。大體而論，他們頗同情新亞學派，但態度比較獨立。

此外應該提及幾位不屬任何一派而極有成就的幾位學者。首先是方東美先生，對中國傳統哲學而言，他主張儒、釋、道、墨各家的精華兼收並蓄；西洋哲學方面，他不但接受了柏格森思想，而且也融會了柏羅丁的新柏拉圖思想。此外有研究懷海德及提倡孝的哲學之謝幼偉先生，以及在美國對中國哲學作詳細而紮實的介紹之陳榮捷先生。

⑨ 同上：吳教授自稱在一九七六學年度有幸與港臺兩地哲學界各派直接交往，並獲得各方面的歡迎與友誼。

我必須指出，上述分期的意義只在於表示各階段的主要特徵，而不是說各個階段之間的思想判然不同，亦卽前一階段思想在後一階段中完全不再發生力量。例如「體用期」顯然由張之洞的「舊學爲體，新學爲用」而得名。張之洞在光緒初（一八七五）已爲淸廷所倚重，任兩廣總督時曾創「水師學堂」。可見他早已依這套體用思想在辦事；十九世紀後期數十年來，熱心於自强或洋務運動的領導人物如曾國藩、李鴻章、左宗棠、劉銘傳、沈葆楨等的心態也大致如此。因此，張之洞在光緒二十四年（一八九八）發表的〈勸學篇〉中主張的體用理論，可以說表達了那時代許多人所共有的想法。儘管如此，那時期還有完全拒絕「奉洋人爲師」的守舊派，倭仁卽其中之一。而在張之洞寫〈勸學篇〉的同時，後起之秀如康、梁、嚴、譚等的思想早已進入新的階段。另一眼面前例子是：我們稱此時此刻爲融合期，但停留在西化期的人在學術界中可能仍相當可觀。他們可以說是五四時代實證主義與科學主義的繼承者。持這一方向者往往對哲學沒有深切硏究，只是不自覺地接受五四以來所流行於中國的西洋啓蒙思想及實證主義。他們的實證主義傾向尤爲美國所盛行的行爲主義所增强。哲學界中自覺地接受實證論者則往往一變而成爲邏輯實證論者。這一思想型態往往尙停留於西化期，並未發覺融合的需要。

《哲學與文化》第七卷第七期　民國六十九年七月

十二、覺醒期的急先鋒—康有為

導引中我們把當代中國哲學分爲體用期、覺醒期、西化期、融合期四個階段。關於體用期的代表性思想，上面在討論張之洞勸學篇的構想時，我們已經作了簡略介紹，不必再費筆墨。

梁啓超稱他的業師康有爲爲「新思想的急先鋒」❶。上面我們也曾說起他是甲午之戰以後中國知識份子覺醒的創導者。因此討論當代中國哲學時把康有爲當作第一位主要代表人物，是一件合理的事。儘管他所主張的「變法」沒有成功，但他對梁啓超和譚嗣同以及當時有血性的知識青年有過決定性的影響則可斷言。

近幾年來對康有爲的最詳盡研究應推蕭公權先生的「新中國與新世界：改革家與烏托邦思想

❶ 梁啓超：《中國近三百年學術史》，臺北市，臺灣中華書局，民國六十四年，臺八版，頁二九。關於康有爲的一生，最佳的資料是《康南海自編年譜》，臺北市，宏業書局，民國六十五年。

家康有為」❷。

康有為字廣夏，號長素，廣東南海人，生於咸豐八年（一八五八）。十九歲時，師事朱次琦於禮山草堂，歷三年之久。朱氏以四行(孝弟、名節、氣質、威儀)五學（經、史、掌故、義理、詞章)教學者，以宋明之學及經世致用躬行實踐為要旨，一如康有為自稱，朱氏主張「以一身必能有立，以天下為必可為」，這一宏偉的氣度對康有為一生具決定性的影響。廿二歲時曾去香港，從此他深信「西人治國有法度，不得以古夷狄視之」，並開始讀各種西書課本，而改革政治的理想也油然而起。光緒八年（一八八二），他去北京應試，歸經上海，睹租界街市之繁盛，益信西人治術有本，遂大購江南製造總局及外國教會所譯各種西書，並訂購了萬國公報。回到廣東以後，就閉門「大攻西學書」。二十七歲(一八八四)那年，康有為寫《人類公理》一書，也就是《大同書》的前身；此書可謂完全受西洋思想影響。三十一歲時，與廖平論學，讀了他的書以後，遂盡棄所學，完全接受了廖氏的見解。三十四歲時（一八九一），開始在長興里設萬木草堂講學，梁啓超卽其入門弟子之一。就在這時，康氏著《新學偽經考》及《孔子改制考》，用以替《大同書》的思想建立一套基於中國傳統思想的理論架構。甲午之戰，中國慘敗於日本，康有為聯合千餘舉人上書皇帝（〈公車上書〉）。光緒二十四年（一八九八），皇帝決心接受康有為建議

❷ Hsiao, Kung-chuan, A Modern China and a New World: K'ang Yu-wei, Reformer and Utopian, 1858-1927. Seattle and London: University of Washington Press, 1975.

變法，惜為西太后所阻，這就是戊戌政變。這件事發生以後，康有為不得已逃至日本、南洋、歐美等地。民國成立後，創不忍雜誌，始終對清朝皇帝表示忠誠，死於民國十六年。

康有為的思想很顯然已跨越了張之洞的體用理論。他的最重要思想應以《大同書》為代表，因為這是他對政治對整個人類的終極理想。一如上述，康氏寫此書是受了「大攻西學書」的影響。《大同書》一開始就說自己「生於大地之上，為英帝印度之歲」。事實上，一八五八年東印度公司結束，英國王室直接統治印度。這已經充分表示出，他這本書以「西學」所提供的知識作為整個人生觀、社會觀、文化觀、政治觀的基礎，早已超越了「中學為體西學為用」的範疇。數年後他撰寫《新學偽經考》、《孔子改制考》，不過是利用中國傳統思想中對他有利的一部份來支持他《大同書》中的烏托邦理想，尤其是要讓太平世或大同的理想顯得和孔子託古改制發生關係。大同書中的許多想法，卽使以現代人的眼光看來也無法接受。梁啓超說他是新思想的急先鋒，實在是有理由的。

現在讓我們來介紹他的三册涉及思想的重要書籍，卽《大同書》（一八八四—一九三四），《新學偽經考》（一八九一），《孔子改制考》（一八九一）。

《大同書》一如上述，這本書起初稱為人類公理，初稿完成於康氏二十七歲時，秘不示人。經修改以後，其甲乙二部先發表於不忍雜誌，以後於民國八年出單行本。全書十部則於民國二十三年始能付印，當時康氏離開人世已歷七載。全書受進化論影響甚深，而徹頭徹尾是烏托邦型的：認爲人類諸苦的根源皆因九界而生，卽國界分疆土部落，級界分貴賤淸濁，種界分黃白棕黑，形界分男女，家界私父子夫婦兄弟之親，業界私農工商之產，亂界有不平不通不同不公之法，類界有人與鳥獸蟲魚之別，苦界不斷以苦生苦。太平大同世界在於破除九界：卽去國界合大地而建立世界政府；去級界，使各國公民一律平等；去種界，使全世界的各膚色人種趨於一致；去除男女不平等的情況，使男女無論在職業、社會地位、性關係上完全平等；去除家庭制度，卽男女關係不得爲終身之約；去除私產制；藉世界政府而去除亂源而登太平；由不殺動物去除人與鳥獸蟲魚之別；最後藉人間極樂世界的造成而脫離苦界，並藉仙佛之學得到最完美歸宿。

關於建立世界政府一事，康有爲在一九一九年天眞地以爲在國際聯盟組織中已「親見大同之行」。事實上，今日的聯合國距世界政府的理想尙甚遠。但這並不是說大同的世界政府不可能成爲事實。

如何能使不同膚色的種族趨於一致呢？大同書設計了一套改造人種的辦法，如雜婚、改食、遷地等，以爲非洲奇黑之人數百年可成爲印度之黑人，由印度黑人數百年可進爲棕人，不二、三百年可進爲黃人，不百數十年可變爲白人。千年之後，全世界人皆美好，「由今觀之望若神仙矣。」棕黑人中有性情太惡或有疾者，醫者當飲以斷嗣之藥，以絕其傳種。最妙的是《大同書》所設想的胎教之地——人本院：婦女一懷孕一律應遷居設在溫寒帶間風景地區的人本院。嬰兒斷乳後則移送入育嬰院，六歲後進小學。育嬰院與小學均應設在氣候宜人的地帶，旣不太熱亦不太冷。黑人棕人經過這樣的胎教、育嬰及幼年時的培養，皮膚就漸漸改變云云。

關於廢除家庭關係，性關係絕對自由（「不論男女之交及兩男之交，皆到官立約，以免他爭」），除鼻毛以外全身不留一毛等見解❸，其烏托邦意味格外强烈，在在足見康有爲其人之想像力有餘，而平實的判斷力不足。

還有一點值得注意：康有爲接受的西洋思想沒有經過充分的批判過程，幾乎是抓到什麼就是什麼。以後中國知識份子中有人接受無政府主義、社會主義、共產主義、實證主義等等，也都是這樣的心態。

《新學僞經考》一如康氏弟子梁啓超所承認，《新學僞經考》及《孔子改制考》的思想得自廖平，但康氏書中絕未提及。據世界書局刋印《新學僞經考》附錢玄同一文所云，此書數度曾遭禁燬，民國六年重刻木板，改名爲《僞經考》。

所謂「新學」是指新朝王莽之學，亦卽劉歆所提倡的古文經，包括《費氏易》、《左傳》、《逸禮》、《毛詩》、《周官》。康氏則認爲古文經是劉歆所僞造，祇有今文經可靠。其所舉的最重要理由是：秦始皇焚書之令但燒民間之書，因爲李斯祇說：「非博士官所職，天下敢有藏詩書百家經者，悉詣守尉雜燒之」。既如是，則秘府所藏，博士所職之書並未焚燒，而今古文之分

---

❸ 康有爲：《大同書》，臺北市，龍田出版社影印，民國六十八年，頁七八—七九，一八八，二九二—三二四，二八七，四二三，四四八等。

亦大可不必❹。姑不論僞經考的論證之是否充分，康有爲之斥古文爲僞經的動機在於古文經之一——《左傳》和他自己的意見不合：康氏主張孔子爲改制立法之教主聖王，《六經》皆孔子所作，《左氏傳》則稱「周公易，孔子以述易作」。依左傳這一說法，「孔子遂僅爲後世博學高行之人，而非復爲改制立法之教主」❺。這就是康氏寫僞經考的眞動機。

《孔子改制考》 一如上文所提及，此書以冗長的篇幅堅稱孔子爲創教改制的聖王及大地教主。據康氏所云，周末諸子並起創教而改制，不僅墨子、管子、晏子、許行等莫不如是。例如管子創四維，又說倉廩實而知禮節，衣食足而知榮辱，就是創教；他把國用三分之二施諸賓客，三分之一施諸國家，就是改制。改制者又都是借用古人的名義，所謂託古改制。周末諸子既如是，孔子創儒教而託古改制也就分所宜然。

此書以爲《詩》、《書》、《禮》、《樂》、《易》（彖、象、繫辭）、《春秋》六經均孔子所作。而孔子作春秋時，尤其是以「素王」的資格去做；孔子雖沒有國土，却是受天命的「制法之王」，而且繼承了三代以來三正中的黑統。因此序文有「天既哀大地生人之多艱，黑帝乃降精而救民患，爲神明，爲聖王，爲萬世作師，爲萬民作保，爲大地教主。」孔子生於亂世，乃據亂世而立三世之法，亦卽據亂世、升平世、太平世，一稱撥亂世、小康、大同。這就替康有爲的

---

❹ 康有爲：《僞經考》，臺北市，臺灣商務印書館，民國六十三年，臺二版，頁一—四。

❺ 康有爲：《孔子改制考》，臺北市，臺灣商務印書館影印，民國五十七年初版，卷八，頁一。

大同書提供了來自儒家傳統的理論根據❻。康有爲的變法僅以實現小康爲目標，這是因爲他認爲實行大同的時機尚未成熟。

《孔子改制考》的這套說法，康氏自稱取之於《公羊傳》及董仲舒❼。《公羊傳》隱公元年有如下的話：「公子益師卒，何以不日，遠也。所見異辭，所聞異辭，所傳聞異辭。」董仲舒（公元前一七九—一〇四）遂把春秋時代的二百四十二年（公元前七二二—四八一）分成三等，即有見、有聞、有傳聞，所見六十一年，所聞八十五年，所傳聞九十六年❽。《公羊傳》與董氏的話都不過是說孔子應用了三種不同歷史資料而已。東漢公羊家何休（一二九—一八二）却把上面這些言辭作了出人意表的詮釋，他在《公羊解詁》一書中認爲「於所傳聞之世，見起治於衰亂之中，於所聞之世，見治升平，至所見之世，著治太平。」清代的公羊家如康有爲等不過是繼續發揮何休之論。

關於孔子受命爲黑統的新王，這一說法源出董仲舒。在「三代改制質文」中董氏以爲歷代有黑統、白統、赤統，一稱三正。例如夏黑統、商白統、周赤統，如此週而復始。周以後又是黑

---

❻ 同書，卷二、三、四、九、一〇、一一，第八卷尤爲重要。

❼ 同書，卷八，頁一。

❽ 蘇輿：《春秋繁露義證》，臺北市，河洛圖書出版社影印，民國六十三年，臺一版，卷一，頁六—七。

統，由孔子繼之：「故春秋應天作新王之事，時正黑統，王魯尚黑。」❾

《哲學與文化》第七卷第八期　民國六十九年八月

❾ 同書，卷七，頁六—八。

十三、替中國打強心針的嚴復

假使康有爲是清朝末年中國民族覺醒運動的急先鋒，眞正使中國知識份子振奮圖强的却是嚴復（一八五四—一九二一）。儘管他不曾發展出一套屬於他自己的獨特思想，他對當代中國思想的影響却非常深切。

生平與著作　嚴復字幾道，於咸豐三年舊曆十二月初十，生於福建省侯官縣。咸豐三年相當於公元一八五三年，但舊曆十二月十日已是公元一八五四年一月八日[1]。七歲至十四歲間，打下了極深的國學根基。一八六六年結婚，同年考入沈葆楨巡撫所辦福州造船廠附設的海軍學校，學了英文法文及數理等科。一八七七年，他被派至英國留學；二年餘期間，他的興趣竟然轉移到西洋的政治制度和哲學的路上。一八七九年回國後，充當了幾年水師學堂的總教習以後，覺得海軍不受到當時人的重視。另一方面他自己的興趣在於改變整個政治制度，於是他想借科舉進入政

---

[1] 林博文、王家儉：〈關於嚴復的生平及其他〉，中央日報民國六十七年九月廿六日十一版。

界。兩次應福建鄉試（一八八五及一八九三）和順天鄉試（一八八八—一八八九）均不得志。甲午之戰後，他深覺中國政治的改革在所必行，於是開始在天津直報發表文章，逐漸走入介紹西洋學術思想的途中。一八九五年發表〈論世變之亟〉及〈原強〉等文章。一八九六年譯成赫胥黎《天演論》(T. H. Huxley: *Evolution and Ethics*)，一八九八年出版後轟動一時，風行全國。一九○二年又譯成亞丹・斯密的原富（Adam Smith: *Wealth of Nations*），立刻獲得梁啓超的稱譽。以後陸續翻譯出版的有穆勒的《羣己權界論》（John Stuart Mill: *On Liberty*）、孟德斯鳩的《法意》(Montesquieu: *Spirit of Laws*)，穆勒《名學》(J. S. Mill: *System of Logic*)耶芳斯的《名學》(W. S. Jevons: *Primer of Logic*)、甄克思的《社會通詮》(Edward Jenks: *A History of Politics*)、斯賓塞的《羣學肄言》(Herbert Spencer: *Study of Sociology*)。戊戌政變時，嚴復雖未遭殃，但不得已銷聲匿跡於一時，辛亥革命以後，他和袁世凱拉上關係，被他委聘爲京師大學堂的監督，以後又無可奈何地參加籌安會。由於不滿於當時的實際政治，他又逐漸走回復古思想。五四運動時他反對白話文，又反對婚姻自由。民國十年他與世長辭❷。

思想簡介 嚴復對當代中國的最大貢獻是把西方的政治、經濟、社會、理則學等書直接翻譯成中文。一直到那時爲止，中國的知識份子之接觸到那些思想，都是透過零星的介紹。例如像康

❷ 王遽常著：《嚴幾道年譜》，臺北市，文海出版社，影印（原著於民國二十四年脫稿）。
周振甫編：《嚴復思想述評》，臺北市，臺灣中華書局，民國五十三年。

有爲、譚嗣同等的「西學」知識，多半都得力於萬國公報那批人的介紹。嚴復藉着他讀英文書的能力及國學修養，再接再勵地翻譯直接有關思想的書籍，在當時是絕無僅有的貢獻。一如衆所週知，他所譯書中影響最大的是《天演論》。這本書對積弱的中國不啻係一强心針，使少年氣盛的一代奮臂而起。因爲它使中國人深信「物競天擇適者生存」是天道，因此不自强就不能生存。它又讓年青一代相信天人互爭，二者相反相毀：唯「百年來歐洲所以富强稱最者，其故非他，其所勝天行，而控制萬物前民用者，方之五洲，與夫前古各國，最多故耳。以已事測將來，吾勝天爲治之說殆無以易也。」（卷下〈進化〉第十七）此書結尾敦勸讀者要「沉毅用壯，見大丈夫之鋒穎，彊力不反；……早夜孜孜，合同志之力，謀所以轉禍爲福」❸，發生了意想不到的效力。一如胡適之所云，《天演論》出版之後，不上幾年，便風行全國，做了中學生的讀物。胡適之所指的是光緒乙巳年（一九〇五）以後幾年。當時許多人用「競爭」「天擇」當名字，胡適之自己所用的「適」字也是這風氣的產物之一❹。可見的確是轟動一時，震撼了當時的人心。

其實，嚴復把進化論與中國非自强不可這二件事連在一起，一八九五年在天津直報中發表的

---

❸ 赫胥黎著、嚴復譯：〈天演論〉，臺北市，臺灣商務印書館（人人文庫），民國六十一年臺二版，導言一、五，論十七。

❹ 胡適，《四十自述》，臺北市，遠東圖書公司，民國五十三年，頁四九—五〇。

「原強」一文中早已表達無遺⑤。嚴氏在這篇文中就說：「種與種爭，羣與羣爭，弱者常爲強肉，愚者常爲智役。及其有以自存而遺種也，則必強忍魁桀，矯捷巧慧，而與其一時之天時地利人事最其相宜者也。」祇不過當時的區區一文流傳不廣，影響不大。《天演論》一書則旣詳細又容易傳播，影響才如此深切。

對於「中學爲體西學爲用」說，嚴復抨擊之不遺餘力。他一方面也和康有爲一般，從「西學」採取了治國做人的大道理，另一方面他不像康氏那樣要用中國傳統思想自圓其說。在「與外交報主人論教育書」中，嚴復主張凡可以治療愚、貧、弱三害者，將竭力盡氣以求之，「不暇問其中若西也，不必計其新若故也。有一道於此，致吾於愚矣，且由愚而得貧弱，雖出於父祖之親，君師之嚴，猶將棄之，等而下焉者無論已。」⑥最後幾句話簡直是對傳統思想的無情挑戰：他一生的主要工作旣在於翻譯西洋的思想著作，那末他心目中致吾於愚、貧、弱的「道」究竟是指什麼，簡直已呼之欲出。因此周振甫說他一度曾主張全盤西化，是言之成理的。嚴復不但醉心西洋的政治、文化和物質生活，對宗教生活也有深刻印象。由於他在英國曾親身體驗到基督宗教的力量，所以他沒有五四時期的反宗教成見，公然表示希望基督宗教能遍布於中國：「今假景教大行

⑤ 嚴復：《侯官嚴氏叢刻》（據光緒二十七年刋本影印），臺北市，成文出版社，民國五十七年，頁一一五—一七一。

⑥ 周振甫編：《嚴復思想述評》，頁八一—八三，一三四。

於此土，其能取吾人之缺點而補苴之，殆無疑義。且吾國小民之衆，往往自有生以來，未受一言之德育，一旦有人焉臨以帝天之神，時爲耳提而面命，使知人理之要，存於相愛而不欺，此於教化，豈曰小補。」⑦

還有一點值得指出，那就是嚴復也翻譯了兩本理則學的書，這是離實際生活比較遠的東西。足徵嚴復學術興趣之廣。

天人互爭抑天地人和諧？ 一如上述，嚴復由於生逢中國積弱之秋，因此竭力敦促中國人合力勝天。後起一代的中國知識份子接受了嚴復的勸導，因此大多祇相信人定勝天，而把中國數千年來天地人相和諧的傳統棄置不顧，以爲這是足以使中國成爲愚、貧、弱的宿命論人生觀。我非常同情嚴復及後起一代中國人這一心態的時代背景，但對這天人互爭的片面見解却無法完全贊同。眞正明瞭天地人和諧眞諦的人，都知道這一信念包含了「能盡物之性，則可以贊天地之化育，……與天地參矣」（《禮記》第三十一篇〈中庸〉20）的訓示。這也就是說，天地人相和諧的信念與積極利用大自然並行不悖。不但並行不悖，而且要採取行動「贊天地之化育」，人必須先「盡物之性」，也就是充分理解事物的天性，遵循事物的天性；這也正是天地人相和諧的意思。倡導科學實驗方法的培根說得好：「唯有順從自然，才能勝過自然」（Natura non vincitur nisi parendo），這句話可謂與中國傳統的和諧思想不謀而合。李約瑟在與金耀基的一次談話中也

⑦ 同⑥，頁一〇八。

格外指出這點，彌足珍貴❽。我國知識份子在中國積弱的悲慘背景之下，不幸接受了天人互爭的片面想法，遂釀成五四時期反傳統反宗教的局面。其實，「天人互爭」在西洋也祇反映十九世紀末期的思想，它甚至與近代科學鼻祖培根的思想完全不合。我國五四以還的知識份子則往往把西洋十九世紀末期的這一偏差思想與科學相提並論。一味違反人性變幹甚至想完全改造人性的毛共思想卽種因於此。當然，這一切不能歸咎於嚴復。他那時祇想提高年青一代中國人的活力，不可能預見到「天人互爭」這一想法極端化會有這樣可怖的後果。

至於「天人互爭」這一想法以宇宙整體而言不能立足，這點在二十世紀七十年代已因環境汚染問題而眞相大白。以現代人的眼光來看，卽使從人類繼續生存的觀點來說，天地人互相和諧也是唯一的解決辦法。

《哲學與文化》第七卷第九期　民國六十九年九月

❽ 金耀基：〈科學、社會與人文—記與李約瑟先生的一次談話〉，聯合報副刊，民國六十九年三月十、十一、十二日。

十四、本世紀初中國啓蒙業師梁啓超

胡適之在《四十自述》中有一段話富有代表性，充分表示出梁啓超在本世紀初期的無比影響力：「我在澄衷一年半（按：一九〇五—一九〇六），看了一些課外的書籍。嚴復的《羣己權界論》，像是在這時代讀的。嚴先生的文字太古雅，所以少年人受他的影響沒有梁啓超的影響大。梁先生的文章，明白曉暢之中，帶着濃摯的熱情，使讀的人不能不跟着他走，不能不跟着他想」❶。

梁啓超字卓如，廣東新會縣人，生於同治十二年（一八七三）。光緒十五年（一八八九）鄉試成功後，曾在長木草堂拜康有爲爲師，以後又跟康氏至北京參加公車上書，請求變法。戊戌變法前在上海辦時務報；政變後亡命日本。與康有爲一起組織保皇黨，創清議報及新民叢報。民國成立後，曾任財政總長、司法總長等職。民國九年自歐考察返國，放棄政治，全力從事教育事

❶ 胡適：《四十自述》，臺北市，遠東圖書公司，民國五十三年，頁五〇。

業，如組織共學社，發起講學會等，該會曾邀羅素來華講學。他自己也在各大城市演講，又在南開及清華大學任教，最後出任北京圖書館館長，而於民國十八年逝世。

上面引用的胡適的話指出，梁氏文筆旣通俗又鋒利而充滿感情，令人入迷。胡適之先生承認自己受了梁先生無窮的恩惠，而以「新民說」與「中國學術思想變遷之大勢」爲最❷。這兩種重要文獻，以後均收集在《飲冰室文集》中。此外，梁氏尙有《墨子學案》、《清代學術概論》、《中國佛學史》、《中國近三百年學術史》、《先秦政治思想史》、《墨子學案》、《孔子學案》等等著作。梁氏的著作一直都受人重視，但最能代表他自己思想而且影響力最大的莫過於新民說的一連串文字。

這些文字大旨不外乎敦促中國人自新，要有公德、私德，有國家及權利思想，有進取冒險精神，要自尊、合羣、有毅力，其用意和嚴復的「原强」相似，其運用進化論鞭策人心也相同。在「就優勝劣敗之理以證新民之結果而論及取法之所宜」一文中，他認爲地球上黑、紅、棕、黃、白五大種族之中以白種人佔優勢，白種人、拉丁、斯拉夫、條頓三民族中條頓人最有勢力，條頓人之日爾曼與盎格魯撒克遜民族中又以後者爲最優。白種人所以優於他種人，在於他種人好靜，而白種人好動；他種人狃於和平，白種人不辭競爭；他種人保守，白種人進取；他種人祇能發生文明，白種人則能傳播文明。條頓人之優於其他白種人則在於政治能力特强。盎格魯撒克遜人之

---

❷ 梁啓超：《飲冰室文集》，臺北市，幼獅文化公司，民國五十二年，卷一、卷二。

尤優於其他條頓人者，在於其獨立自助之風最盛。於是，根據優勝劣敗之進化原理，梁啓超認爲中國民族必須向白種人、條頓人、盎格魯撒克遜人學習。事實上，新民說中所列各條，如公德、國家思想、進取冒險、權利思想、自由、自治、進步、自尊、合羣、毅力等等，都是以白種人尤其以盎格魯撒克遜人爲標準，唯一的例外可能是私德中正本、愼獨、謹小三點。

值得一提的是，梁啓超對權利及道德的想法頗有商榷餘地。他認爲道德之立所以利羣（論公德），忽視了道德的自由抉擇主體❸。把羣體作爲道德的最高標準，這一思想可能導源於邊沁 (J. Y. Bentham) 與穆勒 (J. S. Mill) 的功利主義❹。他又認爲權利生於强：「彼獅虎之對於羣獸也，酋長國王之對百姓也，貴族之對平民也，男子之對子女也，大羣之對於小羣也，雄國之對於孱國也，皆常佔優等絕對之權利。」（論權利思想）❺這是把强權與權利混爲一談。梁啓超對道德與權利之所以採取這樣粗糙的看法，一方面可能受十九世紀末期的某些西洋思想影響，另一方面也可能有感於中國當時的衰弱以及中國人無國家思想而發。但九九歸原，梁氏對人本身價值缺乏基本信念，這可能是他的道德觀與權利觀的最大弱點。

---

❸ Chang, Hao, Liang Chi-ch'ao and Intellectual Transition in China 1890-1907, Cambridge, Mass., Harvard University Press, 1971, p. 218.

❹ 梁啓超：《飲冰室文集》，卷一，頁一三六—一四〇。

❺ 梁啓超：《飲冰室文集》，卷一，頁一—六八。

梁氏早期對白種人精神的無底止信心，民國九年遊歐洲歸國以後開始發生動搖。在《歐遊心影錄》中，他又發現中國文化這份世襲家當的珍貴，並認爲歐洲人已失去安心立命的所在，而「科學萬能之夢」已因第一次大戰而幻滅❻。不但如此，梁氏並採取反對非宗教同盟的立場，公開承認不反對宗教❼。儘管他心目中的宗教不過是白熱化的情感，未免偏於一面，但在二十年代中國知識份子的「科學萬能之夢」正酣而反宗教浪潮達到最高點之際，能夠說出這些不入耳之言，足見他的道德及學術勇氣。

最後我們必須指出：梁啓超雖始終承認自己是康有爲的弟子，但他接受西方思想時完全不受乃師的託古想法所限制❽，對東西思想的取捨，基本態度比較接近早期的嚴復。

《哲學與文化》第七卷第十期　民國六十九年十月

---

❻ 梁啓超：《歐遊心影錄》節錄，臺北市，臺灣中華書局，民國四十九年，頁七—九，三五—三八。

❼ 梁啓超：《梁任公文集》，臺南市，經緯書局，民國四十七年，頁一九八—二〇一。

❽ 梁啓超：《清代學術概論》，臺北市，臺灣中華書局，民國六十三年，頁六三—六五。

十五、晚清思想界的彗星譚嗣同

以影響力而言，譚嗣同的思想在清朝末年既不如康有爲那樣帶動了一批年青人，更不如嚴復、梁啓超那樣擁有無數讀者。可是他却是很獨特的一位人物。他在甲午戰事後開始治「新學」，二年後就發展出一套屬於他自己的思想體系。又歷二年他就因戊戌事變而遇害。梁啓超稱之爲晚清思想界的彗星，實非過言。

生平與著作　譚嗣同字復生，湖南瀏陽人，生於清同治四年（一八六五）。幼年喪母，被父親的妾虐待，痛苦異常。十三歲跟做官的父親到甘肅。二十歲成爲新疆巡撫劉錦棠的幕僚，以後十年期中，來往於南北各省，甚至也到過臺灣。一直到三十歲左右，他只曾治「舊學」：幼時喜駢體文，又喜作詩，曾治今文學及王夫之之學。甲午戰後，把少年時詩文刻成一書，稱爲「東海褰冥氏三十以前舊學」，表示從此專治新學。他慕康有爲所創强學會之名而專誠由湖南至北京。當時康有爲恰好去廣東，譚嗣同遂與梁啓超論學。從此譚氏以康有爲之私淑弟子自稱。一八九六年，他的父親命令他爲候補知府，在南京候差。在南京一年之間，他從楊文會處習佛學；除此以外，梁啓超說他「閉戶養心讀書，冥探孔佛之精奧，會通羣哲之心法，衍繹南海之宗旨」。《仁學》一書卽在此種情況之下完成。戊戌事變（一八九八）時，他因參與新政而被捕斬首❶。

仁學思想　根據梁啓超的記載，《仁學》一書所承受的主要影響有康有爲的三世說，華嚴宗唯識宗佛學，西洋「格致」類譯書；政治思想方面他也頗受黃梨洲《明夷待訪錄》的影響❷。

雖然譚嗣同曾受康有爲的影響，却比康氏更深入。康氏大同書以人有不忍之心爲出發點，譚氏則更進一步探究不忍之心——仁的存有學根源。答案是：不生不滅的以太就是仁之體，以太之通而不塞就是仁之用：通卽仁，不通就是不仁，這一說法顯然取自西洋物理學對以太的假設；但譚氏的以太不僅係物質，同時又具心與知的特性，因此《仁學》界說之十一稱「仁爲天地萬物之源，故唯心，故唯識。」譚氏以爲不僅人與動物有知，植物如葵之向日，礦物如鐵之吸電，均係知的不同方式，甚至「虛空之中，亦皆有知也」（24）以太本身不生不滅，其中却又有無數的「微生滅」：「無時不生死，卽無時非輪廻；自有一出一處，一行一止，一語一默，一思一寂，一聽一視，一飲一食，一夢一醒，一氣縷，一血輪，彼去而此來，此連而彼斷。去者死，來者又生；連

---

❶ 梁啓超：《清代學術概論》，臺北市，臺灣中華書局，民國六十三年，頁六六—六九。
梁啓超：〈譚嗣同傳〉，附於《仁學》一書前面臺北市，大中書局，民國四十七年。

❷ 譚嗣同著：《仁學》，臺北市，大中書局，民國四十七年，本文括號中號碼指此書之頁數。

者生，斷者又死。」這一切都是以太之微生滅。萬物的生死終不得息，以太之微生滅亦不得息，但以太本身不生不滅，因此生滅卽不生不滅（26—28）。旣如是，則我自己也時時刻刻在生滅中（29），沒有眞正不變的自我。譚氏之所以輕生不畏一死，與這一信念不無關連。

以太本身具日新的盛德，因此譚氏竭力反對守舊好古：「歐美二洲，以好新而興；日本效之，至變其衣食嗜好。亞非澳三洲，以好古而亡。中國動輒援古制，死亡之在眉睫，猶棲心於榛狉未化之世……。」（32—34）以太又是動的；中國人則自食老子言，以爲動不如靜；反之西人則以喜動而稱霸於五洲（34—35）。譚嗣同也公然反對中國傳統的禮教，認爲過份的防範反會導人於淫。「西人男女相親，了不忌避，其接生至以男醫爲之，故淫俗卒少於中國。遏之適以流之，通之適以塞之……。」（15—19）譚嗣同反對守舊，反對靜止不動，反對禮教，可謂走在五四運動前面。

政治方面，譚嗣同認爲孔子立教之初已「黜古學，改今制，廢君統，倡民主，變不平等爲平等」，反對君主視天下爲私產（54—56）。這一切原不過是重述康有爲之見，但譚氏對滿清也表示不滿，目之爲奴役。清廷把臺灣割讓給日本，這件事尤其引起譚氏的憤恨：「臺灣者，東海之孤島也，於中原非有害也。鄭氏據之，亦足存前明之空號，乃無故貪其土地，據爲己有。據爲己有，猶之可也，乃旣竭其二百餘年之民力，一旦苟以自捄，則舉而贈之於人。其視華人之身家，曾弄具之不若。……吾願華人，勿復夢夢謬引以爲同類也。」（55—57）由於他痛恨清廷割讓臺灣，所以譚氏又稱《仁學》爲「臺灣人所著書」，表示出他的抗議。

《哲學與文化》第七卷第十一期　民國六十九年十一月

十六、介紹叔本華與尼采的王國維

康、梁、嚴、譚四位，無論是創造自己的思想系統，或者介紹西洋思想，都不脫强烈的政治意味。清末從事哲學工作而完全不着政治色彩的就只有王國維一人。

王國維浙江海寧人，字靜安，號觀堂，生於光緒三年（一八七七）。十八歲赴杭州應鄉試不中；恰好那年發生甲午戰役，變法自强之論甚囂塵上，這時他始知有所謂新學。三年後再一次應鄉試，又無結果。二十二歲（一八九八）赴上海，在時務報中任書記，每日午後三小時，在羅振玉所設東文學社習日文。半年後，獲羅振玉賞識及資助而正式入學。王國維這時受到英文教師田岡佐代治影響，對康德、叔本華感到興趣。一九〇一年，羅振玉任湖北農務學堂監督，敦請王國維與樊炳清擔任翻譯工作；以後羅振玉在上海辦《教育雜誌》，請王氏任主編，先後達五年之久，他的一些與哲學有關的文章也發表在《教育雜誌》中。羅振玉又資助他赴東京入物理學校，因不諳幾何而於翌年返國。據他自述，他於辛壬之間（一九〇一—一九〇二）開始研究哲學，讀包爾遜（Paulsen）的《哲學概論》及文德爾彭（Windelband）之《哲學史》；一九〇三年，讀汗德（康德）無由入門，轉而讀叔本華。那年夏季至次年冬，他都與叔本華的書爲伴；他在《教育世界雜誌》中所發表的〈紅樓夢評論〉一文卽受叔本華影響。未幾又寫「叔本華與尼采」。二十九歲（一九〇五）將康德作第二次研究，日讀二小時。三十歲對康德作第三次研究，三十一歲（一九〇七）從事第四次研究，此外也涉獵洛克、休謨之書。正在他專心致志研究哲學之際，驟然他對哲學產生極大的厭倦；幾經考慮，終於他決定把自己的精力轉移到他所喜好的詞、戲曲與甲骨文等等。據他自述，他之從事哲學，是因爲「體素羸弱，性復憂鬱，人生之問題日往復於吾前。」以後他對哲學感到厭倦，則是因爲他發覺「哲學上之說，大都可愛者不可信，可信者不可愛」。余知眞理，而余又愛其謬誤。偉大之形而上學，高嚴之倫理學與純粹之美學，此吾人所酷嗜也。然求其可信者則寧在知識論上之實證論、倫理學上之快樂論與美學上之經驗論。知其可信而不能愛，覺其可愛而不能信，此近二三年中最大之煩悶，而近日之嗜好所以漸由哲學而移於文學，而欲於其中求直接之慰藉者也。要之余之性質欲爲哲學家則感情苦多而知力苦寡，欲爲詩人則又苦感情寡而理性多。」此外他又認爲近二十年之哲學家皆係第二流作者，又皆所謂可信而不可愛者；所謂哲學家者其實哲學史家而已。凡此一切都是他放棄哲學的動機[註1]。王國維在文學上的成

---

❶ 王國維著：《王觀堂先生全集》（五），臺北市，文華出版社影印（無年），自序，頁一五四七—八，一八二二—一八三〇。

就，我們在這裏不必多談。如衆所週知，他在五十一歲（民國十六年）北伐成功前夕在頤和園昆明湖中自殺❷。

王國維在清末中國哲學界的最大特色，在於一方面主張「破中外之見」，另一方面又主張「毋以爲政論之手段」。他在論〈近年之學術界〉一文中對嚴復、康有爲、譚嗣同、梁啓超等均有所評述，最主要的批評是他們都想「遂其政治上之目的」，沒有學術價值。他把我國目前對西洋學術的熱衷與漢代對佛教的如饑如渴相比；稱春秋戰國爲中國思想之「能動時代」，稱漢至唐與宋至清二時期爲「受動時代」；「近數年之思想界豈特無能動之力而已乎，卽謂之未嘗受動亦無不可也。」由於這個信念，他相信要使學術能夠發達，必須「視學術爲目的而不視爲手段而後可❸。」王國維自已對西洋思想的介紹就是如此：區區數年間，他所寫的哲學文章雖不算多，却都非常嚴謹，充分表現了視學術本身爲目的之精神。他的「論哲學家與美術家之天職」一文又重申哲學爲美術之神聖及獨立地位，以之爲政治手段卽無價值❹。

當然，在甲午與庚子等內憂外患頻仍之時，中國知識份子關心政治，並想用學術思想救國，

---

❷ 王德毅：《王國維年譜》，臺北市，中國學術著作獎助委員會，民國五十六年，頁一—四二，三五五。

❸ 王國維著：《王觀堂先生全集》（五），頁一七三四—四一。

❹ 同書，頁一七四八—五三。

這絕對不是一件壞事。但康、梁、嚴、譚諸公的哲學思想不夠成熟及不夠嚴謹，這件事實能爲同時代的王國維指出，足見他的過人之處。他本人治西洋哲學的嚴謹，以及他對中西思想差異的卓見，在〈論新學語之輸入〉一文中表顯無遺。他指出「國民之性質各有所特長，其思想所造之處各異。……抑我國人之特質實際的也，通俗的也；西洋人之特質思辨的也，科學的也，長於抽象而精於分類。」「故我中國有辯論而無名學，有文學而無文法，足以見抽象與分類二者皆我國人之所不長，而我國學術尚未達自覺之地位也。」事實既如此，王國維就不怕清楚指出，西洋學術進入中國時，則外國語文中的無數抽象及分類名詞就必須譯成中文而創新的「學語名」。因此他反對嚴復應用中國古語，例如把 Space 譯成「宇」，把 Time 譯成「宙」，而主張沿用日本人的譯名「空間」與「時間」。他的理由非常恰當：「夫謂無限之空間無限之時間曰宇曰宙可矣，至於一孔之隙一彈指之間，何莫非空間時間乎？空間時間之概念足以該宇宙，而宇宙之概念不足以該空間時間。」他又把嚴譯「天演」(Evolution) 及「善相感」(Sympathy) 二詞與日譯「進化」及「同情」相比，用以見其得失。依據同一理由，他反對嚴氏所譯穆勒名學應用中國古語：「嚴氏所譯名學，古則古矣，其如意義之不能了然何？以吾輩稍知外國語者觀之，毋寧手穆勒原書之爲快也。」❺

王國維首先介紹到中國的兩位西洋思想家是叔本華與尼采，尤其推崇前者。在〈叔本華之哲

---

❺ 同書，一七四一—四七。

學及其教育學說〉一文中，他以爲哲學是最古而進步最慢的一門學問，自希臘以來至康德始有若干進步；唯康德以知識論代替形上學，故其說僅可謂哲學之批評，係破壞而非建設；叔氏始由康德之知識論出而建設形上學，復與美學倫理學一起建構成完整的體系。根據他的說法，與其說叔氏爲康德之後繼者，毋寧視康德爲叔氏之前驅者爲更妥。如所週知，叔氏視宇宙的意志爲最終的實在，吾人爲一個人而與他人相區別者，蓋由於知力之蔽；唯根據康德，知力僅及主觀現象；叔氏以爲意志始係人及宇宙間萬物之本體。叔氏又以爲道德係意志的否定❻。在〈叔本華與尼采〉一文中，他說二人均以曠世之文才鼓吹其學說，一則以「意志之滅絕」爲道德理想，一則公然提倡權力意志及絕對的個人主義❼。

叔本華的哲學思想很快就對王國維的文學理解有所啓悟，他的〈紅樓夢評論〉就在這一情形之下完成。一如上文所述，他從一九〇三年夏至一九〇四年冬沉浸於叔本華，一九〇四年即寫成此文。這篇文字的第一章討論人生及美術，忠實地反映了叔本華思想，認爲生活的本質就是慾望，人生如鐘擺，往復於苦痛與厭倦之間；唯一使人超然於利害之外而忘我者厥爲美術。第二第三章主張《紅樓夢》描寫「生活之欲」的解脫過程（一百十七回中，寶玉把玉還給和尚即係解脫之象徵），及這一過程之悲劇化的壯美描寫。第四章對叔本華「意志的否定」(解脫）之道德理想

❻ 同書，頁一五九六—一六二八。
❼ 同書，頁一六七一—九五。

表示懷疑，並由此懷疑種下了他放棄哲學工作的前因❽。

王國維既編教育雜誌達四五年之久，因此對教育也有一些很寶貴的見解。他認爲大學宜設經學科、理學科(二科內容大同小異；所謂「理學科」並不指今日的理學院各系)、史學科、中國文學科、外國文學科，各科中均應修二三門哲學課程；而除史學科以外，各科均應修中國哲學史與西洋哲學史。他認爲文學與哲學之關係非常密切，而教育學非有哲學之預備殆不能解其眞意❾。在〈去毒篇〉中，他主張禁絕鴉片之根本之道，除修明政治大興教育以外，尤不可不注意感情的疏導，也就是必須注意宗教與美術，前者適於下流社會，後者適於上等社會❿。王國維的這一想法可能是蔡元培以美術代宗教說的濫觴。

《哲學與文化》第七卷第十二期　民國六十九年十二月

❽ 同書，頁一六二八—七一。
❾ 同書，頁一八五七—七〇。
❿ 同書，頁一八七〇—七七。

十七、平實穩健的國父孫中山

介紹王國維時，我曾說他是清末從事哲學工作而完全不着政治色彩的獨一無二的人。這句話不但適合於康、梁、嚴、譚四位，對國父孫中山先生也同樣應用得到。但在清末那時期的混亂情形中，要從事完全和政治無關的思想工作，可能有些接近奢望。

由於三民主義與國父思想對每一位自由中國的中學生和大學生都耳熟能詳，無形中許多人對他思想的形成之歷史過程缺乏瞭解，因此對孫先生思想的原創性也不容易有深切的體認。孫先生出生於太平天國甫告消滅的同治五年（一八六六），幼時聽到許多有關太平天國的故事。一八七五年他進私塾讀四書五經。一八七九年的夏威夷及澳門之行使他和西方文化及基督宗教有初步的接觸，並開始學英文。一八八五年，他在香港公理宗教會接受洗禮；翌年在香港學醫；一八九二年開始在澳門行醫。這時期有一件事非常值得我們注意：孫先生讀醫科時，他寢室的書架上居然放了整套的《二十四史》，一本一本仔細研讀。他很早就接觸西方文化，學了英文和西方的醫學；對西方文化可謂已單刀直入，比康有爲高明多了。但是他始終不忘本，讀《二十四史》是最好的說明。當時國家的多難多災逐漸使他萌生革命之志。但起初他並不想從事流血革命，這在他和鄭觀應和王韜合作撰寫〈上李鴻章書〉一事可以見到。一八九四年六月，國父和陸皓東親赴天津，本想當面把信交給李鴻章，可惜沒有見到他。就在那年發生了甲午之戰。國父從天津南歸後的秋季，才在夏威夷創興中會革命組織。次年首次在廣州起義失敗，陸皓東被殺。一八九六年，國父出國被拘，險遭毒手；釋放後他在倫敦的九個月中，一直在大英博物館中研讀。從一九〇四年同盟會的創立至一九一一年辛亥革命成功一直到國父在民國十四年逝世爲止，這一段期間我不願多說，因爲這是大家所熟知的❶。

國父的著作均可於《國父全集》（中央文物供應社）中找到，主要的是《三民主義》、《孫文學說》（建國方略之一）、《實業計畫》（建國方略之二）、《民權初步》（建國方略之三）等。根據三民主義自序，本來國父計畫出「國家建設」八冊，包括民族主義、民權主義、民生主義、五權憲法、地方政府、中央政府、外交政策、國防計畫。民族主義一冊業已脫稿，民權、民生二冊大部份也已經草就，其他各書均已規劃好。這一切及數百冊西文參考書均於民國十一年六月十六日爲陳烱明叛變砲擊所毀❷。這實在是莫大的損失。我們今天所有的《三民主義》一書

❶ John C. H. Wu, *Sun Yat-sen, The Man and His Ideas* Taipei: The Commercial Press, 1971.

❷ 孫中山：《國父全集》（第一集），臺北市，中央文物供應社，民國五十年二版。

是由國父演講記錄而成，當然沒有原來三書那末詳盡。

我們從國父的一生可以見到，他思想的出發點在於救中國，和康、梁、嚴、譚等完全一樣都出自政治動機。其實，自古以來的中國思想很少一點不帶政治意味的。主要的是政治思想是否經過審慎的研究和反省。孫先生的思想經過研究和深思熟慮，這是毫無問題的。他研讀二十四史，就是在研究中國的政治史；倫敦的九個月期間，他尤其在從事專門研究。被陳炯明所毀的數百種西文書也足以證明這點。冷眼旁觀，我們會發現國父的政治思想比起康、梁、嚴、譚來着實平實多了。

國父又很有創造性的綜合力。譬如從李石曾那邊聽到克魯泡得金的互助論以後，他揚棄了無政府主義而接受人類進化趨於互助之說❸。當然，這一構想和威廉之（Maurice William）「歷史的社會詮釋」（The Social Interpretation of History）若合符節，威廉反對以物質爲歷史重心的馬克思主義，而主張人類求生存才是社會進化的重心❹。他也接受馬克思想解決社會貧富不均的心意，而揚棄馬克思的階級鬥爭；並稱馬氏是「社會病理家」，不是「社會生理家」：「社會之所以有進化，是由於社會上大多數的經濟利益相調和，不是由於社會上大多數的經濟利益有衝突。」❺國父批評馬克思的盈餘價值說（目下通行的「剩餘價值」一詞往往引人誤解，似乎是

❸ 同書（第二集），頁四四。
❹ 孫中山：《三民主義》，臺北市，正中書局，民國五十一年，頁一九〇—一九二。
❺ 同上，頁二三一，一九六。

剩下來的一些殘餘）也非常精闢，非常透澈。這一學說把生產的盈餘價值完全歸諸工人勞力的剝削（勞力的使用價值減去交換價值），而忽略社會上其他分子的功勞。拿紗廠布廠來說，其盈餘不僅由工人的勞力而來，而是種棉花的農人、農學家、運輸者、消費者、資本家……共同的努力而得❻。國父在民生主義第二講中說「民生主義就是社會主義，也就是共產主義，不過辦法各有不同」❼，這些話的意思不過是贊成馬克思思想要解決社會貧富不均那份心意而已，實際上他是澈底反對共產主義的。國父作三民主義演講是在民國十三年，可惜那時中國共產黨甫經成立，執迷不悟。而國民黨內部那時對思想工作又進行得不夠有力，以致赤色思想泛濫了整個中國。

國父的民族主義是他創造思想的另一個極妙實例。一般的民族主義（Nationalism）由歐洲近代的民族國家而來，多少帶着每個民族唯我獨尊無限制擴張權力的意味。殖民主義破產以來，亞、非及南美的新興獨立國家往往也繼承了歐洲人的民族主義歪風，心胸褊狹，一味排外。國父排除了民族主義中所有的褊狹、排外、唯我獨尊的成份，僅採取自立自強自主自信這些積極因素。基於這一事實，我主張國父的民族主義的英譯不應沿用 Nationalism 這個字，而應改稱爲 National Autonomy。

不獨此也，國父的民族主義一方面要恢復我國民族固有的忠孝、仁愛、信義、和平的舊道

❻ 同上，頁一九七。

❼ 同上，頁二一六。

德，實行正心、誠意、修身、齊家的古法。他特別指出那時的中國人隨處吐痰，甚至在貴重的地氈上吐痰，宴會時放屁，凡此一切都是缺乏修身的工夫。國父大約也看到過梁啓超新民說中所談的公德，但是他却衹說修身，這大概是因爲他覺得中國古老的「修身」一條已包括了「私德」與「公德」，不必多此一舉。國父做三民主義演講時恰是五四以後，許多人都在大喊打倒舊道德；國父却一點不受影響，這是因爲他充分了解中國的歷史和文化，因此他既不自滿自大，同時又充滿中國人所應有的自信心。他的民族主義要我們自己站起來以後去「濟弱扶傾」，「用固有的和平道德做基礎去統一世界，成一個大同之治」⑧；這是把民族主義與大同主義作創造性的綜合。國父孫中山先生在當時亂閧閧的局面之下，能夠有這樣的胸襟，有這樣平實而崇高的政治理想，實在值得中國人驕傲。

今天我們有幸生活在國父所構想所締造的中華民國，也應該像他一樣不亢不卑，平實地踐行他的理想。國父的偉大處在於開創了建設中華民國的卓越藍圖。不消說，他的藍圖植基於堅強的人生信念。進一步把他的人生信念和政治理想加以發揚，足以建構一套首尾貫穿而系統化的三民主義哲學。然而，國父的胸襟非常寬宏，絕沒有唯我獨尊的褊狹傾向。因此，他的人生信念及政治理想可以和許多不同的哲學體系携手合作，衹要這些體系光明正大，不拘於一隅就是；而他的建國藍圖也可以隨時隨地擴充改良，成爲更精密更詳盡。一如吳德生先生在民國六十七年十二月

⑧ 同上，頁六三—六八。

教學研討會中所云，國父如果尚健在人間，他一定不願停滯落後，一定會跟着時代進步而精益求精，決不會把三民主義視若教條。

關於孫文學說中「行易知難」及「能知必能行」等見解⑨，國父之所以有這樣的信念，是因爲他自己所知必行，他的知都能與行動結合；因此他幾乎無法設想知而不行的可能性。然而所知必行却是一種修養工夫；事實上許多人的「知」受到感情、利害關係的干擾而無法見諸實行。因此知而不行的人比比皆是。

《哲學與文化》第八卷第一期　民國七十年一月

⑨《國父全集》(第二集)。

十八、提倡以美育代宗教的蔡元培

蔡元培字鶴卿，又字孑民，同治六年十二月十七日（一八六八年一月十一日）生於浙江省紹興縣城。幼時完全沉浸在「舊學」中，二十六歲中光緒十八年壬辰科進士；所作八股文且曾選刊於《通雅集》，傳誦一時。中日甲午之戰以後，他也和王國維一般開始涉獵「新學」，並委身教育，先後任紹興中西學堂監督及上海南洋公學、愛國女學校教習。二十八歲升補翰林院編修。光緒三十三年（一九〇七）清廷委派翰林院編修出洋留學，蔡元培就在這一機遇之下赴德國萊比錫大學聽講哲學史、文學史、文明史、美術史、民族學、心理學、美學等課，尤其喜歡民族學及美學。民國元年， 國父就任臨時大總統，任命蔡氏爲教育總長。後因繼任的袁世凱專擅獨斷，於同年七月請辭；但已奠定了民國以來大、中、小學的制度。辭總長職以後，蔡氏又携眷赴德進修；民國三年歐戰發生，轉至法國；次年與李石曾等組勤工儉學會。民國六年一月，就任北京大學校長至民國十六年爲止。他當北大校長時，曾任命陳獨秀爲文科學長（文學院院長），又任命胡適、梁漱溟等爲教授。民國十七年，蔡氏當第一任中央研究院院長，一直到民國二十九年逝世爲止❶。

蔡元培對當代中國的影響非常深切，這是因爲民國以來的關鍵性時會他都在教育與學術界扮演了決定性的角色。他是第一任教育總長（教育部長）。他任北大校長時發生了五四新思想運動，而這項思想運動的主將就是他所聘任的教授陳獨秀與胡適。最後他又是第一任中央研究院院長。據他於〈我在北京大學的經歷〉一文中所述❷，他也是首先錄取女生的功臣：民國九年有女生要求進入北大，因考期已過，祇錄取爲旁聽生；以後暑期招考，就正式招收女生。

蔡氏的著作都錄在蔡元培先生全集中，其中對哲學有關的有《中國倫理學史》、《哲學要領》（譯自德國人科爾培）、《哲學大綱》等。

思想方面，他在德國接受了保爾森（Friedrich Paulsen, 1846-1908）哲學思想的薰陶，影響極深。保爾森是專門研究康德的權威學者，同時也受馮德（Wilhelm Wundt, 1832-1920）的影響；他並不完全同意康德的說法，認爲現象世界以上有堪稱爲本體的絕對實在或可理解世界，亦卽宇宙間之一元的和諧統一性，它就是自然律及宇宙之魂。保氏又以爲一切生物均有某種盲目意

---

❶ 蔡元培：《蔡元培自述》，臺北市，傳記文學出版社，民國五十六年初版。
《中國近代學人像傳初輯》，臺北市，大陸雜誌社編印，民國六十年，頁三〇一。

❷ 孫德中編：《蔡元培先生遺文類鈔》，臺北市，復興書局，民國五十年初版，頁三一四。

志；人的意志則是自覺的，他雖未能盡知一切，却知道自己與大自然爲一體，能與宇宙整體相和諧；這也就是道德的泉源。人的最高價值不僅在於求生存求發展而完成自我，而且在於實現與本體世界的和諧。蔡元培於民國初年回國後就想把保氏學說作爲中國的世界觀與人生觀。這新的人生觀反對家族主義，國家主義，而以國際主義爲主。爲了實現本體世界的和諧，蔡氏主張必須超越個人及種族的利益❸。

當他第二次於民國五年由歐洲回國就任北大校長時，康有爲恰在這時主張立孔教爲國教，而這事多少和那年的袁世凱稱帝及翌年的張勳復辟有關。蔡元培在〈以美育代宗教說〉一文中竭力反對，倡言宗教自由，反對有組織的任何宗教，尤其反對基督宗教。他相信宗教是一股分散的力量。他又認爲歐西各國雖教堂棊布，一般人民亦多入教堂，但這不過是「歷史上之習慣」；「蓋宗教之內容，現皆經學者以科學的研究解決之矣」，正像清代之袍褂不適於民國時代一般。美育則可代替宗教，因爲美術可以作爲本體界與現象界之間的橋樑。例如火山誠屬可怖，但在繪畫中，火山祇引起旁觀者的美感。民國八年，在「我之歐戰觀」的演辭中，他又說德、法二國宗教

❸ William Duiker, *The Aesthetic Philosophy of Ts'ai Yunanp'ei Philosophy East and West,* Oct. 1972, pp. 385-401.
孫常煒編：《蔡元培先生全集》，臺北市，臺灣商務印書館，民國五十七年，頁一〇三一—一四三《哲學大綱》。

已衰，俄國最盛；但德、法二國道德仍甚高，而俄國不然，可知宗教與道德未必連在一起。他認爲德、法二國人民道德水準之高是由於他們的藝術所致❹。

關於教育目的，他在「對於教育方針之意見」一文中主張它不應以政治爲目的，而應以個人及整個社會爲目的，亦卽以公民的物質與精神幸福爲目的。他主張人人應受國家軍事教育，實利教育及道德教育❺。

《哲學與文化》第八卷第二期　民國七十年二月

---

❹　孫德中編：《蔡元培先生遺文類鈔》，頁二二九—二三三。

❺　同上，頁七七—八四。

十九、五四新文化運動的內涵及期限

正如甲午之戰（一八九四）和馬關條約（一八九五）掀起了那時中國知識份子的覺醒，五四運動也導源於一項政治事件，卽日本的貪得無厭與列強在凡爾塞和會（民國八年一月十八至六月廿八）中的不公正表現。列強把膠州灣及山東省的利權從德國手中轉讓給日本的消息一傳到中國，北京大學學生發起在日本提二十一條件第四週年（民國八年五月七日）前三天遊行示威。此一愛國行動引起了文化和思想方面的連鎖反應及全面變化，這就是所謂五四運動，一稱新文化運動。有人以爲五四愛國運動是一件事，新文化運動是另一回事。但不容否認，二者不僅時間湊在一起，思想方面也互相連貫。也有人以爲這項運動包括政治、社會、文化各方面，稱爲新文化運動並不適宜，而稱之爲啓蒙運動[1]。事實上，五四運動與歐洲十八世紀的啓蒙運動頗相近似，尤於反傳統及從事社會及政治新理想二事爲然。但歐洲的啓蒙運動與五四運動的歷史背景不同，沒有

[1] 張玉法：《中國現代史》上册，臺北市，東華書局，民國六十六年，頁二五二。

理由把兩件事湊在一起。至於說這項運動包括政治、社會、文化各方面，但不容否認，那時代的文化與思想是政治與社會革新的動力。把五四運動與十五、十六世紀的文藝復興運動相比❷則更不合適；因爲文藝復興運動導源於拉丁文學的復古以及希臘文古籍的硏讀，再由復古而引起創新的力量。這和五四運動差得很遠。誠然，五四運動牽涉到政治、社會、文化、思想、宗教各方面，但它的主動力量在於文化，因此稱爲新文化運動頗爲得體。爲了充分表示出這一運動的歷史時機，我寧願稱之爲五四新文化運動。

關於這一運動的確切期限，歷史學者聚訟紛紜。有人以爲可以限於民國六年至十年：因爲民國六年《新青年》移至北京，新思想與新文學已以《新青年》及北大爲中心，民國十年以後，運動的方向已轉移到政治上。有人以爲五四新文化運動的期限可擴展至民國四年至十四年甚至十九年左右的中國社會史論戰。有人認爲應限於民國四年至十二年❸。也有人認爲一般公認的期限是民國四年至十六年❹。這些不同見解起因於對五四運動的不同觀點。重點如着眼於北大五位教授協力主辦的《新青年》，就會說民國六年至十年是此項運動期限，因爲民國十年八月開始，《新

---

❷ Hu Shih, *The Chinese Renaissance.* Chicago: The University of Chicago Press, 1934.

❸ 張玉法：《中國現代史》上冊，頁二五四—五。

❹ Lin Yü-sheng, The Crisis of Chinese Consciousness: Radical Antitraditionalism in the May Fourth Era, Madison: The University of Wisconsin Press, 1979, p. 8.

青年》已完全改觀，成爲那年七月初成立的中國共產黨的機關報。重點置於反帝國主義情緒及政治，則會把民國十四年的五卅慘案甚至民國十六年的北伐列入。但如我們把重點置於一些彼此有親屬關係的文化及思想活動，則民國四年至十二年應該是比較適當的期限。我們把重點置於彼此有親屬關係的文化及思想活動，是接受了幾乎一開始就參預其事的胡適之先生的觀點。他在民國八年十二月《新青年》七卷一號發表了〈新思潮的意義〉這篇文章。所謂「新思潮」就是指五四時期爲大家所關心所熱烈討論的題材。胡適之用尼采的話表示當時各種新思潮的共同意義，那就是「重新估定一切價值」，也就是傳統價值的重估。胡先生舉出被重新估價的問題是：(1)孔教問題，(2)文學改革問題，(3)國語統一問題，(4)女子解放問題，(5)貞操問題，(6)禮教問題，(7)教育改良問題，(8)婚姻問題，(9)父子問題，(10)戲劇改良問題，……等等。一方面對這些問題中的傳統價值加以重估，同時五四的新思潮「介紹西洋的新思想、新學術、新文學、新信仰」。胡先生文中特別提到易卜生主義、馬克思主義及杜威思想，我們也許還可以加上柏格森及羅素思想。胡先生用下面二句話總括重估傳統與介紹西洋思想二項工作：「對於舊有學術思想的一種不滿意，和對於西方的精神文明的一種新覺悟」。要如我們接受上述觀點，那麼陳獨秀在上海獨力創《新青年》的民國四年就應視爲五四新文化運動的開始。這項運動由《新青年雜誌》自民國四年開始推動、孕育，隨着民國八年五月四日的示威遊行而進入高峯。這一期間，胡適之所云重估傳統與介紹西洋思想二項工作都做得如火如荼，熱烈非常，尤以提倡白話文及新文學、東西文化論爭、反孔、提倡婚姻自主與人印象最深。連帶可以提到民國十一年的「非基督教同盟運動」所引起的正反二面的爭辯❺，以及民國十二年的「科學與人生觀」論戰。至此，「新思潮」的各項熱門題材都已被討論，而且都已發生深遠影響；五四新文化運動可以說已告一段落。

胡適之先生替五四新文化運動所訂的二個理想非常準確，祇可惜沒有完全達到。對傳統價值作重估時自然除去了傳統的許多缺點，但不幸倒洗澡水時連小孩子也一起潑了出去，幾乎把中國整個傳統的價值都否定了。介紹西洋思想時又幾乎是做爛好人，什麼爛污貨都給介紹過來，缺乏嚴正客觀的批判。我們今日必須繼續完成五四時期的未竟之功，對那時期的重估再來覆估一下，並以批判的慧眼繼續與全世界的文化思想保持接觸。

《哲學與文化》第八卷第四期　民國七十年四月

❺ 王治心：《中國基督教史綱》，香港，基督教輔僑出版社，一九五七年。頁二六七—二七三。楊森富：《中國基督教史》，臺北市，臺灣商務印書館，民國五十七年，頁二八三—二九二。

二十、新文化運動健將胡適之

無論從提倡白話文與新文學的觀點而言，也無論從反傳統思想及主張科學主義而言，胡適之先生均足當五四運動健將之名而無愧色。胡適之安徽人，生於光緒十七年（一八九一）。生後兩個月就跟父母到臺灣，至一八九五年因臺灣割讓給日本而回到安徽。自幼開始讀書，九歲時有機會看小說。十一歲時念到司馬光家訓中論地獄的話：「形既朽滅，神亦飄散，雖有剉燒舂磨，亦無所施。……」從此他就成爲無神論者。讀資治通鑑時接觸到范縝的神滅論，更增强了他的無神論信念。一九〇四年，他的三哥生肺病，必須到上海求治；他就跟三哥到上海求學，曾在四個學校讀書，直到一九一〇年爲止。在上海的六年中，他接觸到嚴復、梁啓超等的新思想。一九一〇年，他去北京考試留美賠款官費被錄取。在美國時，曾與其他留學生討論新文學問題。民國六年，胡適之的〈文學改良芻議〉在《新青年》二卷四號發表；陳獨秀在下一期《新青年》中發表〈文學革命論〉響應他的見解。翌年，他和陳獨秀一齊應蔡元培邀請至北大任教。除鼓吹「文學革命」以外，胡適之這時也介紹易卜生主義。民國七年，他的二十三歲即開始守寡的母親病故，使他悲痛不已。他自認自己之能體諒人，寬恕人，都得感謝他的慈母❶。民國八年，他替來華講學的杜威擔任翻譯，同時寫文章介紹杜威的「實驗主義」；《中國哲學史大綱卷上》（後改名為《中國古代哲學史》）也在這時出版。這是胡氏從事哲學工作最力的時期。以後他在民國十一年寫〈五十年來之世界哲學〉一文，十六年寫《戴東原哲學》一書。但多半心力都用於其他方面的學術工作、學術機構的行政工作以及政治活動；哲學方面並沒有再作深入研究。胡氏於民國五十一年中央研究院院士會議中因心臟病而逝世❷。

胡適之在《胡適文選》自序（民國十九年）中曾介紹過他自己的思想。其中有關他對中國新文學及整理國故的思想，我們在這裏不必討論；我們把範圍限於思想方法、人生觀及中西文化❸；此外也應該論及他在《中國古代哲學史》和《戴東原哲學》中對中國傳統思想的整理工作。

關於思想方法，胡適之主張存疑，不信仰一切沒有充分證據的東西。他承認自己的思想方法得力於赫胥黎與杜威。胡氏在〈五十年來之世界哲學〉（民國十一年）一文中稱赫氏的思想為存

❶ 胡適：《四十自述》，臺北市，遠東圖書公司，民國五十三年，頁一—三二，三三—三八。

❷ 胡適：《胡適文存》第一集，臺北市，遠東圖書公司，民國五十年，頁七八九—七九一。

❸ 楊承彬：胡適，見《中國歷代思想家》之十，臺北市，臺灣商務印書館，民國六十七年，頁六六七九—六九一六。

❸ 《胡適文存》第四集，頁六〇七。

疑主義（Agnosticism）❹。參考哲學史，我們知道赫胥黎（Thomas H. Huxley, 1825-1895）是位生物學家及業餘哲學家；他認為唯一知識即可用實驗證明的科學知識，這以外屬於不可知的領域（他是 Agnosticism 一詞的原創者；這一名詞的眞意是不可知論）。自從達爾文《物種原始》（1859）一書出版後，赫氏竭全力傳佈進化思想，《天演論》（Evolution and Ethics）一書即其努力的一項結晶。胡適之說自己思想得力於赫氏，實在非常準確；事實上胡氏心態之接近赫胥黎的實證論，亦遠較接近杜威為甚。事實上，胡適之介紹杜威思想時，居然直截了當稱之為「實驗主義」，並舉出物理學中的例子❺。實則杜威的經驗概念不限於「實驗」的狹隘範圍，而他所云觀念由實踐證實，是指一項幫助我們和所有經驗發生關係時能稱心滿意的觀念，絕不是說都能在實驗室證驗。難怪對杜威哲學曾深入研究的吳森先生對胡適之先生的介紹嘖有煩言❻。

我個人認為胡適之不信無充分證據的東西的存疑態度是對的。但自然科學的實驗方法祇不過是求證的方法之一，絕非求證的唯一途徑。〈科學與人生觀序〉（民國十二年）所主張的「科學的人生觀」或「自然主義的人生觀」❼顯然表示出，他是贊成狹隘的科學主義及實證論，摒絕了

❹《胡適文存》第二集，頁二七五—二七八。
❺同上，頁六〇八；《胡適文存》第一集，頁三二七。
❻吳森：比較哲學與文化，臺北市，東大圖書公司，民國六十七年，頁九四。
❼《胡適文存》第二集，頁一三六—七。

其他方法的可能性。我很贊成郭穎頤先生的看法，他認爲對科學的絕對信仰導向「獨尊的超級思想系統」❽。事實上，馬克思主義者往往稱自己的系統爲「科學的社會主義」。

關於胡適之的人生觀，最耐人尋味的是他在〈易卜生主義〉一文所提倡的「努力做一個人」，也就是主張個人有自由選擇之權，個人對自己所行所爲負責任，必須創造出自己獨立的人格❾。這些話都可一字不易地放入現代存在主義者的口中。胡氏之提倡這樣的個人主義，對當時的中國人的確有其重要性；因爲當時的康有爲、嚴復、梁啓超等幾乎一味提倡國家主義，而中國傳統的家族主義也並不強調個人的獨立和尊嚴。甚至時隔六十年的今天，個人的獨立性依舊是適時的一個題材。存在主義對現代中國人依舊具吸引力，就是這個道理。胡適之當時所倡導的却並非目中無社會的個人主義，而是「健全的個人主義」。他認爲每個人必須把自己這塊材料鑄造成器，然後才能有益於社會；社會國家沒有自由獨立的人格，就如同「酒裏少了酒麯，麵包裏少了酵，人身上少了腦筋」。就事論事，社會與個人相輔相成，的確不失爲健全的看法。在〈不朽〉一文中，胡適之似乎把重點移到社會❿。但無論是個人人格的獨立性，或者是「自然主義的人生觀」

---

❽ D. W. Y. Kwok, *Scientism in Chinese Thought* 1900-1950, New Haven and London: Yale University Press, 1965, p. 200.

❾ 《胡適文存》第一集，頁六四五—六。

❿ 同上，頁六九三—七〇二。

的十條是否都能如胡氏所云拿到科學教室或實驗室去證實或否證呢？我們這裏無暇對十條一一剖析。可以確實告訴讀者的是，十條內容多半屬於他的信仰，而非知識。試以最後一條而言：「個人—『小我』—是要死滅的，而人類—『大我』是不死的，不朽的」⓫。個人會死倒是可證實的事實，至於人類不死不朽，却絕非可證實的事實。立德立功立言三不朽則必須以人類不死不朽為先決條件。然而，我們絕沒有任何理由來保證人類不死不朽。正因如此，沙特一想到人類可能有滅亡的一天，就感到莫名的恐怖。胡適之所以不感到恐怖，是因為他對人類不死不朽具有宗教性的信仰⓬，絕不是因為神滅論或人類不死是科學事實。

關於東西文化問題，胡適之多次表示了他的看法，尤其在〈充分世界化與全盤西化〉一文中⓭。這篇文章把「全盤西化」冲淡到「充分世界化」，已經採取了相當緩和的態度，因為他在發表此文的民國二十四年已發現百分之一百西化是不可能的。但民國十九年的胡氏在〈東西文化之比較〉一文中對東方文明尙持不屑一顧的態度，似乎東方文明除焚燒孀婦、容忍階級制度、婦女纏足以外別無長物似的⓮。胡氏又在〈吳虞文錄序〉(民國十年)中稱讚吳虞是「四川省隻手

⓫《胡適文存》第四集，頁六一四。
⓬《胡適文存》第一集，頁七〇二。
⓭胡適等：《胡適與中西文化》，臺北市，水牛出版社，民國六十年再版，頁一三九—一四二。
⓮同上，頁五三—七九。

打孔家店的老英雄」⑮。如所週知，吳虞認爲禮教吃人，而「吃人的禮教制度」之禍首是孔子。胡適之在五四時代思想之過激於此亦可見其一斑。

關於胡適之對中國傳統哲學思想之整理工作，無疑地他是繼梁啓超以來的開創功臣之一。據他自述，梁啓超的「中國學術思想變遷之大勢」對十五歲的胡氏開闢了一個新世界⑯。胡氏「中國古代哲學史」是系統介紹中國哲學中文著作的第一本，不消說對馮友蘭的「中國哲學史」發生了啓發作用。胡氏在民國四十七年對四十年前的著作曾有相當嚴厲的批評⑰，但這本書的開創之功不可磨滅。胡氏對戴震的研究可能由於他們同是安徽人，但戴震也的確是有獨特思考的清代哲人，值得我們寄以注意。

《哲學與文化》第八卷第五期　民國七十年五月

⑮ 《胡適文存》第一集，頁七九四—七九七。
⑯ 胡適：《四十自述》，頁五二—五三。
⑰ 胡適：《中國古代哲學史》，臺北市，臺灣商務印書館，民國四十七年，頁一—三。

二十一、不因政治忘哲學的張君勱

張君勱先生於光緒十二年生於江蘇嘉定縣城。經過極其豐富的一生，死於民國五十八年。據張夫人王氏記載，出生日期是農曆十二月廿五日，相當於公元一八八七年一月十八日。無論如何，張公遺族及其友好暨學術界人士曾於民國七十五年二月二日舉行「張君勱先生百齡冥誕學術研討會」。

儘管張先生是科學與人生觀論戰的主腦人物之一，我國哲學界一般說來對他的印象似乎非常微弱。理由之一可能是因爲他同時熱衷於政治，創立了中國民主社會黨（簡稱民社黨），並積極催生了現行的「中華民國憲法」。事實上他畢業於早稻田大學（一九一〇年），念的是政治學；民國二年在柏林大學仍繼續攻讀政治學。但民國八年和梁任公結伴再度赴歐時，就體會到政治根本問題背後有更深遠的哲學問題。從此以後，他畢生的興趣就介乎政治與哲學之間：「不因哲學忘政治，不因政治忘哲學」。張先生當時心儀的歐洲哲學家是法國的柏格森和德國的倭伊鏗。後者的風度尤使他折服，竟使他下定決心，於民國九年專誠赴耶納拜倭氏爲師，一年有半載的時間專門研究哲學史及哲學問題。返國前受講學社之託，親自邀約柏格森、倭伊鏗二氏來華講學，結果二氏均不克外出，僅因倭氏介紹而邀請到杜里舒。民國十一年歸國以後，復隨同杜氏編講稿，出版杜氏講演錄，在全國各大學巡廻演講。次年二月間張先生在清華大學演講「人生觀」，遂引發衆所週知的論戰。

回顧民國十二年中國思想的情勢，我人不能不感佩張先生先知先覺的遠見和大無畏的勇氣。當時適值五四運動（民國八年）以後，盛行於中國的是胡適之、吳稚暉、丁文江等所代表的科學萬能主義，以及陳獨秀所代表的唯物史觀。這兩股力量當時風起雲湧，銳不可當，而張先生居然單槍匹馬提倡超越科學的精神價值和人生觀，敢言人所不敢言，冒時代思潮之大不韙和「玄學鬼」的惡名，這是何等的勇氣！但時至今日，「陳獨秀所倡導的唯物史觀造成了中國人有史以來的大災難，胡適之的科學主義也早已過時，而張先生所提倡的精神價值和人生觀，在科技遠比當時更進步的今日，却始終不減其迫切性，與人性同其永久。張先生所服膺的倭伊鏗（Rudolf Eucken, 1846-1926）一九〇八年曾獲諾貝爾文學獎，提倡精神生活、位格主義與基督宗教的更新運動，可惜目下已爲人所淡忘，卽使在德國亦鮮有人知曉。但張先生所引入的柏格森却持久地影響中國思想界，至今不衰；方東美和熊十力二位先生卽深受柏氏影響，用以發揮中國固有「生生之謂易」的思想。繼柏格森而起的德日進思想目下亦方興未艾。

唯就事論事，張先生的人生觀未免過份强調直觀、主觀與意志。一方面這是受了倭、柏二氏的感染，另一方面也是因爲他個人從事政治活動，容易接受强調自由意志與行動的哲學。就哲學思想的全面而言，中國傳統思想所念玆在玆的「德性之知」（由行動而得的「實知」或「存在的知」）固然重要，對客觀事實的理性之知也是不可或省的。二種知識在固有範圍內互相包涵：「德性之知」不應排斥理性的「聞見之知」，否則就是缺乏眞誠，不堪稱爲「德性之知」；反過來，眞正的「聞見之知」也不能無視於構成人生最高層面的道德行動及精神價值。

張先生於民國四十七年與牟宗三、徐復觀、唐君毅三位共同署名發表「爲中國文化敬告世界人士宣言」，提倡新儒家思想。熟悉張先生的人都衆口一詞，說他心口如一，是一位坐而言起而行的君子。言行一致該是發揚新儒家思想的關鍵，也是張先生對當代中國哲學界的最重要貢獻。

《哲學與文化》第十三卷第三期　中華民國七十五年三月

二十二、以中國哲學史知名的馮友蘭

㈠生平與著作

馮友蘭字芝生，河南唐河人，生於清光緒廿一年（一八九五）。民國四年進北京大學哲學系。據他自述❶，當時連教西洋哲學史的人都請不到。民國六年，蔡元培任北大校長，哲學系師資的陣容開始壯大。胡適之講中國古代哲學史，梁漱溟講東西文化及其哲學，二人都對他發生深厚影響。民國八年，接受胡適之建議，進入美國紐約哥倫比亞大學繼續研究。當時哥大教授中有實用

❶ 馮友蘭：《四十年的回顧》（哲學研究叢刊第三輯），北京，科學出版社出版，一九五九（中央研究院影印本）。

主義及新實在主義兩派，他自稱「兩派中間倒過來倒過去」。民國十二年回國，在清華大學任教。民國十五年，出版《人生哲學》。當時他在清大教中國哲學史，先印爲講義，於民國十九年及二十二年上下册相繼問世。此書很快就傳誦一時；並有英文全書譯本及縮本，可謂影響深遠。民國二十六年七七事變發生，清大、北大及天津的南開大學都遷至湖南長沙，合爲西南聯大，後又遷至昆明。戰亂時期至勝利初，他完成了「貞元六書」（見下）。民國三十五年，馮氏去美國賓州大學任客座教授②。大陸赤化以前他又遄返北平。

在共產黨統治之下的馮友蘭，雖然一再「學習」，一再寫自我批判（就確切文獻所示，一九五八年五月廿四日所寫的是第一百三十六次），但他逃不過無情的精神迫害，終至承認中國哲學遺產的唯一用途是替「毛澤東思想」提供宣傳資料③。民國六十一年，他曾接受一批香港學生的訪問，說脫離了階級和政治就無法談哲學④。民國六十五年在毛澤東死去以前，馮友蘭曾肆意打當時的落水狗——鄧小平。「四人幫」被捕以後，鄧小平又再度得勢，但似乎並未對他報復。儘管如此，我人不應因人廢言。馮氏在大陸赤化以前的思想尤其值得研究。

---

② Fung Yu-lan (edited by Derk Bodde): *A Short History of Chinese Philosophy*, Toronto: Collier-Macmillan, 1966, pp. xii, 332-342.

③ 項退結：《現代中國與形上學》，臺北市，黎明文化事業公司，民國六十七年，頁四一—四三。

④ 聯合報，民國六十一年十二月廿一日第二版。

㈡人生哲學的二條思路

要對馮友蘭的思想有一認識，他的《人生哲學》❺是一個很好的線索。作者在民國十五年寫此書自序時曾指出：他在民國十二年曾用英文寫《人生理想之比較研究》一書，當時尚在美國。由於他急於返國，此書未及與美國出版家接洽印行。《人生哲學》第一章至第十一章可以說是《人生理想之比較研究》的中文譯本（上篇）。此書之第十二及十三兩章，則係由山東曹州所作「一個人生觀」這一演講整理而成（下篇）。上篇（一至十一章）比較受威廉・詹姆士（William James）「多元世界」思想的影響，認爲哲學家各家思想均有所見，亦各有所蔽。這樣他由損道、益道、中道三個觀點對中西人生理想作一比較：老莊、柏拉圖、叔本華被歸入損道，楊朱、墨子、培根、笛卡兒、飛喜推（Fichte）列爲益道，而孔孟、亞里斯多德、宋元明理學、黑格爾歸入中道（見緒論第一章）。除受詹姆士影響以外，此書上篇受梁漱溟啓發亦昭然若揭。第十二章第二節討論宇宙及人在其中之地位，則已接受羅素的中立一元論觀點❻，以爲宇宙之最後原料既不

---

❺ 馮友蘭：《人生哲學》，中國哲學叢書，民國十五年出版（出版地不詳）。

❻ Bertrand Russell: *The Analysis of Matter*, New York: Dover Publications, 1954, pp. 10, 382-393.

能謂之物，亦不能謂之心，而祇能稱爲「世界之事情；相似的事情連合爲複雜的組織，即成爲吾人平常所謂物」。事與物之總和，馮氏稱爲宇宙，乃永存不變，亦卽斯比諾撒所云之上帝。凡事物皆有其所然之常軌，同一類之物又有其共相；常軌與共相卽柏拉圖所云之觀念及亞里斯多德所云之形式。具體的個別事物常在變中，而觀念不變；具體的個別事物（「實際」）可以感覺到，而觀念（「眞際」）則僅係思想之對象。這一切都屬於「中立一元論」的世界以內。

由於實際眞際均係事物，馮氏因此認爲不必問現象或眞相。把這一想法應用於人生，則喫飯、生小孩、招呼朋友（吳稚暉語）以及一切享樂受苦都是人生，除此之外更不必求其眞相。否則難免「騎驢覓驢」之譏。關於人生目的之追究，馮友蘭的答覆是：「宇宙間諸事物皆係因緣湊合，自然而有，本非有所爲。故宇宙間之所以有人，亦係因緣湊合，自然而有耳。人類之生，既無所爲，則人生亦當然無所爲矣。」（頁二八七）人之所以不朽，馮氏用新實在論的眞際不滅來解釋：「蓋某人曾經於某時生活於某地，乃宇宙間之一固定事實，無論如何不能磨滅；蓋已有之事，無論何人不能使之無有。」（頁三四〇）

馮氏在《人生哲學》下篇中接受羅素對邏輯眞理之實在性的看法，對他未來的哲學工作發生了持久的影響。民國廿七年至卅五年的所謂「貞元六書」幾乎都在新實在論的籠罩之下。

㈢貞元六書的基本思想

如馮氏在《新原人》自序所云，開始時他稱《新理學》（民國廿七年）、《新事論》（廿八年）、《新世訓》（廿九年）爲貞元三書。所謂「貞元」，意思是「貞下起元」，意思是抗戰時宜堅貞共體時艱，用以開啓國家大業的新元，這是由「貞」走向「元亨利」的路。出版《新原人》（卅一年）時，這批書已出了四册，但究竟可寫多少册尚在不可知之數，因此稱爲「貞元之際所著書」。以後又寫《新原道》（卅三年）及《新知言》（卅五年），遂一併稱爲「貞元六書」。要理解他的思想體系，《新理學》、《新知言》、《新原道》、《新原人》四書比較重要，思想也首尾貫穿。

馮友蘭的基本思想發揮在《新理學》一書中，這是他繼《中國哲學史》（民國十九年）以後獨立思考的成果，建立了他的形上學體系。民國廿七年《新理學》問世以後，他在《新原道》中重新對中國哲學主流之進展有所評述，目的是顯出「新理學」的體系與傳統中國哲學之異同。《新知言》則專門討論形上學的方法，其中也討論到維也納學派。要理解他的形上學，《新原人》却是一把鎖鑰。《新原人》認爲宇宙人生之所以對人有意義，是因爲人對宇宙人生有所覺解；覺解之不同程度決定宇宙人生對人的四種不同意義或境界（第四、五、六、七章）。自然境界的人可以說尚在不識不知的境界，其所作所爲無意義可言。功利境界中人祇追求一己的名或利，他的所作所爲都祇有功利意義。道德境界的人知道自己是社會的一份子，因此所作所爲均以社會公益爲前提而具道德意義。最後，天地境界的人知道自己不僅是社會的一份子，而且是宇宙整體的一份子；其所作所爲以宇宙整體——大全爲念，要使「萬物各得其所」。哲學與形上學的功能即在於幫助人達到人生最高的兩種境界。

傳統的中國哲學既如此，「新理學」也並不例外。馮氏認爲哲學對實際無所主張，無所肯定，或甚少主張，甚少肯定；其所肯定者均屬於「眞際」。他以爲哲學尤其形上學對增進知識毫無用處，但對提高我們的心靈却是不可或省。哲學思考以某種實際的經驗爲起點。從「某些事物存在」這一命題，馮氏在《新理學》中推演出理、太極、氣、道、性、心等各種概念。他認爲這些概念祇屬於「眞際」，而不屬於實際。什麼是他所云的「眞際」呢？對此他說得並不透澈，眞際既有些像亞里斯多德的本質（essence），又有些像維也納學派的邏輯命題❼。《新知言》第六章一開始就說「新理學的工作，是要經過維也納學派的經驗主義，而重新建立形上學」，表示出他的「眞際」比較更接近維也納學派的邏輯命題。他所建立的「形上學」實卽不代表客觀事實的一些空洞概念，這在《新知言》第五章說得非常清楚。明乎此，我們就不難瞭解，何以新理學稱「

❼ 馮友蘭：《新理學》，香港，中國哲學研究會，一九六一年，頁九—十；新知言，民國三十五年（出版地不詳），頁五八—六七。

宇宙的心」衹是邏輯的概念，是總括宇宙間所有實際底心之「總名」；以實在意義而言，「無論所謂心之性是生或是知覺靈明，……我們不能承認有宇宙底心。」❽換句話說，天地或宇宙衹是邏輯概念，表示一切事物的總和。具有生命與知覺靈明的人既是宇宙事物的一部份，因此我人可以承認宇宙間有心。但如離開人的心而衹講宇宙，馮氏就不承認它有生命或知覺靈明的可能性。

《哲學與文化》第八卷第六期　民國七十年六月

❽《新理學》，頁一五六——一六〇。

二十三、本著思想而行動的梁漱溟

當代中國思想家中，頗不乏同時獻身於實際行動的人；梁漱溟也是其中之一。他的特色是：一經認定某項思想爲正確，幾乎立刻就施諸行動。早年醉心佛學時如此，三十歲左右歸向孔子時如此，以後確信鄉村建設是救中國的路子時還是如此。他自稱是「一個有思想，又且本着他的思想而行動的人」❶，可謂一針見血。

假使我們要在當代中國哲學界名流中找一位聖賢型的人物，我想梁漱溟先生也應是最適當的人選。最了不起的是他眞切了解人類生命之可悲可憫：「好惡愛憎種種情欲，多半是不由自己」。因此他看到別人有貪心、好名，或在男女關係上發生毛病時，就回頭看自己，發覺自己「止是幸而免」而已。於是他會對自己說：「過去的不說了，我們再努力開拓新生命罷！」❷這眞是了

❶ 梁漱溟：《中國文化要義》，香港，集成圖書公司，民國五十二年，自序，頁四。

❷ 梁漱溟：《中國文化及其哲學》，臺北市，問學出版社，民國六十六年，頁二八四—五。

不起的胸懷。大家都知道他在共產黨的高壓勢力之下並未屈服。但對那些像馮友蘭那樣不幸屈服的人，他一定表示悲憫和同情；這是他一貫的胸懷。至於置身事外尖酸刻薄地對他人妄加批評的人，他將會正色告訴你：「止是幸而免」。梁漱溟的寬宏大量，熊十力曾親身經歷到。《十力語要》就有如下記載：熊先生在曹州因一事誤疑梁漱溟而大怒，梁先生竟不加辯解；熊十力久之而後自知其誤，親自把此事告陶開士先生❸。唐君毅在一篇文章(可惜已記不清那一篇)中也提及，梁先生曾對他予以金錢資助，讓他有力去參加梁先生的演講會。唐君毅當時不過一名窮學生，覺得非常感動。

㈠行　狀

梁先生名煥鼎，字漱溟，生於清光緒十九年（一八九三）的北京。八歲進北京中西小學堂，十四歲在北京順天中學讀書。這時他留心時事，喜讀梁任公的新民說，很想從事救國大業。感受到中國問題以後，十七歲又深受人生問題的困擾而煩悶不已。二十歲時他一度熱衷社會主義，並作《社會主義粹言》小冊子，油印了分送朋友。當時他因關心社會而心緒激動，曾有兩次想自殺，

❸ 熊十力：《十力語要》，臺北市，廣文書局，民國六十年，卷四，頁十七。

並自承「用思太過，不知自休，以致神經衰弱而神經過敏。」這樣他由救世熱潮一下子又轉入厭世出世而醉心佛法。從二十歲（民國元年）至二十四歲（民國五年）的四五年間，他都專心佛典，同時又從友人張申府處借得幾種西文哲學書，努力攻讀。結果於民國五年五、六、七月《東方雜誌》中發表〈究元決疑論〉。這篇文章當時引起許多人注意。民國六年，蔡元培就任北大校長，讀了〈究元決疑論〉以後，就決定請梁漱溟在北大擔任印度哲學講席。梁先生之成爲哲學界的名流，就始於此。

民國六年至十三年，他致力於印度哲學（民國七年印行《印度哲學概論》）及東西文化問題。民國九年於北京大學講「東西文化及其哲學」，次年暑期，又應山東省教育廳邀請主講同一題目。對他個人而言，從事這一題材使他由佛教轉向儒家。民國十年三四月間，終於他放棄了度佛教生活的念頭而發心度孔家生活，並於同年結婚。

民國十三年，梁漱溟辭去北大教席而就任曹州高中校長。他此行之主要動機在於準備辦一所他理想中的曲阜大學。這時，王鴻一提出村治的具體建國方案。梁漱溟自承民國十二年春在曹州中學演講時已提出「農村立國」的話。但那時陳獨秀馬上警告他，說這是小資產階級改造社會的幻想。梁漱溟自己也怕自己的理想太主觀。因此開始時對王鴻一所提出的村治建國方案不感興趣。一直到民國十六年，他才眞正熱衷於「鄉治」。這樣蘊釀了二年以後，他堅辭北大與東北大學的邀聘，毅然籌辦「河南村治學院」。這所學院於民國二十年停辦以後，他又與同人去山東鄒平籌備「山東鄉村建設研究院」，鄒平也成爲研究院的實驗縣；以後又在荷澤（卽曹州）設立分院，而以荷澤爲實驗縣。經過數年的經驗與反省，於民國二十二年發表〈中國民族自救運動之最後覺悟〉；民國二十五年又發表〈鄉村建設理論〉（一名〈中國民族之前途〉）。這就是梁氏從事鄉村建設而留下的二種重要著作。鄒平的研究院及鄉村建設工作終因抗日戰爭而遭停頓及破壞。

民國二十九年，梁氏在四川北碚創「勉仁中學」。三十五年又在北碚辦勉仁國學專科學校，二年後改稱「勉仁文學院」。《中國文化要義》卽於此時編撰，並於三十八年問世。

大陸易色後，梁氏被邀參加「政治協商會議」。以後因敢於提出異議而遭批判鬥爭。但他示出高度的勇氣，始終屹立不搖❹。最近尚以年逾九十之身提倡中國文化不遺餘力。

㈡思　想

梁漱溟著作中之最爲人所樂道者是《東西文化及其哲學》。以純學術眼光視之，此書的許多觀點並不完全正確。但梁氏能在當時舉世滔滔「打倒孔家店」的氣氛之下，平心靜氣地推崇孔子之道，且能成一家之言，這已是很不平凡的成就。此書的基本觀點是對西洋、中國與印度三方面

❹ 胡應漢：〈梁漱溟先生年譜初稿〉，附於《中國文化及其哲學》，頁二二七—三二一。

的哲學作一比較。梁漱溟採取了叔本華的意欲概念❺，認爲西方文化要征服自然，是意欲向前走所致；中國文化是意欲調和持中；印度文化是意欲向後轉，根本取消意欲的要求。

他以爲印度文化的最大成就就是宗教，而「宗教者，出世之謂」。歐洲中古歷一千年走印度的路子；文藝復興以後始斷然向前走。中國人今日應採什麼態度呢？梁漱溟認爲應絕對排斥印度的態度，絲毫不能容留；西方文化的科學與民主應全盤接受而根本改過；批評地保存中國原來的態度。而中國的路，他認爲就是孔子的路❻。

梁氏又認爲中國與印度文化都是早熟。等到人類走完西方的路子以後，必將回到中國的路，最後印度的路將大盛於世❼。但這是未來的事。以目前中國的情況而言，印度的路暫時行不通，所以必須絕對排斥。

梁漱溟對宗教的瞭解幾完全導源於佛教，難怪他有「宗教者，出世之謂」那樣的片面看法。他對西洋歷史的看法也未免受五四時代的影響。但他對中、西、印的比較却能道前人所未道，至今仍值得反省、討論。

《中國文化要義》幾乎可以說是《東西文化及其哲學》的續編。梁漱溟先生在這裏用兩章五

❺ 梁漱溟：《中國文化及其哲學》，頁二四。
❻ 同書，頁五四—五五、八九—九四、二〇二、一七七。
❼ 同書，頁一一三、一〇四—五。

十餘頁的篇幅討論中國文化的「早熟」及其後果。他以為「西洋文化是從身體出發，慢慢發展到心底；中國却有些徑直從心發出來，而影響了全局。前者是循序而進；後者便是早熟」。他以為西洋文化由爭取身體的生存而產生，要解決的是人對物的問題，因此從身體出發；中國文化則由於要解決人對人的問題而生，因此從理性出發。理性也就是他所云的「心」。由於中國文化要解決的是人對人的問題，所以沒有科學；因為科學起自人對物。正因此，中國文化遂長於理性而短於理智❽。《中國文化要義》全書內容駁雜蕪散；文化早熟問題講得還算比較有系統，但也是漏洞百出。譬如說西洋文化由爭取身體生存而起，中國文化由人對人的問題而起，未免失之過簡。實則西洋文化的內涵非常複雜，西洋文化的起源也不是一個簡單的問題。《中國文化要義》一書足以證明，梁氏再三聲明的「我無意乎學問」、「我不是學問家」等語❾表示出他的確有自知之明。

梁氏了不起的地方在於他絕對忠於自己的信念，而且能把信念付諸行動。他既認為中國文化早熟，還沒有解決人對物的問題就想解決人對人的問題，因此身體賴以生存的物質條件至今尚待解決；於是他毅然走上鄉村建設的路。從他所編的《鄉村建設實驗》來看，這項運動至少已擴展至江蘇、河北、河南、江西、浙江、安徽、山西、廣西、湖南各省，並非祇限於山東省，並且已

❽ 梁漱溟：《中國文化要義》，頁二六七—二七〇、二八一—九。
❾ 同書，自序，頁四。

開始發生實效⑩。

最近出版的《人心與人生》⑪雖然引用了許多馬克思、列寧等的著作，基本思想似乎並未改變。

《哲學與文化》第八卷第七期　民國七十年七月

⑩ 江問漁、梁漱溟編：《鄉村建設實驗》第三集，上海，中華書局，民國二十六年。

⑪ 梁漱溟：《人心與人生》，香港，三聯書店香港分店，一九八五年。

二十四、融合柏格森與中國生命觀的方東美

介紹了清末民初至今的一系列思想家以後，現在應以方東美、熊十力、唐君毅三位先生結束。他們的特點之一是都對中國的生命觀作了有力貢獻。最後我不自量力，想在他們的基礎上加上一得之愚，走向一個比較完整的生命概念（本書頁三九三—四〇〇）。

方、熊、唐三位先生之間的關係如下：唐是方、熊二人的弟子；方、熊二人則曾是同事。二人均受柏格森影響；唯熊不諳西方文字，柏氏思想據云係由方東美處研習而得。這樣，很自然地，就應由後者開始講。

方東美先生於一八九九年出生於安徽桐城。畢業於南京金陵大學以後，赴美入威斯康辛大學深造。完成學業（民國十三年）回國以來，除去回美國當客座教授數年以外，一直就在國內大學任哲學教授，最後在輔大教授任內逝世（民國六十六年），先後達五十四年之久，造就人才不可勝數。他的碩士論文以柏格森的生命哲學爲題材，授課及著作中也喜以生命爲言，這是衆所週知

的事實。

只要一提到生命，他幾乎一定會引用《易傳》「天地之大德曰生」及「生生之謂易」等語，並稱中國先哲所體認的宇宙爲「普遍生命流行的境界」❶。對「生生之謂易」這句話，方先生所下的詮釋是：「那是創造——創造——創造不已」。人在中國儒家思想中之所以佔非常崇高的地位，是因爲他「上本天的創造力量與地面上面生養萬物的能力，與天地參，把整個天上面的神奇創造力量與地面上面生養萬物的力量一起吸收到人類來，以人爲中心，從事人類的創造」❷。根據這一詮釋，《易傳》中的「生」與「生生」是指宇宙中的創造力或生命，他用英文稱之爲Creative creativity.，宇宙根本是普遍生命之變化流行，其中物質條件與精神現象融會貫通而毫無隔絕。換句通俗的話，世間一切都是有生命的，沒有一件東西眞正是死的。人則在這普遍生命流行的世界中佔非常特殊的地位。因爲他雖是宇宙的產物，完全屬於宇宙，但却是宇宙創造力的中心。只有人能夠與宇宙的創造力以一臂之助，能夠充實自己的生命，推廣自己的生命，增進宇宙的生命，並且達到仁人、聖人、完人境界，與宇宙的生命和諧一致而「天人合一」❸。

---

❶ 方東美：《中國人生哲學概要》，臺北市，先知出版社，民國六十三年十月臺再版，第二、四章。

❷ 方東美：〈儒家哲學——孔子哲學〉，《哲學與文化月刊》第四卷第七期，民國六十六年七月十日。

❸ Thomé H. Fang, *The Chinese View of Life*, the Philosophy of Comprehensive Harmony, Hongkong: The Union Press, 1956, pp. 134-149.
方東美：《中國人生哲學概要》，頁十三——十四，四六。

方東美把《易傳》中的「生生」詮釋成不息的創造，他所用的創造一詞無疑地蘊含了斯賓塞的普遍演化，以及柏格森的「生命衝力」(élan vital)：「大自然界，流動變遷；發展創進，無時或已。這是近代演化論所啓示的眞理。……柏格森常把生命譬作雪球，不斷地向前飛滾，加添它的容量，增進它的動力。生命乃是一種持續的創造，拓展的動作。」④

方氏似乎也頗受戴震影響，在《英文中國人生哲學》一書中頻頻引用氏之「原善」。他也頗意識到中國思想包含高度藝術意味：「中國人成爲思想家以前，先是藝術家」，這句話眞可謂一針見血。接着他說：「一個民族精神可能强於一點而弱於另一點。我們的藝術創造天賦使我們缺乏科學興趣；當然這項缺乏將來應該改善」⑤。方氏自己則深受藝術創造天賦所薰陶，各種著作的中英文表達方式均非常優美。

④ 方東美：《科學哲學與人生》，臺北市，虹橋書店印行，民國四十八年七月臺初版，頁二二三——二二八。

⑤ Thomé H. Fang, The Chinese View of Life, pp. 68-69.

二十五、闡發易經生命觀的熊十力

熊十力於一八八五年出生於湖北黃岡。年方十歲，已爲人牧牛，因爲他的父親患肺病，衣食不給。可是他父親發覺他「眼神特異」，親自教他讀書。他在父親臨終時立誓遵父命求學。以後在種田時抽暇讀書，所讀的包括王船山、顧亭林諸書，遂萌革命之志而從軍。輾轉至三十五歲（民國八年），始發覺自己「非事功之材，不足領人，又何可妄隨人轉」，於是決心從事學術。開始時跟歐陽竟無研究佛學，以後逐漸轉向儒家，尤其專心探究易學。自三十五歲至四十歲之間，他自述「日日在彊探力索之中」，可見他用力之勤；正因如此，所以他從那時開始神經衰弱，終身痛苦萬狀❶。民國十四年（當時他約四十一歲）任北大教授，從此一直從事教學及著述；大陸赤化以後，他住在上海，繼續他的思考與著述工作，直到民國五十七年逝世爲止。

熊十力的《十力語要》（一九三五——四七）、《新唯識論》（一九四四）、《原儒》（一九

❶ 熊十力：《十力語要》，臺北市，廣文書局，民國六十年影印版，卷三，頁六二——六四。

五六）、《體用論》（一九五七）、《明心篇》（一九五八）這些著作中的基本思想均以闡釋《易經》爲宗旨，而以最後二書爲最清楚可讀。他的基本思想是「體用不二」：實體變動而成功用，因此實體卽功用自身；正如「衆漚有濕潤與流動等性質，此卽是大海水的性質，以大海水是衆漚的自身故。汝若欲離開功用而別求實體的性質，將無所得。」❷衆漚與大海之水是熊先生所最喜歡最得意的比喩。這唯一的宇宙實體（或稱本體、本源、始源、根源）表顯於二種變化不已的功能，卽闢與翕。「翕爲物始，必漸趨凝固，此質礙層所由成。闢者：宇宙大心，亦名宇宙大生命。」❸熊先生在這句後面作一註脚說：「本論生命一詞，與世俗習用者異旨」，生命卽心靈，具有「生生、剛健、亨暢、升進、炤明等等德用」；這生命的勢用隨物質而起，但又被物質所阻。新唯識論中對此剖析得最清楚❹：「形向者形質之初凝而至微細者也。以其本非具有形質的東西，但有成爲形質的傾向而已，故以形向名之。物質宇宙由此建立。這由攝聚成形向的動勢就名之爲翕。……然而當翕的勢用起時，却別有一種勢用俱起。……這個勢用是能健以自勝，而不肯化於翕的（卽是反乎翕的）。申言之，卽此勢用，是能運於翕之中而自爲主宰，於以顯其至健，而使

---

❷《體用論》，臺北市，臺灣學生書局，民國六十五年影印，贅語頁四。
❸同書，頁二四——二五。
❹熊十力：《新唯識論》，臺北市，廣文書局，民國六十三年，卷上頁五八——五九。
❺熊十力：《明心篇》，臺北市，臺灣學生書局，民國六十五年影印，頁八、九、二一。

翕隨已轉的。這種剛健而不物化的勢用，就名之爲闢。」心與物或闢與翕均係唯一實體之功用❺。因此熊先生一方面反對唯物論，另一方面也反對唯心論：「物不從心生，心亦不從物生」❻。心與物雖是一體的二面，但萬物却是演進的：「物質層時期，生命心靈不得顯發（宇宙發展，物質層最先成就。生命心靈二層漸次出現，說見前）。及萬物演進，至人類出現，則其所稟之二物乃發育到恰好處，遂爲萬物之靈長。」❼熊先生認爲「人身最可貴者卽在其構造達於完善，而心靈得以赫然顯露出來，常爲吾身內在之監督者。」❽準此，人不但在萬物中最完善的，而且從人可知天之德用：「人得天而生。人有德用，故知其本乎天也。」❾我人反省而知有仁心。仁心卽人類之同情心，使人不墮於一己的私欲。人既由天而生，由此可知天地也有仁心。仁心卽生命，而吾人生命與宇宙生命原渾然爲一❿。

熊十力對生命的看法必須整合在他的整套形上學中才能瞭解。生命或心是宇宙實體的功用之一，而另一功用就是物質。心與物相依爲命但又互相對立。生命就是變動不居的萬物之闢勢。熊十力先生的思想之嚴密，於生命這一問題中表顯無遺。

❻ 同書，頁六。
❼ 同書，頁一五五。
❽ 同書，頁七七。
❾ 同書，頁一八三。
❿ 同書，頁七七——九二。

二十六、唐君毅的生命觀

唐君毅先生在《生命存在與心靈境界》一書的「後序」中說起他二十歲左右在南京大學讀書時的一件軼事。當時方東美先生是南京大學的哲學教授，喜言生命。但唐先生說自己當時把握不住什麼是生命，而對方先生所講之文學藝術性之生命哲學「只覺其可欣賞，不視爲哲學之正宗」，故於呈方先生一報告中說出他的這一見解，而方先生亦不以爲忤❶。

唐先生於民國前二年（西元一九〇九年）生於四川宜賓縣。民國十五年進北京大學，次年轉入南京中央大學，受業於方東美、熊十力。民國二十一年畢業，四年後返母校任教。民國三十三年，《人生之體驗》與《道德自我之建立》相繼出版。大陸易色後，民國卅九年於香港與錢穆等聯合創辦新亞書院。從此，著作越來越深刻也更豐富，像《哲學概論》（上下二册，民國五〇年）與《中國哲學原論》三巨册（民國五十五、五十七、六十二）均足以傳之千古。最後的巨著尚未

❶ 唐君毅：《生命存在與心靈境界》，臺北市，臺灣學生書局，民國六十六年，頁一一四八。

問世，唐先生已於民國六十七年二月二日逝世。

從《道德自我之建立》一書可以見到，唐先生是從他自己的道德生活體驗做出發點去肯定天地有生命有精神。他說現實世界是虛幻、無常、無情與殘忍的，但我的心却要求一眞實的、善的、完滿的世界；這就表示我的心超越時空而對整個現實世界不滿。這超越現實世界而自覺地支配自己（卽超越現實自己）的主體，唐先生稱之爲「道德自我」❷。道德自我根源何在？唐先生說在於「心之用」亦卽思想，因爲思想能跨越時空之上，不限於現實情況。思想又能使過去已滅者保留下來，它有「滅滅」的功能，因此，是不滅而恒常的「心之本體」。我的「心之本體」命令現實的我超越自己而視人如己，卽表示它原是人與我之共同的心之本體，它就是現實世界的主宰，卽神的化身❸。

除去道德生活體驗以外，唐先生復以人對自己生命的體驗來肯定天地有生命有精神：「人卽天之所生，吾亦天之所生。故吾欲知天之果爲何物，可直接透過我之行爲我之性情以知。」「則我有生命，天地卽不能爲塊然之物質。我有精神，則天地不能爲無精神之生物。天地之大，不僅生我之生命精神，亦生他人之生命精神。我父母祖宗之生命精神，亦皆由天地而來……則天地不特包含一切人生命精神之本原，亦且爲一切人生命精神之所充塞瀰淪，則天地卽一大宇宙生命、

---

❷ 唐君毅：《道德自我之建立》，香港，人生出版社，民國五十二年，頁四〇——四一。

❸ 同書，頁八〇——八八。

宇宙精神也。」❹

唐先生肯定「天道之仁」的思路如下：「蓋中國先哲之論人性之仁，其本質乃一絕對之無私。……眞正絕對之無私，當爲不私其仁，不私其德。故眞正之仁者，必不僅肯定其自己有仁心，可有仁德；亦必然肯定我以外之他人他物，可有仁心仁德。……此德縱不能歸之于一一之個體，亦當歸之整個之天地。」❺

以上所引各句足以證明唐先生肯定宇宙整體不但有生命，有思想(精神)，抑且有仁心仁德。現在我們要進一步問，所謂「天地之心，天地之生命」究竟所指何物？唐先生的答覆是：它是「內在於人之心，而以天地萬物爲一體」之本心❻。這也就是說：作爲道德自我之根源的「心之本體」就是充塞宇宙的生命。但究竟什麼是生命？生命是否就是心、思想或精神？唐先生在另一處說：「生命之生，乃指由未生而生，命則指既生而向于更生」❼。

唐先生對生命的進一步體認，可於「生命存在與心靈境界」的介紹中見之。

---

❹ 唐君毅：《中國文化之精神價值》，臺北市，正中書局，民國四十二年，頁三三〇——三三一。

❺ 同書：頁八二——八三。

❻ 唐君毅：《生命存在與心靈境界》，頁八九〇。

❼ 同書，頁二。

二十七、生命存在與心靈境界

——生命存在之三向與心靈九境

唐君毅先生最成熟的一本書出版於他過世以後，因此足以稱爲他的精神遺囑。全書上下二冊，共一二〇二頁，由臺灣學生書局出版。

撰寫經過

唐先生在自序中說：他早於三十餘年前已蓄意撰寫此書。因爲他覺得自己的許多著作帶文學意味，而哲學著作中一向未能對形上學及知誠論問題暢所欲言，心想對這些問題寫一專書。民國五十六年，由春至夏的四個月中竟完成此書初稿；次年更以五個月期間將全書重寫。一直到民國六十五年春爲止的七八年中均絡續增補。這時他發覺精力已漸不支，同時又顧慮到自己的眼疾，

「或更有其他病患」，所以決定付印。那料想，不久他就發覺患了肺癌。進醫院開刀前一日即九月八日，此書初校完畢。六十六年九月出版，離開他逝世不過五個月而已。

結構

此書的結構很像黑格爾的《哲學學科綱要之百科全書》（一八一七—一八三〇）。作者說自己於西方哲學中最欣賞菲希特與黑格爾之由純粹自我或純思中之理性出發（頁一一五四），自序中也把此書與黑格爾的著作相比，良非無因。黑格爾《百科全書》分為理則學、自然哲學、精神哲學三部份，第一部份分論存有、論本質、論概念三節，第二部份分機械學、物理學、有機物理學三節，第三部份分主體精神、客體精神、絕對精神三節，各節又都分三目。唐先生此書則分為客觀境界、主觀境界、超主觀客觀之絕對境三部（第四部「通觀九境」係前三部的綜合），格外與黑氏《百科全書》第三部份相似；客觀、主觀、超主觀客觀境界三部中，每部均分為三境，每境又分上中下三章。二書結構如此相似，大約不會是偶然的巧合。假使不是本書作者意識地以《百科全書》為模範，那就是他深深沉浸於黑氏著作，不期然而然地採取了後者的「三三制」。

宗旨

先讓我們對本書宗旨作一番瞭解。導論中說：「今著此書，為欲明種種世間、出世間之境界（約有九），皆吾人生命存在與心靈之諸方向（約有三）活動之所感通，與此感通之種種方式相應；更求如實觀之，如實知之，以起眞實行，以使吾人之生命存在成眞實之存在，以立人極之哲學。」（頁一）這段話需要一番解釋，唐先生所云的境界是指「心之所對所知」，亦卽思想的對象與內容。他認為思想的內容均由心的感通所由生。「心」與「靈」實際上是一事：「心」指內在活動，「靈」指與外界相通。「合心靈為一名，則要在言心靈有居內而通外以合內外之種種義說」。至於「生命」與「存在」二詞，唐先生明言「生命卽存在，存在卽生命」。「生命之生，乃指由未生而生，命則指旣生而向于更生。」（頁一、二）「存在」一詞中的「存」指主觀的保存於心，可能隱而未顯；「在」則指客觀之「隱而亦顯」的在；「其合為一名，亦具此主客隱顯二義。」（頁一一〇〇）根據唐先生對「生命」「存在」「心靈」的釋義，這三個名詞幾乎都可通用。因此他說：『「存在而有心靈的生命」，或「有心靈生命的存在」，或「有生命能存在之心靈」，其義無別。』（頁二）根據上文所云，本書作者相信哲學中的種種不同見解均由生命、存在與心靈的感通所引起。

然而唐先生著述此書的目的並不純粹是理論性的，而是要使讀者對思想的內容（境）作「如實觀」及「如實知」，「以起眞實行，以使吾人之生命存在或眞實之存在，以立人極之哲學」（頁一）。「如實觀」及「如實知」的消極面是打破妄見妄說，後者則由於對序、類、層位辨別不清而起。因爲心靈活動與感通之境（思想內容）有許多種，各境或各種思想內容生起的次序有先後的不同，各不同種類又可屬於高一層位之種類。如果先後次序或種類的層位高低分辨不清，就會發生妄見妄知；反之先後次序與層位高低如果分辨清楚，就會產生如實之知（頁十至十五）。「如實知」與其餘非知活動如情意等不可分，唯有透過情意，才能對他人或自己之心靈發生作用而引起變化。沒有情意的感受與感應的知，其感通旣不能完成，也就不是眞實的知，無法引起實行。唯有引起情意的感受與感應的「如實知」才會引發眞實的行動（頁十六—十七）。有了「如實知」、「眞實行」，才會有「生命的眞實存在」而「立人極」。作者所云的眞實存在是指永恆悠久而普遍無所不在的無限生命（見下文）；這無限生命却又表現於我人「有限極之一生」。作者認爲「吾人之有限極之一生亦爲無限之生命之一極。此極是無限生命之一極，亦爲吾人之爲人之極。人求有如實知與眞實行，卽求立此人極，亦實能立此人極」（頁十八）。

明瞭了本書之宗旨以後，我們可以說：唐先生此書的結構及有關絕對精神的思想雖很接近黑格爾，基本精神還是中國固有的，卽以知而能行的「眞知」或「實知」爲其根本義。

三向九境

現在讓我們對本書所云三向九境作一簡單介紹。唐先生的這一分類之目的，是要讓「人之行於哲學之途者，次第歷此九境，卽可通至東西古今大哲之哲學境界，而對其心靈活動與其所感通之境，分別皆有一如實知，以成其眞實行。」（頁三十）但他自己也說這九境並非不可合併，也沒有非開爲九境不可的理由。所謂三向，是指生命心靈活動之前後、內外、上下三個方向：由前而後是生命主體在時間中的進度，由內而外是主體與客體相接的活動，由下而上則係心靈活動超越當前之內外關係而進於更高層位（頁三二—三四）。本書第一部論客觀境界屬於內外向，第二部論主觀境界應屬於前後向，第三部超主觀客觀境應屬於上下向。上述三向各分爲體相用三境，這樣就形成九境。唐先生所以先由內外向的客觀世界開始，是因爲他認爲「人之知始於人之生命心靈活動之由內而外，而有所接之客境。」（頁三九）九境之第一境爲萬物散殊境，這時我人心靈所注意的是個別史地知識及個人。第二境界爲依類成化境，這時我人由個別事物進而觀察事物的種類。第三種爲功能序運境，這時心靈所觀照的是因果及目的與手段的關係。這三境彼此間是體相用的關係：一般說來我人以名詞表達體，用狀詞表達相，而以動詞表達用（頁三四）。

中間的主觀境界是自覺所生的境界。首先是感覺互攝境，因為人由感覺而引發自覺反觀的心靈主體；各主體互相觀察而各自獨立。由此而產生的科學與哲學思想均屬此境。其次為觀照凌虛境，這時人的心靈發現一純屬於相的世界，理則學、數學、音樂、造型藝術等均屬此境。第三是道德實踐境、倫理學以及一切着重道德之人生哲學均屬此境。

最後三境「則由主攝客更超主客之分，以由自覺而至超自覺之境。」（頁四三）首先是歸向一神境，其次是我法二空境（佛教），第三是天德流行境，又名盡性立命境（儒教）。唐先生所代表的是最後這一境界。

講完了九境以後（九境各三章共廿七章）本書第四部作一綜合，稱為「通觀九境」。通觀這五章與最後的「後序」無疑地是本書最具吸引力的部份。「後序」中等五節歷述作者自己思想的發展過程，非常親切。

若干問題的討論

一如上文所云，唐先生此書目的並不祇在於純學術，而更在於使「中下之資咸有入道之門，以成學而成教。」（頁四八）唐先生這一用心良苦，令人起敬。此書基本觀點之一是：東西哲人之不同義理（除去無意義之文字集結及自相矛盾或顯然違反事實的情形以外），無不可在某一觀點之下成立。本着這一大前提，本書把形形色色的不同哲學見解歸入「九境」之下，認為「皆可為當機成教之用。」（頁一一五九）由於這一基本態度，作者對不同的哲學觀點均能本「受教之心，以觀其所是」。這也就是說，作者本著他自己所代表之「天德流行境」的立場去吸收其他諸說中可以吸收的成份。因此，以某種意義而言，他的態度是兼收並蓄的。但由於此書所涉的範圍過廣，和黑格爾的《百科全書》不相上下，所以他對「異論異說」的理解也往往不夠深入，甚至有許多是皮毛。例如「因必有果，果必有因」（頁二九七）並非形上因果原理的正確瞭解。「基督教之上帝，即為一既創造一切物質之質料，而又……」（頁一五六—一五七）「基督教『道成肉身』之道，原義即『名字』」（頁六八三），以及「然此世界畢竟為自有，或上帝造，在多瑪斯，已認為自哲學理性言，兩皆可說」（頁六九四）等語顯然均係理解錯誤。說基督宗教卑視家庭（頁八六一）也不盡合事實。下面這樣的句子，則意義非常模糊不清：「在西方之思想中，所謂一切存在物之共同性質，即存有之自身，而使一切存在物共屬於存在類者。」（頁七八三）

除去這些枝節以外，我想也應該討論一個基本問題。這一問題構成本書的中心思想，但却沒有唐先生在四十年以前所撰的《道德自我之建立》一書中發揮得那麼清楚。在那本書中，他提倡「超越現實自我之限制」的道德生活。唐先生稱超越現實自我而自覺地支配自己的主體為「道德自我」，其根源為「形上的心之本體」（頁五—十一）。同書說明「心之本體之體會」的步驟大致如下：從一切事物在時間中的流轉及其必需消滅這一事實，可見現實世界的虛幻、無常、無情及殘忍不仁。但我的心却要求一眞實的、善的、完滿的世界。我的心超越時空而對整個現實世界不滿。這一事實表示我心有其超越現實世界的根源，亦卽思想本身之恆常而眞實的「純粹能覺」。此一純粹能覺只有隱顯而無生滅，超臨在現實世界的時空之上，它是「我之反省之覺所自生或所自根之覺源」，同時又是「現實的人與我之共同的心之本體」，而爲「現實世界的主宰」（頁七七—八八）。「道德自我之建立」一書雖早於唐先生三十歲左右所寫，但他在「生命存在與心靈境界」的「後序」中重申自己「仍在原來道上」（頁一一五七）。他在三十歲前「證悟」的「心之本體」頗接近黑格爾的「絕對理性」或「宇宙精神」（頁一一五三—四；參看「中國文化之精神價值」頁三三一）。他又認爲我國傳統思想中的「天」或「天命」均指同一事實（頁九一〇—九一一及八七二，八七九—八八〇）；它也就是「天地之心」或「天地之生命」，亦卽「以天地萬物爲一體」的內在於人之心（頁八九〇）。唐先生後半世的著述與爲人均足以證明，他的這一信念並非空洞的理論，而是他安心立命身體力行的「存在眞理」；對此我個人深表敬意，但對「心之本體」的理論仍不能不提出疑問。唐先生所云超越時空而永恆的「純粹能覺」，其本身究竟是自覺的呢？還是一種無意識的力量？一方面唐先生似乎認爲它是有意識的，因爲他在「道德自我之建立」（頁八六）中說：「無限的能覺當是無限的清明廣大」。另一方面他似乎又以爲「心之本體」是一種「隱伏而未顯」的推動進化過程之生命力（頁一一五〇）。前一種想法似乎與唐先生的整個思想體系不合，因爲它太接近猶太教及基督宗教的上帝。事實上，基督宗教不但相信上帝超越宇宙獨立，同時也相信上帝內在於宇宙（卽所謂全在或無所不在）。今日神學家中也有人强調上帝的內在性或與萬物的一體性（參閱張春申：〈位際範疇的補充〉，《輔仁大學神學論集》三十二期頁三一三—三三一）。因此，唐先生的思想本來也未始不可向這一方面發展。但一如上文所云，他一再否認位格性的上帝，並認爲「歸向一神境」僅宜於根器較淺的人：「當人自覺沉陷於罪業苦難之中，全無力自拔之人，亦宜信一神靈之大我，以爲依恃。此一神教所以不可廢也。在智慧較高之人……」（頁八九一）。「純粹能覺」或「心之本體」既非自覺，那末似乎應該是一種不能自已的生命衝力，就像胚胎發育時的情形一般；人得天獨厚，已由此生命衝力進化成爲自覺，但未來的發展未可預卜。黑格爾在歷史哲學的結語中就說世界史是「精神」或「觀念」的過程或實現；個人與民族等等簡直可說是宇宙精神的玩物。生命力可能毀滅自己，就像叔本華所說的；地球上已發展的生命也可能爲外力所毀，例如爲一白熱的星球所熔化。無論如何，要如宇宙最初的力量是無意識的，那末世間的生命也未嘗不可能像我人的個體生命一般，在宇宙億萬年中不過是曇花一現。我們又有什麼理由肯定，宇宙間進化著的生命是永恆的，甚至是宇宙的主宰？

唐先生所云「心之本體」如果指沒有自覺的一股生命衝力，那末表面上他雖比較接受黑格爾思想，實則柏格森的影響仍隱約可見。這樣，他的思想跟方東美、熊十力二人仍相當接近。

《哲學與文化》第五卷第八期　民國六十七年八月

二十八、「中國當代哲學工作調查」報告

(一)事情經過

民國六十一年度開始，我在政治大學替哲學系四年級開「當代中國哲學」一課，深覺清末及民國初年的我國當代思想界前輩具有時代前鋒的極深意識，五四時代亦然，只可惜這以後的發展爲蘇聯資助下的左派所操縱。當代思想界前期易犯的毛病是膚淺和偏執，但他們確實覺得是在「先天下之憂而憂」。講論「當代中國哲學」時，我不禁自問，同時也向學生提出這個問題：我們這一代的哲學界又如何呢？我們究竟在向那一方向走？是否還有前輩的使命感呢？

這篇文章無意也無法解答上面問題的全部。我之所以提出這一系列問題，目的只是要說明我

做這項粗淺研究的動機。為了要名正言順，我曾就商於哲學系代主任方豪院長；他一口應允用哲學系名義寄出調查表。謹在此向方院長和哲學系助教黃藴中先生致誠摯的謝意。寄發對象是今日在臺灣、香港及國外大專院校教哲學及大專院校以外從事哲學工作的中國人。事實上，這次寄出的一百五十六份調查表中，以寄給大專院校哲學教授為主，但也有部份寄給其他從事哲學工作的同仁。除臺港二地以外，大多數都寄往美國，歐洲方面也寄去幾張，澳洲與日本因缺乏稽查資料而未寄。美國方面有「哲學通訊錄」可查，我把名單中所有可能是中國人的地址全部錄下。某些姓氏雖像中國姓，實際上却可能不是：例如美國有許多姓 Lee 的，却未必是中國人；姓 Kim 或 Choi 的大約是韓國人，其他許多姓也可能屬於韓國人。為了儘可能完整，這一類的姓我都寄去。但平心而論，起碼十個以上的地址大約不屬於中國人。約在民國六十二年一月下旬寄出，到同年五月廿六日為止一共寄回四十張。寄出一五六份的收件人中，大約只有九成是中國人，所以寄回的四十份，約佔三分之一弱。雖不算多，也是慰情聊勝無了。

為了使讀者有更清楚的明瞭，且把調查表全文錄下：

中國當代哲學工作調查表

This is a scientific survey of Chinese philosophers. Please return this questionnaire if you do not read Chinese. Thank you.

各位同仁：

我們的系裏這學期開了一門「當代中國哲學」的課。爲了更清楚明瞭現況，我們希望對今日在臺灣、香港及國外大專院校敎哲學及從事哲學工作同仁的學術工作情況知道一些。這項調查完全以學術研究爲目的，希望得到您支持。爲了爭取時間，請國外同仁把塡好的資料航空寄來。如果您不願發表，可以在最下面一行的「允許」二字前加一「不」字卽可，我們會尊重您的願望。對您的協助，謹先致最誠摯的謝意。專此，敬請

鐸安！並祝　新春如意！

國立政治大學哲學系　敬上

（臺北木柵）　一九七三年一月十五日

1. 姓名：中文：　　外文：
2. 出生地、年、月、日：
3. 畢業於：
4. 學位：
5. 現任：
6. 所開課程：
7. 著作（如不够塡寫請使用反面）中文：　外文：
8. 翻譯：
9. 您對哲學的那些問題特別感到興趣？
10. 您能告知一些不在大專院校任課的哲學界同仁的姓名、地址嗎？

允許發表

(二)調查結果

這裏我得先向塡表寄回的各位哲學界同仁致最深的謝意。他們在百忙中寄來頗詳細的答覆，其中幾位的著作太多，因此他們把原來已印就的著作目錄一起寄來。

根據這四十二份調查表的資料，我們可概括出下列事項：

1. 當代中國哲學界同仁的出生年分佈如下（爲了方便一律用西元）：

一八九〇—九九　二人

一九〇〇—〇九　四人

一九一〇—一九　三人

一九二〇—二九　十人

一九三〇—三九　十九人

一九四〇—四九　四人

2. 以所得最高學位的所在國來看：

美國　十六人。

國內　九人。（臺大四人，文化學院、輔大各一，燕京、北大等各一）。

歐洲　十八人（意大利五人，德、法、比各一）。

香港　三人。

日本　三人。

3.以目下執敎或工作地區而言：

臺灣　廿五人

美國　十一人（其中一人已退休，一人尚在求學）

香港　六人（其中一位係助教）

4.就所開課程而言：我們把所開最多的課列爲最先，括號中的數字表示開此課的人數。不列數字者，表示只有一人開課。

哲學導論(12)，人生哲學（或倫理學）(11)，中國哲學史(9)，邏輯(8)，佛學（禪學）(6)，東方哲學(5)，美學(5)，宋明理學(4)，墨家哲學(4)，知識論(4)，道家哲學(3)，語言哲學(3)，存在哲學(3)，形上學(3)，西洋哲學史(3)，宗教哲學(3)，康德哲學(3)，哲學心理學(2)，當代西洋哲學(2)，文化哲學(2)，西方文化(2)，西洋哲學專論(2)，柏拉圖理想國(2)，科學與哲學，比較哲學，比較宗教，美國哲學史，中國教育思想，中國西秦諸子，基督教歷代名著，基督教思想史，馬克思與佛洛依德，世界宗教，思想方法，當代中國哲學，希臘哲學史，科學哲學，數學基礎，邏輯原子論，賴爾哲學，奧斯汀（Austin）哲學。

所開課程，本來並不表示開課者一定對各該課有特殊興趣。因爲許多課程可能由大學或教育部所規定。但所開課程的廣泛却也表示今日我國哲學界並不限於狹隘的若干題材。

5. 特別感興趣的問題：這原來是調查表的中心點。哲學界同仁對這點的答覆都相當詳盡。我們也可用所開課程相似的方式，依答覆人數多少排列如下：

倫理及人生問題(12)，中國哲學(10)，邏輯與語言哲學(9)，認識論(8)，宗教哲學(8)，形上學(6)，東西哲學比較(5)，存在哲學(4)，以語言哲學檢討中國哲學(3)，價值哲學(2)，美學(2)，意志自由問題(2)，宋明理學(2)，墨子哲學(2)，人性(2)，佛教(2)，文化哲學(2)，思想方法，中國哲學家思考方式，思想史，老莊，禪，回教，先秦思想，朱子，周易，道，孝道，王陽明對日本的影響，胡適，實用主義，杜斯托也夫斯基，康德，黑格爾，盧梭，奧古斯丁，柏格森，生命哲學，個人與社會關係，靈魂及心理分析，人類思想前途，數理系統之模型，當代中國思想趨勢。

6. 著譯題材：由於本文所注意的是我國哲學界目下所關切所注意的問題，因此著作與翻譯，書和文章，出版和未出版都具同樣意義。下面我們把這些哲學題材依次列出，括號中的數字表示我國當代哲學界中以此題材執筆的人數。

道的概念(6)，孔子(5)，墨子(5)，禪(5)，存在哲學(5)，邏輯(5)；荀子(4)，莊子(4)，佛教(4)，中國哲學(4)，希臘哲學(4)，基督宗教(4)，語言哲學(4)，倫理學(4)；儒家(3)，先秦思想(3)，宋明理學

⑶，王陽明⑶，仁的概念⑶，什麼是哲學的研究對象⑶，宇宙論⑶，海德格⑶，胡塞爾⑶，康德⑶，靈魂、精神、身靈等問題⑶；孟子⑵，二程⑵，朱熹⑵，戴震⑵，胡適⑵，雅士培⑵，懷海德⑵，休謨⑵，維根斯坦⑶，杜威⑵，羅素⑵，德日進⑵，中國宗教⑵，中國傳統問題⑵，西洋哲學史⑵，教育哲學⑵，哲學概論⑵。宗教哲學⑵，知識論⑵，文化哲學⑵，科學哲學⑵，美學⑵。

其他有關中國哲學者，有心性、孝、良知、聖、中庸、易經、正名、我國傳統的父權、女性象徵、「緣起性空」與相對論、中國形上學等題，以及韓非、公孫龍、陸象山、國父、馮友蘭諸人。西洋哲學家中討論的有齊克果、沙特、馬賽爾、馬丁•布柏、卡繆、史懷哲、卡西勒、皮爾士(Peirce)、詹姆士、魯一士、柏得利、盧梭、亞里斯多德、斐希德。此外還有關於物質、時空、美國思想史、比較宗教、中西哲學、世界哲學、個人實現與社會、未來學與哲學問題，當代中國哲學等論著。

一般說來，著譯題材與我國當代哲學界的興趣及在大專院校所開課程頗爲一致，這也是意料中的事。

㈢資料分析與評價

根據上述資料，我們可以作下列初步結論：

第一，我國當代哲學界年齡分佈相當正常，最大多數在三十至五十歲之間，大致與其他學術界不相上下。並沒有想像中一片空白的期間。

第二，以得最高學位時的所在國看來，我國哲學界目下受美國影響最深，歐洲次之。許多哲學界同仁在美國大學中任教，更加强了美國對我國的影響。

第三，就所開課程、著譯及興趣而言，結論並不如上面二項這麼容易。玆勉爲其難。

1. 與清末民初及五四運動以後的二十及三十年代相比，我們會發現一項驚人事實。談我國當代哲學時，一般都從自動接受西方思想的時代開始，就是甲午之戰（一八九四年）我國受挫於日本，繼之而訂的馬關條約把臺灣割讓給日本（一八九五年）那個時期。康有爲、譚嗣同、梁啓超都深受這一事件刺激而決心參預政治。嚴復所譯的《天演論》應時出版（一八九八年），成爲傳誦一時的青年圭臬。那時代的中國思想家雖有些駁雜不精，但均以先知先覺自命，以振聾發憒爲其天職。除已提到的數人以外，當時的其他思想家，如蔡元培、章炳麟、吳稚暉、國父孫中山先生等等，均抱先天下之憂而憂的氣魄。一言以蔽之，清末民初我國思想界的哲學專門素養不深，但均有我國傳統的政治理想。

五四以還，受俄國影響，我國思想界的興趣除政治以外，同時注意到社會問題。可惜當時我國思想界（甚至學術界）逐漸爲馬克思主義者所控制，所有政治與社會問題均以馬克思的一套死公式去解釋。清醒的反對者雖爲數不少，但敵不過有組織的集體行動。經過二十、三十、四十年代的漫漫長期，馬克思思想終於在我國形成一股極可觀的力量。這是我國和整個時代的悲劇。但從哲學界的觀點而言，我們仍不能不承認，那時代的我國思想家的確具有清末民初相似的心胸；他們也具有改造中國甚至改造世界的雄心和使命感。只可惜其中一部份是盲人騎瞎馬，帶錯了路。不管影響是好是壞，清末民初及五四以後的中國思想界是具有使命感的，同時對當代中國的歷史發生了決定性的影響。要如「思想是事實之母」這句話準確的話，我們可以說，當代中國歷史之母就是中國當代的哲學思想。這絕不是一句空話，而是事實。

然而，本文的資料中，就比較不容易找到本世紀上半期的使命感。政治一詞根本就找不到，社會一詞也很少見到。當然，這並不表示，我國當前哲學界不再關心政治與社會問題（事實上，許多哲學題材會牽涉到政治與社會問題），但至少表示出，政治與社會問題不再如過去一般地在我國哲學界的心靈中佔中心地位。然而，由於我們的資料絕非完整，不能代表我國哲學界全體，所以我這裏所下的結論只能代表一部份事實，也許代表一個「平均值」。實際上，關心國家民族未來發展的我國哲學界人士仍大有人在。方東美先生和香港新亞書院的牟宗三、唐君毅先生等卽其一例。但就整體而言，我國當代哲學界對政治和社會問題幾乎是諱莫如深。這件事實當然有它的時代背景，不能夠責怪我國當代哲學界。但仍不妨指出這一趨勢。

2.比起過去，當代我國哲學界在專業性方面似乎已有了進步，比較不像過去那樣偏激（過去似乎有人只談一家之言），而且比較喜歡深入研究，爲學術本身的興趣而研究，而不急於近功。當然，這也並不是說，本世紀上半期的我國哲學界不在作學術研究，只是指一般潮流而已。事實上，那時代的許多哲學專門著作可以說是劃時代的，尤其是關於中國哲學的深入研討，如熊十力、馮友蘭等。

3. 無論從所開課程、特別興趣和著譯題材看來，我國當代哲學界是以人生哲學、中國哲學與邏輯爲重點。把人生問題列爲興趣中心點，這原是中國人數千年的一貫傾向，初不足奇。但令人注意的，是人生哲學中的個人問題格外受到歡迎，存在哲學、禪、老莊思想等似乎代表這一趨勢。此外，宗教哲學與形上學也佔了相當位置，這是前所未有的事。

從答覆調查表的四十人著譯看來，中國哲學題材和其他哲學題材幾乎各佔其半。

4. 我國在美國的哲學界同仁，對我國哲學的介紹及研究工作的確有了極大的成就。首屈一指的當然應推陳榮捷先生。他生於一九〇一年，廣州嶺南大學畢業後，一九二四年於哈佛大學考取文學碩士，一九二九年復於哈佛獲哲學博士，曾於達特摩士（Dartmouth College）學院任教，目下任徹談慕女子大學（Chatham College）東方哲學講座教授。除去他獨自發表的十一本有關中國哲學的英文書以外（其中最有用的可推 *A Source Book in Chinese Philosophy*，臺灣有翻印本），又在別人編輯的三十餘種書籍中提供文章，中外各種雜誌中發表的文章也約莫四十種。最出色的是他在影響力極大的三種英文百科全書中撰寫有關中國哲學專題，即在《大英百科全書》

(*Encyclopaedia Britannica* 1960, 1967)、《美國百科全書》(*Encyclopaedia American* 1969)、《哲學百科全書》(*Encyclopaedia of Philosophy* 1967)。這三種大辭書中有關中國的專題，大部份均出陳先生手筆，幾乎可以說是一手包辦。陳先生在英美乃至整個西方世界，已經成爲中國哲學的權威人物。

從寄來的資料看來，夏威夷大學教授成中英先生的介紹及研究工作也頗可觀。他對中西哲學都感興趣，幾乎都用英文發表，已出版戴震原善及有關歸納理論二書，準備出版的有語言哲學專輯，中國哲學的古典看法，身靈一致問題等，其他有關中國邏輯、中國哲學之分析及重建等書則在準備中。英文發表的一般性哲學文章（以邏輯及語言哲學爲主），及有關中國哲學的文章各二十餘篇，中文發表的不下十餘篇。

基於美國及世界各地對中國思想文化的興趣，我國哲學界的後起之秀，似乎在研究及介紹中國哲學這條路上依舊大有可爲。

㈣前瞻與期望

然而，今日我國哲學界的最重要課題，卻依舊在於替我國人自己服務。我國最大多數同胞的思想，目下正遭受史無前例的控制，他們無法表現自己的獨立思想，也無法和全人類的思想接觸、交流。但是，終有一天，思想的箝制者會崩潰倒下去，正如秦始皇、希特勒、史太林都已倒下去一般。到那時，如饑如渴的萬千心靈一定會急於追求精神上的食糧。我們現在正可以利用時機，從我們自己對生命的體驗和切實思考，創造性地應用中國傳統和全世界思想遺產中的寶藏，替中國人開闢一條思想的康莊大道。上面已提到，目下不乏人從事這項工作。後起一代未必一定要死守他們的窠臼，而應以同一精神繼續探索。

但要達到這點，目下的哲學工作者還有許多事要做。首先，今後我國思想必須和全世界尤其和西方思想交流。然而，西方哲學的重要典籍大多尚無可靠而可讀的中文譯本。這裏我要格外強調「可靠」和「可讀」二點：譯文意思不對或不清還有什麼用？死死地把洋文依次變成中文，也不能算是眞的翻譯。必須讓現代中國讀者能夠清楚瞭解原意才行。另外一件傷腦筋的事，是西洋哲學術語在我國往往沒有固定譯名，因此容易發生混淆；對許多基本思想也缺乏確切瞭解。我們必須在這方面切實做一些工作。關於我國固有思想，學術性的專門研究和替外人介紹，這兩項工作固然重要，但設法替固有珍寶拭去幾千年所留下的灰塵，使它在現代中國青年眼中不再以老古董的姿態出現，而發生動人的閃爍金光，這才是我們所應企求的目標。目下哲學這門課在大學中的確是冷門。哲學系畢業的同學，有的不得已在貿易公司做秘書工作，在中學教書也是學非所用。

但是，對整個中國的前途來說，思想工作的確是最重要的一行。讓我們背起時代使命的十字架邁進吧！

《現代學苑》第十一卷第一期　民國六十三年一月

後　記

校對時我覺得下列二點需要補充：

第一、這篇文章的「前瞻與期望」中，我說「思想的箝制者會崩潰倒下去」，這在一九七六年毛澤東的死與「四人幫」的下臺已經實現了一部份。目下的大陸思想界雖仍然受到控制，卻已經開始與外界接觸，而且確實有「如饑如渴」的情形。當然這更加重了大陸以外中國哲學界的責任與時代使命。中華民國政府今年已作了大刀濶斧的改革，許多方面已採取積極與主動步伐，不知道在哲學工作方面是否還會和過去一般漠視它的迫切性。

第二，爲了使西洋哲學術語意思更清楚，民國六三年我正在進行編譯「西洋哲學辭典」。它在六五年出版。去年我又完成了增訂工作；目下校對增訂版的工作也在同時進行。

民國七十六年十月二日記

二十九、社會關係與哲學思想的互動

根據馬克思對政治經濟學的批判，「物質生活的生產方式完全決定社會、政治與思想生活過程。並非人的意識決定其生活方式(Sein)，恰好相反，是社會生活方式(Gesellschaftliches Sein)決定人的意識」[1]。這是大家所熟知的「上層建築」理論。依據這一理論，法律、政治、宗教、藝術、哲學都被稱爲「意識形態」，都是社會關係的產物，而社會關係則源自各時代的物質生產方式。簡言之，經濟決定一切。

許多事實顯示出，思想往往受社會生活所決定。例如生活在二十世紀末期的中國人已很難想像女子纏足，但一百年以前的中國人却不能設想女子不纏足還能夠嫁得出去。這一類思想的確爲

---

[1] K. Marx u. F. Engels, Ausgewählte Schriften, in 2 Bänden, Berlin 1953, S. 337 f. 本文轉引自：J. M. Bocheński u. G. Niemeyer, Handbuch des Weltkommunismus, München: Karl Alber, Freiburg/München, 1958, S. 39.

「社會生活方式」決定。卽在今日，印度回教女子仍須穿裹住全身的服裝才可出門，卽使在子女行將掉入河中淹死的情況也不例外。生活在這一型態社會中的男男女女，至今還認爲這是天經地義，一點不想改變。然而另一些事實却又指出，先知先覺者或外來的思想也能夠一下子把千餘年的傳統社會關係一掃而空。七十年來中國婦女地位的徹底改變就是明證。要如本世紀初我國不引進西方的政治、社會、法律……思想的話，社會關係也絕不會發生變化。印度與若干阿拉伯國家足以證明這點。

本文試以二個時代爲例，藉以說明社會關係與思想的互動。第一個是春秋與戰國時代，那時代的動亂引發了宗教思想的變化。第二個是本世紀初至今這個時代，其間由西方輸入的新思想也和我國社會關係發生互動。

春秋（前七二二—四八一）與戰國（前四八一—二二一）是我國古代的大變動時代。錢穆對這段時期曾作很簡潔的下列評述：「總之春秋以至戰國，爲中國史上一個變動最激劇的時期。政治方面是由許多宗法封建的小國家，變成幾個中央政權統一的新軍國。社會方面則自貴族御用工商及貴族私有的井田制下變成後代農工商兵的自由業。而更重要的，則爲民間自由學術之興起」❷。不消說，不直屬於政治官方體制的學術界之興起，這件事本身已是社會變化的產物。而新興的「自由學術界」對社會變化的反應也最靈敏，這在涉及宗教的「天」與「命」思想最爲明顯。

❷ 錢穆：《國史大綱》（修訂本）上册，臺北市，臺灣商務印書館，民國七十一年修訂九版，頁六五。

由甲骨文的記載，我們知道商代的宗教性非常強烈。《書經》中的十二〈周誥〉，學者都公認成於西周時代，它們對「天」與「命」的看法大致如下：天是有知有意有情的至高主宰，國家的興亡繫於天的命（天的意旨）；然而天命並非毫無條件，主要須視統治者能否「惟克天德」（呂刑），而無德者會遭到天之罰而喪失天命。天或上帝是福善禍淫的，這可以說是商代與西周時代的一貫信念。然而這一信念在春秋戰國時代遭到嚴重挑戰。大家知道，這一時代非常混亂，弒君與篡位的事層出不窮。當時人既深信弒君篡位是極大的罪惡，同時又沒有見到天加罰於這些彌天大罪，這就構成了思想上的困境：如果有一個福善禍淫的上帝，那些「不愧於人，不畏於天」（《詩》〈何人斯〉）的事件又何以會接二連三地發生？

然而，同樣的社會變化却引發了非常不同甚至根本相反的解答。這就使「上層建築」的理論很難應用到，因爲這裏的生產關係相同，社會的變化相同，屬於「上層建築」的各種哲學思想却完全不同。可見思想的發展雖然並非和社會無關，却仍有其自發性與獨立性。

春秋與戰國時代的現實情況（包括篡位及老百姓流離失所等等）引發當時學術界思想界對宗教的下列四種不同解答。

第一種放棄了福善禍淫的上帝，而代之以「成敗存亡禍福古今之道」。班固在《漢書》〈藝文志〉中以上面十個字表達出「道」貫穿古今歷史事件中的成敗、存亡、禍福，可謂找到了道家思想的核心。他又指出「道家者流，蓋出於史官」，並非對世事不關痛癢的人；祇因爲這些史官有感於世間的混亂起於人爲，因此主張清虛無爲；又因爲人間的成敗、存亡、禍福無法一概以天意與天命來解釋，遂以自然之道作爲它們的普遍形上基礎。道家的這一套構想表達於《道德經》與《莊子》以後，形成了中國哲學最有力的形上學傳統。

第二是《書經》中〈洪範〉所提出的解答。〈洪範〉是古代帝王的大法規，一共包括九個條目，稱爲「九疇」，卽五行、五事、八政、五紀、皇極、三德、稽疑、庶徵、五福六極。這九個條目涉及民生必需品（五行）、道德、政治、天文、曆數、卜筮、人生禍福等等，這一切都有它們的固有規律，因此都可以稱爲「自律」；但自然律或本性之律最後均起源於天或上帝（「天乃錫禹洪範九疇」）。〈洪範篇〉因爲一開始就提及「五行」，而這一名詞在戰國時代被鄒衍應用於歷史循環的「五德終始說」，因此說以後又爲漢代董仲舒所接受，因此許多人都以爲它是戰國時代的作品。實則，「五行」的原始意義是指五種生活必需品，一稱「五材」。我在不久行將發表的一篇文章中指出③，《論語》中的「九思」是〈洪範〉中「五事」的擴充，因此孔子不僅讀過〈洪範〉，而且一再回味思考，才會青出於藍而勝於藍。〈洪範〉旣遠在戰國以前，當然與鄒衍無干。它可以說是我國最早對宇宙人生之哲學性綜合思考。〈洪範〉一方面承認每樣事物有其固有規律，不再像素樸的「福善禍淫」論者把一切歸諸上帝，另一方面又肯定一切規律最後來自上帝。

③ Thaddeus T. Ch. Hang, *The Historical and Philosophical Import of the Hungfan.* 此文已有中譯：〈洪範的歷史意義與哲學意義〉，《哲學與文化》第十四卷第九期，民國七十六年九月。

孔子孟子繼承了這一信念，所以才會既盡人事又知天命。他們知道「四時行焉，百物生焉」是依據上天所賦予給萬物的本性與規律，但上天仍關心人事。孔子深信自己有上天的使命：「天之未喪斯文也，匡人其如予何？」孟子也相信上天雖不講話，卻「以行與事」把意旨顯示給人知曉。

第三是荀子與荀學派的解答。荀子是秦始皇併吞六國以前最有名氣的儒者。他的再傳弟子如大毛公、魯穆生、白生、申公、楚元王等以後在漢代宣揚了儒家思想。因此，梁啓超斷言：「故自漢以後，明雖爲昌明孔子，實則所傳者荀學一支而已」❹。荀子與荀學派的特色在於一方面繼承了孔子的教育與政治理想，却不再相信有知有意的上天，而僅視「天」爲大自然的常道，把求雨（〈天論篇〉）與祭祀（〈禮論篇〉）視爲文飾與「人道」。他的弟子評述荀卿時，把他的宗教思想表達得入木三分：「天地不知善：桀紂殺賢良，比干剖心，孔子拘匡，接輿避世，箕子佯狂，田常爲亂，闔閭擅強；爲惡得福，善者有殃。」（〈堯問篇〉）。最後二句尤其與「福善禍淫」的想法針鋒相對。然而，荀子雖相信宇宙間的常道，却不贊成道家的無爲，而主張利用它，所謂「制天命而用之」（〈天論篇〉）就是這個意思。他是融合了孔子的淑世主義與道家的自然之道。

第四是墨子的解答。他對春秋、戰國時代的社會變化一概置之不理，也不理會〈洪範〉所已

❹ 梁啓超：〈中國學術思想變遷之大勢〉。《飲冰室文集》，臺北市，幼獅文化公司，民國五十二年，頁二四四。

點破的自然界與人世的固有規律，而一味强調「鬼神爲神明而爲禍福」，「爲善者賞之，爲不善者罰之」（〈公孟篇〉）。

細觀以上四種答案，我們會發現：第一種答案否定了傳統的宗教觀；第二種不再主張素樸的宗教觀，而代之以綜合人文與天命的較高層次宗教意識；第三種理論上否定宗教的客觀意義，實際上爲了政治目的仍主張舉行徒有其表的虛禮；第四種以不變應萬變，一味堅持傳統的素樸宗教觀。這一宗教觀實際上透過道教一直流傳於民間，於今不衰；但它早已與知識份子脫節。這裏我們所要指出的是：上述四種答案均於同一或類似的社會情況中產生；它們之所以有如此巨大出入，必須由不同思想家每個人的獨特背景及其自發思考獲得解釋。

現在讓我們穿越二千多年，看看九十年來我國社會關係與思想之間的互動。那時我國國勢衰微，成爲歐美各國及東鄰日本的俎上魚肉；老百姓的生活也非常貧困。這一悲慘的社會關係迫使我國知識份子引進了西方思想。於是從一八九八年開始，嚴復所譯的《天演論》及其他譯著霹靂一聲，震醒了睡夢中的中國人。經由嚴復與梁啓超等的不斷介紹，本世紀初我國知識份子的思想開始急劇變化，遂導致一九一一年滿清政府的推翻及亞洲第一個共和國的成立。這裏是社會關係的變化引起思想變化，接着却是思想變化引發了中國社會的基本變化。隨着滿清政府的推翻，教育與文化相繼發生巨大改變。一九一五年成立的《新青年》雜誌尤其推動了新文化運動，終於使老大古國發生根本變化。最值得注意的是，馬克思主義在中國也並非土生，而是由陳獨秀開始輸入；經由陳氏所主辦的《新青年》於一九二〇年全力宣傳，加上次年來中國的馬林協助，於當年七月成立中國共產黨；復由中國共產黨全力推動宣傳，才使馬克思主義在中國發生影響力，更使一九四九年至今的中國社會產生有史以來的變化。試問這一過程中，究竟是社會與生產關係決定了哲學思想，還是哲學思想改變了社會關係？

可能正由於這層關係，哲學在目下的中國大陸遠比其他中國人生存的地區更受重視。倒是臺灣與香港的學術界把哲學思想看扁了，以爲它對實際生活無補。粗看起來，這似乎意味着科技與經濟的長足進步遏殺了哲學思想，實則這種一味以實證研究爲事的心態，正反映了十九世紀至今一直流行着的實證主義哲學，還是跟哲學思想擺脫不了關係。另一方面，現代科技與工商業最重實效，以科技與工商業爲主的社會，當然更容易接受一種重事實不徒事空談的實證主義哲學。顯然，臺灣與香港地區中國人的實證思想，與講實證的工商業社會不無淵源。然而，追根究底，這樣的心態與思想在中國古代雖可追溯到荀子的「制天命而用之」，實際上仍是受到西洋思想的影響。大家都熟知十六與十七世紀之交的方濟·培根對近代科技發展的深厚影響：他的「知識即力量」及「人的王國」等思想成爲以後三個世紀的努力方向。嚴復等在歐洲所看到所歆羡不止的，正是培根思想的成果。

培根生活於文藝復興時代的末期，十八世紀的啓蒙時代更夢想應用理性改造人類社會與大自然，笛德洛的百科全書可以說就是這一夢想編織成的。時至今日，這套夢想幾乎已成爲事實。今日的科技與開發國家的生活水準，已遠超過十八世紀啓蒙思想家的夢想。然而，正在這時，西方社會出現了過度理性化所造成的心理與精神病態。先知先覺者如榮格（C. G. Jung, 1875-1961）與海德格（M. Heidegger, 1889-1976）更認爲西方思想應該向全新的方向發展，不再偏於理性推理與實證。這一類型新思想顯然又是西方社會關係影響哲學思想的實例。

我國目下正大踏步跟着過度理性化的西方國家走。許多人不僅夢想改造大自然，而且還夢想把電腦晶片植入人腦，並想改造人的遺傳基因，把凡人變成超人，似乎已忘記過去大規模改造人性的悲劇性失敗。而生態失去平衡的危機與車諾比爾事件都早已告訴我們，理性與人的力量是何其有限。這些世界性的社會關係是否也會使我國學術界甦醒過來，體會到理性的極限呢?直到現在似乎尚未出現這樣的跡象。也許這一社會關係尚未到達極端情況，因此尚未能引起反響。

最後讓我們重新回到我國學術界對宗教的想法。上面曾提及荀子與墨子對宗教的相反看法。大致說來，漢代以降的中國學術界站在荀子一邊，而墨子的宗教觀以後爲道教所接受，繼續流傳於中國民間。今日的我國民間宗教往往佛道不分，却充分反映出老百姓對至高尊神的信仰（稱爲「元始天尊」、「玉皇」或「玉皇上帝」）❺ 老百姓相信至高尊神福善禍淫，同時也會保護善男信女。學術界往往採荀子的態度，基本上認爲可以人定勝天，不需要宗教，另一方面却認爲宗

❺ 傅勤家：《中國道家史》，臺北市，臺灣商務，民國六十九年臺七版，頁一〇一；小柳司氣太著，陳斌和譯，《道教概說》，臺灣商務，民國六十五年臺二版，頁七〇。

教信仰產生心理上的安定力量，因此未可厚非。現代的中國學術界不僅受了現代科學的洗禮，同時往往未加反省而吸收了科學主義、實證主義的哲學，無形中往往也繼承了傳統的不可知論與寬容態度。另一部份卻接受了攻擊性的無神論，積極地反對宗教。祇有極少數回到〈洪範〉的中庸立場：一方面相信一切有其固有規律而竭盡人事（包括科技的研究與提倡），另一方面也相信有終極的最高神。要如我們接受本文一開始所引馬克思的話，那就很難瞭解，何以在生產方式已高度科技化的今天仍會有那末分歧的宗教思想。不能諱言，即使在蘇聯也有上述不同的三種宗教思想。也許可以說像蘇聯那樣強烈主張攻擊性無神論的社會中，比較很難公開堅持有神論。然而這樣的人卻與日俱增。足見這方面的思想也有其獨立性與自發性，未必都是社會關係的產物。

《鼎》雙月刊第三十九期　一九八七年六月

三十、最影響當代中國的西洋哲學思想

究竟是那幾位思想家和那些思想最影響現代中國呢?何以這些思想家和思想會對當代中國人發生力量呢?這篇短文將先列出對當代中國影響最深最廣的西洋思想家和西洋哲學史的兩個時期,並略作介紹。這一切本來都是老生常談。本文所着重的,是要提出這些思想之所以特別影響現代中國的幾個理由。

㈠影響現代中國的西洋思想家與二個時期

我將憑着我自己的觀察而列出以下十位西洋思想家和西洋哲學史的二個時期。最大部份看法可以說是大家所一致同意的,局部意見則可能會因人而異。所列的思想家未必是當代西洋思想史中最重要的人物。本文的觀點原是就西洋思想對當代中國的影響立論。

我認爲影響現代中國思想最深最廣的應推下列十位西洋思想家：培根、孔德、赫胥黎（Thomas Huxley, 1825-95）、達爾文、叔本華、尼采、馬克思、柏格森、杜威、羅素。以西洋哲學史的時代而言，則文藝復與與啓蒙運動二個時期的思想影響最深。

培根是文藝復興與時代提倡科學實驗方法的一位名家。他在五四運動以後簡直已成爲科學方法的代言人，儘管他本人僅是科學方法的理論家而已。培根又曾宣佈知識就是力量，決定了這一代中國人對科學知識極端重視的普遍心態。赫胥黎則因嚴復以生花之筆譯了《天演論》（*Evolution and Ethics*, 1893）而成爲第一位受中國人崇拜的西洋思想家。嚴復的譯文雖不很忠實，但《天演論》對十九世紀與二十世紀之交的中國知識份子衝擊之深是無與倫比的。「物競天擇，適者生存」之說甚至在今天尚深入人心。隨着《天演論》之譯爲中文，達爾文在中國也成了極有影響力的人物。

由於王國維的介紹，叔本華與尼采二人在本世紀初就頗爲中國知識界所熟諳。王國維的〈紅樓夢評論〉一文用叔本華的意志之否定來解釋佛教的求解脫，可以說是對叔本華的最得力宣傳。接着他又寫〈叔本華與尼采〉。從此，叔本華和尼采二人一直就和中國知識份子結了不解之緣。目下，自由中國知識界對哲學的興趣並不很高；但對這二人却都耳熟能詳，甚至能隨口引用他們的名句。尼采更隨着沙特一度走紅而身價隨之擡高。如所週知，臺灣曾興起一股存在主義熱潮，最近據說大陸方面也有人感到興趣。

孔德（Auguste Comte, 1798-1857）首先提倡實證哲學，以爲它是「普遍而科學的知識之系統」，並以爲人類與其他一切都受外界秩序的不變定律所統轄。他又以爲「歷史科學」的定則揭示出人類以神學、形上學與實證三個階段向前進步。孔德的這個「定則」雖早已被證明與事實不符，但我國知識界從上世紀末期至今仍大都視之爲天經地義。晚近，這一想法更爲卡納普的邏輯實證論所增强。我國心理學、社會學、文化人類學、政治學各界幾乎清一色接受此說。這種視實證科學爲唯一知識的科學主義，也是使我國醫學界不屑對中國傳統醫術作大規模而有系統的研究之最大心理阻礙。

自從陳獨秀於民國九年以後的《新青年》雜誌中大肆宣傳以後，馬克思（Karl Marx, 1818-83）思想一下子就形成一股力量。中共於民國十年成立以後，尤其以全力傳佈，遂使馬克思主義泛濫於二十、三十、四十年代的中國。這段痛心史的結局就是大陸的赤化。要證明思想力量的偉大，我們在歷史中幾乎很難找得到更好的例子。

柏格森（Henri Bergson, 1859-1941）的《創化論》（中文譯名）或《創造的進化》一書一方面可以與進化論相連接，一方面「生命衝力」又似乎可以詮釋「生生不已」的我國傳統思想，因此一度頗受歡迎。方東美先生就深受柏氏影響。但我國學者大多未注意柏氏思想於一九三二年所發表「道德與宗教的兩個泉源」一書中的進一步發展。此書已明顯表示位格性的上帝才是進化賴以發生的原動力，「生命衝力」充其量不過是上帝所應用的創造力量而已。

杜威與羅素對現代中國知識界而言簡直就像中國人的姓名一般順口。然而，杜威的思想却並不像胡適之先生所介紹的那末簡單。胡適之心目中的杜威簡直就和實證主義者大同小異。一般人對他的瞭解也大致如此。羅素除去是數理邏輯的專家以外，同時也以提倡個人主義的戀愛觀、婚姻觀與道德觀聞於世。

以西洋哲學史中的時期而言，文藝復興與啓蒙運動二個時期最爲中國現代知識界所嚮往。一般人都以布卡爾特 (J. Burckhardt) 的見解爲準則，以爲中世紀沒有個人意識，文藝復興時代個人始有擡頭的機會。也有人乾脆以「黑暗時代」一詞抹煞西洋中古時代的一切，以爲西洋文化的優良傳統完全來自古希臘時期和文藝復興以後，中古時期則捨專斷殘忍以外無長物。十八世紀啓蒙時期的理性主義似乎至今仍吸引着現代中國知識份子，而對當時法國百科全書派的反宗教運動深表同情。

這裏我希望讀者注意，本文所云的「現代中國思想」並非指專業哲學界人士的思想，而是泛指一般知識份子的思想。由於我國大學教育忽視了大學生的哲學思想訓練(哲學系當然是例外)，所以一般知識份子往往停留於中學與大學教科書所灌輸的過時的思想模式中，缺乏自覺的反省機會。

㈡上述思想的若干歷史因素

一如上文所云，上面的簡介無意提出新的事實。但是爲了要探討何以某些西洋思想會影響當代中國，不得已必須略爲提及。

誠然也有一些事純屬偶然。例如嚴復剛好在英國讀到赫胥黎的著作，王國維因日本教授而接觸到叔本華與尼采。但大體而言，上述思想之所以影響我國，都和我國歷史中的若干因素有關。

比較宗教史專家埃利亞得〈文化時尚與宗教史〉❶一文指出，思想之能成爲時尚而影響一個時代，並不遵循理性推理或思考，而往往決定於某種強有力的存在情況。譬如佛洛伊德的《圖騰與塔步》一書描寫遊牧部落中的兒子視父親爲情敵，終至弑食了父親，以爲這就是圖騰的宴席與祭祀，並以爲禁殺圖騰動物即種因於此。埃氏指出這一理論毫無根據❷；但無論最有學術地位的民俗學家如里浮爾斯（W. H. Rivers）、波亞斯（F. Boas）、克勒貝爾（A. L. Kroeber）、馬凌

❶ Mircea Eliade, Occultism, Witchcraft, and Cultural Fashions: Essays in Comparative Religions, Chicago: The University of Chicago Press, 1976, pp. 1-17.

❷ 施密特：《比較宗教史》，臺北市，輔仁書局，民國五十七年九月臺一版，頁一三三—一四四。

諾斯基（B. Malinowski）與施密特（W. Schmidt）都一再證明此說的荒唐與無稽，宗教起源於圖騰祭祀之說仍流行一時。埃氏認爲這是歐美基督徒藉此而感到西方文明凌駕於異教徒而飄飄然所致。一直到現在尙有人視佛洛伊德的圖騰論代表科學事實，埃氏却能說明，這一思想植基於一種自大傾向。埃氏更對巴黎於六十年代銷售總量達十八萬的《星球》雜誌（Planète）之所以流行一時的存在情況加以分析，接着又評述德日進著作流行於同一時期以及不久以後結構主義走紅運的因由。埃氏這篇演講發表於一九六五年的支加哥，因此他不曾提到七十年代在巴黎非常吃香的莫諾（J. Monod）❸。我從來沒有夢想到，這位畢生從事比較宗教史的學者對當代西洋哲學的發展有如此獨到而精闢的見解。

埃氏的見解可謂與分析心理學家榮格（C. G. Jung）不謀而合。榮格也一再强調集體潛意識在歷史中所發生的潛在力量。海德格在《何謂哲學》一書中更主張哲學思想反映出不同的情調（Stimmung, Pathos）。他所云的情調，並非來去無影蹤的偶然感受，而是對某一時期某一地區的人有切身關係並打動心弦的東西，因爲牽涉到人的存在深處。海德格認爲哲學就是對此存在情況的回應：「哲學是對存有者之存有的回應」就是這個意思❹。這樣說來，海氏所稱的「情調」，我人毋寧稱之爲「基調」，似乎比較適當。

---

❸ 參考拙著《人之哲學》（臺北市，中央文物供應社，民國七十一年五月）第五章，頁一〇〇—一一一。

❹ Martin Heidegger, Was ist das—die Philosophie? *Pfullingen:* Neske, 1963, S. 9, 35-43.

本文作者絕不贊同哲學完全是情緒作用的偏激說法。是的，哲學本身能夠接觸到客觀眞理。但何以某一時期某一地區的哲學所關心所注意的是某一類型的問題呢？何以另一類型的問題始終不受歡迎？這就無法脫離海德格所稱的基調了。準此，何以西洋哲學中影響當代中國思想的是某些類型的思想，也就可以從基調獲得線索。

本書最後一章中，我指出甲午戰爭以後中國人思想的一個共同基調是要使中國由積弱重歸於强大。今日臺灣海峽兩岸的中國人，却由完全不同的生活經驗而到達意想不到的一個共同點，那就是個人意識的擡頭。我深信這是目前中國人的另一思想基調。這裏應補充的是：五四時期個人意識也曾一度出現過，提倡女權是最顯著的徵兆。

上述十位影響現代中國的西洋思想家與西洋哲學的二個時期，可以說都與這兩個基調有關係。赫胥黎與達爾文是最明顯的例子。無論是譯者或讀者，他們從這二位西洋思想家所獲得的訊息是「弱肉强食」：進化論所昭示中國人的，是不自强必遭滅亡。反過來，培根所提倡的科學方法和知識卽力量，以及孔德所標榜的實證知識系統都被視爲自强的良方。胡適之所介紹的杜威也被視爲科學方法的推動者。尼采提倡權力意志，柏格森的「生命衝力」，都使人發憤圖强。甚至馬克思主義也被五四時期的知識份子視爲强化中國之道。不消說，文藝復興與啓蒙運動之所以得到中國讀書人的靑睞，也是因爲這兩個時期被視爲歐洲人「現代化」和强化的契機。五四時期中國人眼中的這兩個時期代表科學化和理性化，以及和致弱的舊傳統決裂。於是，凡代表傳統的一切都被醜化，因爲它們代表陳舊和衰弱；這一來，西洋中古時期的文化傳統和中國固有的儒家傳統都名正言順地被打入十八層地獄。由於求自强的基調如此强烈，所以輸入中國的西洋思想多半都和它有關，足徵求自强的基調之對現代中國人，的確可稱爲海德格所云「在本質上與我人有關並打動我人心弦」的東西。

除去求自强以外，至少從五四時期開始，現代中國人也很醉心於個人意識。胡適之先生所介紹的挪威劇作家易卜生(Henrik Ibsen, 1828-1906)的《傀儡家庭》，就有强烈的個人意識。一如上文所云，羅素的道德觀與戀愛觀更反映了個人主義。尼采所云的「權力意志」以及叔本華所云意志的肯定與否定，都不乏個人主義的氣息。個人主義在五四時代之所以富吸引力，顯然是對中國傳統社會和家庭過份强調權威的一種反動。

渴望國家强大和個人意識以外，是否還有其他歷史因素使中國人比較容易接受某一類型的思想呢？我個人認爲淵自道家的自然常道無形之中發揮了極大的威力。道家對我國思想傳統的貢獻有二，其一是與天地爲一體的密契意境，其二是强調萬事萬物的常道。這二點在戰國時代尚未結束時就爲荀子和易傳所吸收，遂成爲漢朝以來正統儒家思想的一部份。由於這一發展，自本自根的道、天道、天理、理幾乎取代了詩書中的上帝。本世紀初，我國知識份子的思想既以國家的强大爲其基調，與天地爲一體的密契意境就不曾受到注意。反之，世界爲自本自根的道、理或天道、天理所統制，這一思想順理成章地就和培根的科學定律、孔德的歷史定則、以及馬克思、恩格斯的唯物辯證法融合爲一。結構主義與莫諾的「偶然產生必然」這些理論也和自然常道非常接近，因此都比較容易爲我國知識界接受。

(三)尾聲

歷史因素屬於我們的過去。無論我們喜歡與否，歷史因素已經影響了我們的過去。然而，人不是歷史因素的奴隸，而應該掌握自己未來的命運。唯有以批判態度面對過去，人才能掌握未來。自本自根的自然常道本身立足不住：因爲任何思想一定有它的思想者。其次，科學知識雖形成了今日的科技世界，改善了我們的生活；但它不僅絕非萬能，而且已成爲行將毀滅人類文明的惡魔。這不是科技知識本身的不是，而是蔑視人基本價值的必然後果。現代中國人必須睜開眼，要讓科技替人服務，不要替無人性甚至違反人性的目標服務。明瞭了人的基本價值以後，那末完整的個人意識可以和國家的强大相輔相成。

今後，我們必須以新的態度面對西洋思想。

《哲學與文化》第九卷第四期　民國七十一年四月

三十一、東西哲學對人的看法

一想到東方與西方，腦海中立刻浮現出二十餘年前在西德美因玆大學人類學研究所聽課的情形。這所謂人類學既非文化人類學，亦非哲學人類學，而是生物學人類學。因此上課時的作業包括把破碎的頭骨黏起來，以及測量它的頭顱指數（長與寬的指數）。一次，當我們（一共約四、五人）坐在實驗室中聽講時，女教授恰好講到動物與人類從北到南的特徵變化，以後又講到從西到東的變化。突然她若有所悟地從左到右指着我們的手說：看你們的手，眞使我詫異不置：左邊的是大號（德國人），中間的中號（雅美尼亞人），東亞人的手最細小。

誠然，這件事對東西哲學似乎風馬牛不相及，因爲那祇是形態的差異。但形態的差異與文化及思想的差異有一點是相同的，那就是所有的人在結構上與功能上都具有基本的相同性，而差異是次要的。當我初次抵達歐洲時，我的初步感受是：歐洲人幾乎和我們完全不同。但在小巷中聽到小孩子啼哭吵鬧時，突然我體會到，一切差異都是枝節，基本上人都是相同的。在歐洲十餘年的生活更證實了這個信念。東西哲學對人的看法也是如此。基本上，大家對人自身有一些共同的看法，但東西文化所塑造成的民族却也有一些顯著的不同之處。

講東西文化的差異，可以說早已成爲氣候。但如一提及種族，美國、德國和若干其他地區都非常敏感。美國人由於種族之間始終有歧視，所以一直不敢多講各種族之間的不同。德國人則因希特勒一味强調北部人種的優越，而視猶太民族爲該殺，因之犯了滔天大罪；所以二次大戰後連種族一字都不很敢用。其實不同種族之間外形與心理方面的不同非常顯著，而心理方面的某些特徵能在不同個體之間遺傳，也是衆所週知的。種族特徵雖是遺傳的，但往往也可能由環境之持久的隔離而助成。遺傳學專家甚至說若干地區的基督教徒與天主教徒之間有一些不同的種族特徵，因爲他們已有數百年之間的隔離。當然這是指過去三世紀而言，二十世紀這一類的情形已日漸減少至幾乎絕跡。總之，遺傳與環境並非全不相干，而是彼此之間有連續性。文化則可視爲人類所特有的一種環境，它們也會造成民族與種族之間的分歧。儘管如此，各民族與種族的多彩多姿却無礙於整個人類基本的相同。

可能有人會覺得上面這些開場白有些冗長得離譜。我之所以要把這些老生常談重新搬出來，是因爲至今尚不乏有人以爲我國文化及思想與其他各國完全不同，根本缺乏任何共同的接觸點，甚至根本不需要尋求接觸點。無論從生物學或文化的觀點，這樣的想法完全缺乏根基。

這篇短文所要指出的，是東方（中國與印度）與西方哲學相比之下，它們對人的看法之間的錯綜複雜關係。像梁漱溟那樣的三分法（中國人的「意欲」居中，西方人向前，印度人向後）未免有些失之過簡。我的看法則可列爲下列三點：第一，從解釋實在界整體及它與人之間關係的理論架構而言，西洋與印度思想同樣地强調知的因素，而中國哲學不然；中國與印度思想則比較注意人與實在界整體的關聯性與一體性，而西洋哲學比較注重人的個體性。第二，從人對現世及來世所持的態度而言，印度哲學自始至終以來世問題爲主；西洋哲學從古代至中古時代也一直非常重視來世問題，但也關切人面臨現世的各種不同課題，文藝復興以來始比較倒向現世權力的爭取；中國哲學對人的思考則儘可能避免來世問題，而以現世的倫理道德及政治爲中心。第三，從思想與實踐的關係而言，西洋哲學除去少數例外幾乎集中精力於純理性思考，目的是替人與實在界整體建立理論基礎，却未必牽涉到從事此項思想工作者的生活與實踐；中國哲人的思考一直以安身立命及道德的實踐爲目的（西洋哲學稱之爲「存在哲學」），「自誠明」與「自明誠」（《中庸》21）可謂中國哲學一體的二用；印度哲學對人的思考則更進一步，不僅牽涉到道德與宗教，而且是道德、宗教乃至修養及秘契生活的主要部份。

先來講第一點。西洋哲學至少從西元前第五世紀初期的亞納撒各拉斯（Anaxagoras）已把理性（nous）視爲產生宇宙秩序的原動力。西元前四世紀的柏拉圖則認爲理性能把握到的普遍觀念爲獨立存在，而可感覺的世界只不過是觀念的分享與模仿而已。普遍觀念以後被納入上帝的創造性思想之中，成爲中古時代的傳統信念。近代的德意志觀念論雖沾上泛神意味，但實在界整體以觀念爲主的信念依舊和柏拉圖完全一致。人卽能認識把握到觀念世界的特殊存在；亞里斯多德稱人爲理性的動物，就是繼承這一傳統。印度哲學中的個別自我及其他一切都植基於萬物根源——梵天；梵天是至高不朽的自我，其呼吸之氣（Prāna）推動宇宙間的一切，本身就是智性的自我（Prajñātman）。這一說法已見於西元前第七或第八世紀的《奧義書》（*Kausītaki Upanisad*）。佛教喜言般若（智慧），並稱佛爲悟理之性，就是繼承了印度哲學中的古老傳統。反之，中國哲學中的「道」，其原始意義似乎祇是自然而然的常規；知的因素在這裏尙未成爲顯性題材。《易傳》更以一陰一陽的交替作爲道的定義；這一說法亙續了一千多年。首先使天地間的「理」與智慧拉上關係的，似乎應推佛教學者。也就是說，這一類型的思考在中國是受了印度的影響。我個人相信，這件事值得深入研究，值得作爲研究生論文的題材。

用知的因素來解釋實在界整體及它與人之間關係的理論架構而言，西洋與印度哲學無疑地站在一起。但中國和印度哲學之强調實在界整體的關聯性與一體性，則和西洋哲學異其趣。至少從戰國時代開始，中國哲學一直都主張陰陽錯綜的關係交織成天地人一體的世界，個體性不過是曇花一現。印度哲學中構成主流的《奧義書》以及吠檀多正宗思想家商卡拉(Samkara)也是如此：梵天是包羅整個宇宙及一切個別自我的唯一自我；宇宙可以說就是梵天的顯示，呈現有機的統一性。佛教更認爲根本沒有不變的自我，祗有互相倚存而變動不居的因緣，可以說是這個想法最走極端的形態。反之，西洋哲學中的新柏拉圖主義雖頗接近印度哲學，但基督宗教的傳統却使位格與個體成爲哲學中的顯性題材。位格的理論一方面雖强調具理性的個體之獨特性，同時却也强調位格際的關係。近代哲學中的自由主義及個人主義却往往放棄了後者而一味以個體的獨立爲言：一方面使道德失去基礎，另一方面又使若干强有力的個人自視爲「超人」而高高騎在老百姓頭上。但個人主義是位格理論的誤解，二者切不可混爲一談。

現在我們來講第二點，那就是從人與現世及來世所持的態度來觀察。這一觀點與梁漱溟的較爲接近；但我不想先入爲主地對某種態度加以褒貶，祇是把這三種態度平舖直敍一下。印度哲學由於一貫地以業、輪迴與解脫的信念爲其終極關切，因此它對人的看法充盈了宗教與來世的氣息。這一特點早已於吠陀時期見其端倪，亙三千年而未改；佛教與耆那教雖脫離正統思想，但也並未與這些基本信念相左。印度哲學似乎自始至終與宗教結了不解之緣。唯物論誠然也曾在印度產生過，但得不到大衆的支持。西洋哲學從古希臘時期開始，也一直非常重視來世。畢達哥拉斯的體系就非常接近印度的出世思想。柏拉圖步其後塵，尤其在討論靈魂不死時，認爲肉體是一種阻力，眞正的智慧僅於肉體死後始能爲靈魂所得（Phaedo 65-66）。新柏拉圖主義的這一傾向尤其明顯。古代與中古時代的基督徒哲學既以宗教問題爲中心，當然也關心來世。但柏拉圖與其徒亞里斯多德也很關切政治、道德、戲劇等現世的問題；中古時期亦然，唯視宗教爲優先。文藝復興以後，西洋哲學才以現世問題爲主。但最偉大的思想家仍未忘情於宗教與來世的問題，笛卡兒、萊布尼玆、康德就是最好的例子。死於一九七六年的海德格也把死亡建構於他的存有學之中，作爲人達到屬已存有的必經之路。儘管西洋哲學也曾產生最露骨的唯物論，但最深刻的思想家始終還是對現世與來世兼顧。

從人對現世及來世所持的態度來看，如果印度哲學對來世的關切居首位的話，中國哲學無疑地要敬陪末座。除去詩書時期和戰國時代墨子的宗教情操可與舊約相比以外，其他各種思想幾乎都一心致志於現世的政治與道德問題。即使是以出世爲主的佛教，在中國也染上了極深的現世色彩。中國哲學的這一傾向之容易與西洋哲學中的唯物論與實證論相結合，是顯而易見的。

連帶地我願意一提東西方對技術的態度。（一般而論，用理性去使用、改善大自然稱爲技術），西洋、印度與中國哲學的人觀都相當持中，既沒有無條件地崇拜技術，也沒有加以拒絕。古希臘哲人視理論知識爲最高，而視技術知識爲次。亞里斯多德在《形上學》第一書中的這一態度尤其明顯。中古哲學誠然以宗教爲首務，但宗教義務之一在於「治理大地」（《創世紀》一28）；這一心態對技術的發展不僅絕無任何抗拒成份，而且還相當有利。文藝復興以後，控制大自然的權力慾使歐洲人空前熱中於技術的發展；再加上數學與實驗方法的應用，技術始變成現代的科技，而成爲許多人心目中的新偶像。印度人最重視解脫，對現世的財富與生活的舒適似乎應持消極態度。實則印度社會仍公認行爲正直、財富（Artha）、享受生活、精神自由（解脫）爲生活的四個目標。因此《奧義書》之一（Taittiriya Upaniṣad）敦勸學習階段的人不可忽視眞理、德性與財富。技術既能促進財富，原則上印度文化與思想也不致反對技術。中國哲學則一向推重「仰則觀象於天，俯則觀法於地」的古代聖王，並一一頌揚他們在技術上的偉大貢獻（〈繫辭〉下2）。莊子在〈天地篇〉中反對機械、機事、機心，祇是一個例外而已。以整體而言，中國哲學的主流非常强調「參天地」，這一心態基本上對技術的態度是積極的。

第三點是思想與實踐的關係。從這一觀點來看，西洋哲學對人的思考往往是要替實在界整體與人自身作純理論的反省；這些理論可能影響到生活的實踐，但也可能互不相干。齊克果罵黑格爾造了大厦（指思想結構）而自己住在茅屋裏，就是這個意思。儘管如此，西洋哲學家與其他學術工作者一般，對學術的眞誠比較更能理論與實踐一致。儘管他們都會走迂迴曲折的錯路，但追求眞理的熱誠則相當普遍。中國哲學對人的思考却一向是道德修養的一部份。哲學思考的目標被認爲在於促進人的道德修養，而無補於道德修養的思考則被認爲空洞不切實際。印度哲學對人的思考頗接近中國人的想法。

簡略地從三種不同觀點比較了西方、印度和中國哲學對人的看法以後，我發覺沒有一種看法是十全十美的；同時也沒有一種對其他文化完全陌生，正如同古羅馬的一位哲人所云：「凡是屬於人的東西，我認爲沒有一件對我是外路的。」(Humanum nihil alienum a me esse puto) 讓我以具體方式說明這兩點。

西方對人的看法，其弊在於過份重視理論的知識和過份强調個人。這樣的人觀往往使知的層面與人格整體的發展脫節，而導致神經病甚至精神病。榮格（C. G. Jung）對這點的瞭解最爲深切，他所倡導的個體化(Individuation)就是讓人格的各層面作均衡發展而使人成為完整的自己。榮格也認為西方文化由過份崇知而呈現病態，因為不能施展所長的心靈的其他層面往往像野獸一般，隨時準備吞噬一切。西方的人觀又過份強調個人，似乎個人可以完全自由完全獨立一般，各色各樣的個人主義即其最極端的表現（例如沙特型的存在主義和嬉皮運動）。正因極端的個人主義導致價值與意義的喪失，因此年青人往往為集體主義和「社會主義」的幻象所迷惑，甚至不惜參加紅衞兵這一類組織。然而，這些都是過份重視理性與個人的弊端。西方的人觀有這些弊端，並不表示其本身一無可取。恰恰相反，適可而止的理性與位格價值的培養，正是西方文化最光明燦爛的一面。

要如我們去看印度哲學的人觀，我們會同樣覺得失望。印度的人觀過份強調業、輪迴與解脫，佛教的緣起論更把人的自我徹底否定，自我完全被視為幻覺。印度社會之所以至今尚非常落後，過份着重來世的人觀至少應負部份責任。但另一方面，印度哲學的人觀自始至終追求超越自己的崇高理想，又豈是任何人所得否認？印度哲人又非常重視心靈的全面提昇。他們的靈修與密契經驗啓發了十多世紀中國人的心智。

中國的人觀一向與道德打成一片，這在儒家經典尤其在《孟子》書中最為明顯。但從戰國時代開始，儒家的人觀開始和一陰一陽所構成的「道」互相結合，形成一種不很穩定的道德形上學，似乎道德的根源是自然而然的天地之道。這一看法之有失完整，唐朝時的宗密已經見到：他在《原人論》中作如下的尖銳批判：「且天地之氣本無知也。人禀無知之氣，安得欻起而有知乎?」這裏可以清楚見到，中國的形上學無法解釋人之起源，因爲有知的人不可能從無知的「天地之氣」而來。此外，道德以每一自我的自由抉擇爲先決條件。中國哲學旣對個別自我缺乏哲學反省，因此道德往往就缺乏形上根基。中國哲學談人的問題時鮮言死亡，似乎希望死亡在人間世中絕跡。然而不敢坦然面對死亡問題並不能取消死亡的存在。中國老百姓怕鬼怕聽「死」字，其程度遠超過西方人。據云醫院中「沒有」四樓，因爲「四」與「死」的發音相同。像印度哲學那樣以來世爲主的人觀誠然過份，不敢坦然面對死亡的事實，也不過掩耳盜鈴而已。這裏牽涉到的不僅是怕死的問題，而是人的高階層天性能否得到合理的滿足。

綜觀以上所言，我們的確可以見到，西方、印度、中國的人觀都有嚴重的缺點，沒有一種是十全十美的。讓各種不同的人觀截長補短，難道不是最合理的解決辦法嗎?要如這麼做的話，全世界各國各民族的歧見必然會歸於化解。要實際做到這點雖然非常困難，但理論上能承認它的需要，我想應該算是一個重要的起步。至於怎樣截長補短呢?我的意思決不是把什麼都混在一起，這樣會成爲賤價的妥協。眞正的途徑是找到最基本的一點或幾點，以後把值得吸收的東西都兼收並蓄，而形成有機的綜合。

要從事思想方面的有機綜合，有一些流行而不正確的成見必須破除。例如往往有人以爲中國人根本不注重個人，甚至不知個人爲何物；也有人說中國人沒有宗教，來世對中國人根本不是問題。其實，說中國人無宗教，是基於一則邏輯謬誤，也就是以偏概全，把智識份子的構想視爲全體老百姓的想法。中國人如果不信宗教，那末遍佈全中國的大小廟宇將如何解釋？中國人如果不關心來世，那末爲什麼又要替死人燒冥紙？中國傳統思想也並非不關心個人，其實〈大學〉所云的「修身」就針對個人而言，祇不過沒有專門討論而已。至於每個人自己在每人心目中的份量，那尤其不用說，中國人絕不後人。反過來說，西方人和印度人也並非不關心道德和現世。

《哲學與文化》第七卷第五期　民國六十九年五月

三十二、比較完整的生命概念之嘗試

㈠導　引

中國傳統哲學的生命觀於《易傳》中最形顯著。《易傳》中的「生生之謂易」（〈繫上〉5）及「天地之大德曰生」（〈繫下〉1）等句中的「生」字，許多學者往往釋爲與生命有關；事實上「生」字本來也可以指生命。但仔細推敲周易中含有「生」字的三十八句，除去無關宏旨的四句以外，其餘三十四句都是指事物的發生，與生命未必發生關聯；上面所引二句也並不例外。另一方面，〈說卦〉9稱天爲父，稱地爲母，而天地與萬物之間相當於父母生育子女的關係。不僅乾父坤母之間彼此交感，其他一切均具陰陽關係。不但萬物因天地相感而化生（咸卦彖），其他一切也因「陰陽合德」而化生事物。天地交感及陰陽合德雖與男女交媾有些類似，陰與陽却是泛指互相補充而具親和力之對立二極，同時又均以產生事物爲目的。以這層意義來說，不僅男女構成陽陰二極，父與子、母與女、師與徒……之間均可用這項關係來表示。此外，〈繫辭〉下1稱「天地之大德曰生」，而復卦彖稱「復其見天地之心乎」，充分表示出天地生萬物並非出自偶然；而是有心意的。上述一切表示萬物都交織在陰陽感應的關係之中，並由天地之心而化生，因此天地萬物可以說構成共同的有機體。

所以，如果我們問什麼是生命，或者更好問什麼是有生命之物，那末中國傳統哲學的可能答案將是：有生命之物交織在以一再生發事物爲目的之陰陽感應的關係之中。

然而，我們必須指出，上述生命觀僅屬於儒家傳統。這一傳統視天地爲有心意，而道家所云的道則爲毫無目的性之自然規律，一如王充所言：「天地合氣，物偶自生矣」（《論衡》〈物勢篇〉）。（參考本書第六章：儒家哲學中的生命觀，頁一二〇—一二九）

㈡中西哲學中的萬物一體與獨立個體

儒家的傳統生命觀之最顯著的特色在於與道德之密切關聯。正如天地有好生之德及仁物之心，人也同樣地稟有仁心。布德杯格（Boodberg）教授把「仁」字譯爲 co-humanity 表達出人際的親密關係，我自己則譯之爲 dianthropy（希臘文：二人性），用以表示「仁」字的原始意義。儒家的道德理想就在於教我們忠於自己的仁性，而仁性則是天或天地所賦予。

把生命視爲以生物爲心之陰陽感應關係的交織，始終帶着萬物一體的宇宙一元論傾向。事實上，宋明理學就是如此。强調宇宙一體，容易使個體喪失其充分的獨立性。西方思想强調個體性而忽視宇宙的基本一體性，東方則恰恰相反。中國人總是覺得萬物一體的想法更大公無私，而强調個體的西方思想有些自我中心的味道。今日的許多中國人依然如此想。

中國人這一想法的另一特色是視天地爲宇宙的最高起源。天地雖不失其物質性；但在中國人心目中，天地具有生育萬物的心意，並因此而成爲道德的最高泉源與標準。

這裏我不願討論跟上述想法有關的形上學問題。我祇願指出，把宇宙視爲以生物爲心之陰陽感應關係交織的有生命的一體，是很有價值的見地，足以補充並啓發西方的哲學思考。誠然，西方也有各色各樣的宇宙一元論思想，但却不像中國及東方其他地區一般充盈着這樣的生命情調。根據儒家的哲學傳統，每個人可以說祇是天地生物之心及生物之力的持有者；人之最高完美在於「贊天地之化育」（31〈中庸〉20），即在教育、政治、物質及其他各方面幫助他人。儒家的道德觀雖非常重視個人修養，並以誠意正心修身爲治國平天下（42〈大學〉1）的基礎，但個人自身却似乎僅因齊家、治國、平天下而始有價值。

我認爲東方及中國傳統哲學的無我精神非常有價值，但也不能不承認，這樣的生命觀並不完整。儘管無我精神值得重視，有生命之物却祇可能是個體，而「生命」一詞祇不過係抽象名詞。這裏東方應受到西方思想的補充。東西方思想在這點可互相補足，因爲個體性與宇宙的基本一體性並不彼此排斥。恰恰相反，沒有高階層的個體性也不可能有更高階層的全體性或整合：缺乏高階層的個體性祇可能產生無固有面目而單調的一律而已。此外，有生命之物以一再生發其他事物爲目的，這一想法也應由西方向更高階層發展的思想所補充。

然而，最初系統地討論生命的亞里斯多德對生命的究竟尚無清楚的答案。現代的進化論才對生命概念有新的突破。這一切我在《人之哲學》第三、第四章有比較詳細的剖析。

㈢邁向比較完整的生命概念

現在讓我把有關生命的東西方哲學思想滙合在一起，透過我自己的體驗與反省，對有生命之物嘗試作下列定義：「與其他個體密切聯繫而具生發其他個體及向更高更複雜統一性發展的傾向之個體。」

這一定義包括下列三個主要因素：一、有生命之物始終是個體；二、有生命之物具生發其他個體及向更高層發展的傾向；三、有生命之物與其他個體彼此密切聯繫。

試對這三個生命特徵略加發揮。

第一、一如柏格森在創化論中所言，個體由不同而彼此補充的部份所組成，構成對外隔絕的自然系統。不同部份彼此補充而集合成一體就是統一或整合。由於對外的隔絕與整合是相對的，所以世間也祇有相對的個體，而個體性是有等級的。

第二、有生命之物具生發其他個體及向更高更複雜形式之統一性及整體性發展的傾向。這一特徵之前一部份屬於中國傳統思想，後一部份則基本上與德日進雷同。然而德氏所云的「意識」一詞似乎還不如柏格森的「生命衝力」更好；如所週知，德氏認爲一切事物——連最原始的物質在內——均有某種內在的意識。實則「生命衝力」在更高階層生命中才以意識的形態出現，較低層的生物中則不必假定意識的存在。

生發其他個體與向更高整體發展，二者之間具有相輔相成的關係：生發了足夠衆多的個體以後，才能向更高的整體發展；發展成更高整體以後，又能生發同一階層的其他個體。

關於向更高層的發展，無論在個體或集團中均可找到這一現象。一如德日進所云，這項發展包括演化的多種形式，尤其是先驅生命期（prévie）、生命期與心智期。這裏我祇願意舉一個例子。人的胚胎由於細胞生生不已的先決條件之下而向更複雜的整體演變，直至達到自我意識的高階層形式爲止。不僅如此，具自我意識的個人又有與其他個人形成集團的傾向。集團的形成使人的文化與社會日漸複雜，最後集合成更高的人類社會整體。男女之間的特殊集團則是人的數量增長之先決條件，也是向更高整合發展的最佳實例。

另外必須指出，新個體之生發及向更高整體的發展往往同時伴隨着許多既有個體的死亡。

第三、個體間之聯繫可以用陰與陽及萊布尼玆所云單子的知覺與願望 (perception and appetition) 來表達。我這裏應用此二詞的意義和萊氏迥然不同。首先我不贊成萊氏所云單子無窗戶和外界不相往來的奇特說法；根據這一說法，所謂知覺與願望都祇是單子內在的變化，並非眞與外界發生關係。我所說的知覺泛指外界事物或影響力的吸收，願望則指被外界所吸引。個體被其他個體吸引時，或者以其他個體爲統一中心，或者與其他個體彼此吸引而形成新的統一體。陰陽相互對立而互相補充的關係具見上文。

陰與陽及知覺與願望這二動態關係一方面表示出個體維護自己個體性的需要，同時又有整合於更高整體的需要。例如，細胞需要吸收養料維護自己，同時又與其他細胞一起構成更高層的整體。到達了更高階層以後，新的個體又傾向於生發相應階層的個體。

除去吸收與被吸引這二種個體際聯繫以外，還有一種站在同等地位的個體際之平行關係，例如水份子間、人與人之間的對等關係。這一切關係均可用「陰陽合德」來表示。

這一有生命之物的定義應該包括具此三特徵的一切事物。由於任何個體均多少具此三特徵，因此每一個體在其相應階層上均堪稱爲有生命之物。然而我們必須指出，向更高層發展的傾向不能適用於最高階層的有生命之物，而最低層的「有生命之物」以通用意義而言稱爲「無生物」。這也就是說，本文的生命概念是類比的。

《哲學與文化》第七卷第五期　民國六十九年五月

參考資料

Henri Bergson, *Creative Evolution*, authorized translation by A. Mitchell. New York: Modern Library, 1944.

Pierre Teilhard de Chardin, Le Phénomène Humain. Paris: Seuil, 1955.

Wing-tsit Chan＝陳榮捷：王陽明與禪，臺北市，無隱精舍印行，民國六十二年，頁三一一九。

Thomé H. Fang, *The Chinese View of Life*, the Philosophy of Comprehensive Harmony. Hong-Kong: The Union Press, 1956.

Thaddeus T'ui-chieh Hang, Jen Experience and Jen Philosophy. Journal of the American Academy of Religion, Vol. 42, n. 1 (March 1974).

Thaddeus T'ui-chieh Hang, Toward a More Comprehensive Concept of Life, A-T. Tymieniecka (ed.), *Analecta Husserliana*, Vol. XVII, 21-30, 1984, Reidel.

三十三、人之尊嚴和道德的根與源

㈠從佛洛伊德的「超我」和康德的「尊嚴」說起

一說起「道德」，許多人的當下反應大致是：如果我不如此做，將會有如何如何的後果，遭受如何如何的懲罰或輕視。這樣的想法似乎視道德與法律同義，或把它視爲含有強制性的社會習慣，只肯定了道德的負面功能，却沒有正本清源地尋索道德的眞正意義。一般人既把「道德」和「制裁」擺在同一平面，無怪乎會視「道德」爲畏途。心理分析恰好替這一觀點提供了理論架構：按佛洛伊德（S. Freud）的看法：人格係由本我（id）、自我（ego）和超我（superego）三部分所構成的；良心就被視爲「超我」的功能。佛氏以爲「超我」是由父親的權威和社會的制裁力量內化而成。因此，所謂的「良心」或「道德」，終究仍只是來自外在的制裁力量，用以約束、管制本我與自我，而非源於個體本身自發自覺的生命力量。

關於道德意義的問題，康德（Immanuel Kant）在〈道德形上學基礎〉（Grundlegung zur Metaphysik der Sitten）中的一段精闢見解，我個人十分贊同。康德在他的知識體系中將世界劃分爲二，一是現象（Erscheinungen）世界，一是物自身（Ding-an-sich）的世界。然而在道德領域中，世界則是一「目的王國」（ein Reich der Zwecke）：在這王國中，萬物皆有其價值（Preis）或尊嚴（Würde）。有價值的東西是可用另一種同等價值的東西來替代的，譬如不喝茶，我們可以咖啡或可樂取代茶的飲用價值；可是尊嚴却是「在一切價值之上而不容許任何同等價值之物」來取代的。康德的意思是：人透過道德行動具有無可替代的尊嚴，而不是可以替代的一般價值。今日的機械論世界觀中，有人竟以爲人不過是兩種系統的組合體而已，亦即計算機系統（腦）加提供能量的系統（胃、腸、血液……）。人如果僅僅只是這樣的結構，那麼電腦的某些功能，和利用水力、電力或核能的發電機，其價值當然遠在人以上。但就尊嚴而言，人的尊嚴却超乎一切價值之上而不容許其他同等價值之物來替代。人的尊嚴就建立在萬物所不具備的道德基礎上。

何以道德使人有這獨特的尊嚴呢？本文將從生命的觀點循序討論下列三點：一、從生命說到道德生命的根與源，二、中國古代道德思想中的根與源，三、現代中國流行的兩種道德觀典型。

二從生命說到道德的根與源

中國、印度、西洋哲學中有不少探討生命問題的思想。綜合這些材料，我個人在前面一章中嘗試對生命作下列描述：一、生命是指某一個體的生命，而沒有所謂普遍生命；後者只是抽象概念。二、生命指個體與其他個體間相互的關聯。三、生命有一股內在的力量，使個體得以生生不息及向上發展。現在，我們以這三種現象為出發點來探究生命和道德生命的根源。首先，讓我們來看看一個簡單的生命是怎麼樣的。這裏我想起了修佰里（Antoine de Saint-Exupéry）所著的《小王子》（*Le petit Prince*），其中一段寓意極深的情節鑾適合作為我們思索的題材。這個故事是這樣的：小王子橫過沙漠只遇見了一朵花——一朵除了三片花瓣外什麼也沒有的花。「早安！」小王子說。「早安！」花說。「人在那裏？」小王子有禮貌地問。那朵花曾經有一天看見過一隊駱駝商經過，她說：「人嗎？我相信他們存在的，有六個或七個。好多年前我看見過他們，但是沒有人知道在那裏可以找到他們。風把他們帶走了。他們沒有根，很可憐。」「再見！」小王子說。「再見！」花說。故事至此告一段落。我們對花的回答：「人嗎？……風把他們帶走了。他們沒有根……」必定感觸良多。人如果在思想上、道德上找不到自己的根，那人就眞正地成為沒有根的可憐蟲，漫無目的，永遠沒有希望。我們討論道德的根源問題，便是在尋索人的生命之根與源（讀者請注意：這裏我把「根」「源」二字按原義分開來說：「根」代表有生命的個體之內在生命力及對外的「觸角」；「源」則代表有生命的個體所接觸到的「生態」或「環境」）。一株卽使僅有三片花瓣的花，它仍舊是有生命的個體。首先它有根，與大地——水份與養份之源——接觸。同時它的莖與葉接觸陽光與空氣。廣義說來，莖與葉也可說是根；藉着這一切，小小的一株植物與大自然緊緊擁抱，大自然便是源。卽使是微不足道的一株小花，它也是一個統一的個體，它伸展出內在的根、莖、葉和外在較低階層的其它個體密切聯繫；吸收它所需要的東西，同時和更高階層的其它個體——植物、動物、人在一起生存。這株小花又有繁殖和向上發展的內在傾向：繁殖時同時向上發展，向上發展至某種程度時卽開始繁殖。僅有三片花瓣的一株小花已是如此。生命的內在力量使它邁向更複雜的更高層次成長，却始終保持它的統一性和一致性。有生命之物又具有某種「一次性」：這株花不是另一株，每株花都有它自己的特點和「個性」。就某種意義而言，它已經有若干程度的尊嚴。當然，人不只是一株草。荀子曾說：「水火有氣而無生，草木有生而無知，禽獸有知而無義，人有氣有生有知亦且有義，故最爲天下貴也。」（〈王制篇〉）「義」就是知道自己有應該做和不應該做的事。人能反省自己，爲自己作抉擇；有了這份自覺自抉的能力，人才談得上「應該不應該」的問題，自覺地抉擇自己的行動時，人就是道德主體，也就是道德行動的根。但道德主體如果沒有和其他自覺的主體發生聯繫，也不可能有道德行動。和其他自覺主體的關係卽道德行爲的源。且來舉一個具體的例子。人意識到對行爲有自由抉擇能力，同時意識到自己的某種行爲妨害另一行爲主體的不當時，他就是做了不道德的事。在這一情形之下，選擇自己行爲方向的自我是道德行爲之根，與其他行爲主體的關係（上例中的關係：某一行爲妨害別人）才是道德行爲之源。缺少其中之一，就無法構成道德行動。由於道德要求的絕對性，人在按道德的要求行事時，會意識到不可侵犯的無上尊嚴。康德所指的就是這樣的尊嚴。

㈢中國古代道德思想中的根與源

在分析生命及道德生活的基本現象後，我們據此做出發點，要提出問題：道德究竟起源於生命本身或受制於生命之外？這又回到我們最初要對道德根源探索的問題上了。牛馬有生有知，供人使役，而有種種「服務」的表面活動，但那是在人的鞭策驅使下才有的反應，絕不是道德自覺下的服務。人之道德活動若僅受制於外，豈非如同禽獸徒有知覺而無自覺了嗎？中國古代哲學中，孟荀二子對道德問題的討論相當透澈。在此願一述他們二人對道德根源問題的探索。中國古代的道德思想從孟子開始有了系統，孟子以爲道德非由外在制裁而來，而是內在於心之「仁義禮智」四端的表現。孟子認爲「仁義禮智根於心」（〈盡心篇〉），四端乃是內在於生命的一種衝力：「

仁義禮智非由外爍我也，我固有之也」（〈告子篇〉）。仁義禮智之善性雖爲人之所固有，若不好好發展，也會逐漸消失不見的，所謂「操則存，舍則亡」（〈告子篇〉），童山濯濯乃由於斧斤伐之，牛羊又從而牧之，山木遂不爲美也，而人若「放其良心者，亦猶斧斤之於木也，旦旦而伐之，可以爲美乎？」（同上）人不操存道德良心，仁義禮智亦將如童山之木一般被功名利慾吞噬殆盡了。良心既是「操則存，舍則亡」，那麼我們要進一步地追問是誰在操舍。對於這個問題，孟子便不若荀子發揮得徹底了。孟子所說的「心」是仁義禮智固有之心。而荀子則進一步說「心」是「出令而無所受令」的「神明之主」，能夠「自禁也，自使也，自奪也，自取也，自行也，自止也。」（〈解蔽篇〉），荀子終於說明了道德主體之操舍抉擇的能力，他所云的「心」有禁、使、奪、取、行、止的能力，足以決定自己的一切活動。因此，根據孟荀二子，道德是生命的展現，不是外在的制裁，道德生命由內在固有的傾向而來，並有內在的抉擇能力決定取捨；二者一起構成道德行爲的主體，也就是道德生命的根。

道德行爲却不能全部由內在主體的根來解釋。誠然，不經過自覺主體的行爲習慣是無根的，徒有道德之表而已。然而道德主體也不能孤立生存：正如任何有生命的個體一般，道德主體也必須與其他個體接觸，才能發榮滋長。道德主體固有的內在傾向及抉擇能力必須與其他主體接觸，並以其他主體的客觀情況爲準則，不能一味依賴主觀的喜惡或臆測。孔子所云「己所不欲，勿施於人」（《論語》〈顏淵〉第十二），就是一方面顧及道德主體，一方面也不忽視其他行爲主體的道德準則。孟子更指出，我人的道德行爲以接觸的對象爲標準：「君子之於物也，愛之而弗仁；於民也，仁之而弗親。親親而仁民，仁民而愛物。」（〈盡心〉上）這些句子清楚表示出，道德主體應視不同的對象而採取不同態度。根據同一原則，他又指出道德主體間除去「恩」與「仁」的一面以外還有「敬」的層面：「父子主恩，君臣主敬」（〈公孫丑〉下），「親親仁也，敬長義也。」（〈盡心〉上），這一切都表示道德行爲不僅有主體的根，而且還要顧到主體所接觸的其他主體。後者也就是道德行爲的源頭。

孟子由主體內在向上發展的傾向及抉擇的力量爲根，並以主體際的客觀關係爲源，促使個體向更眞、更善、更美的境界前進。這也就是他所說的：「所過者化，所存者神，上下與天地同流。」（〈盡心篇〉）。孟子對道德的要求是絕對的，而道德主體也就有了絕對的尊嚴：「自反而縮，雖千萬人，吾往矣！」（〈公孫丑〉上）。即使是死亡亦無所畏懼：「生亦我所欲也，義亦我所欲也，二者不可得兼，舍生而取義者也」（〈告子〉上）。同時兼顧道德之根與源而自強不息，才能達到孟子所要求的崇高境界。

孟子的道德觀之所以普遍有效，是因爲它植基於人性：因爲人一方面是獨立的主體，另一方面必須藉自由抉擇把自己餽贈給別人，從而形成更高層次的自我整合。

㈣現代中國流行的兩種道德觀典型

現代中國對於道德的一般看法又如何呢？很令人痛心，今日我國最流行的道德觀或只有源而無根，或只有根而無源。根與源一經斬斷分離後，道德生活是相當不健全的。一如上述，道德的根就是意識到仁義禮智傾向並能自抉自擇的道德主體。只有源而沒有根的道德思想，可說是行爲主義心理學的延伸：如巴夫洛夫（I. P. Pavlov）提出的「制約反應」（Conditioned response）及施金納（B. F. Skinner）的「酬賞制約學習」（reward conditioned learning），以爲利用這些方法建立起來的「刺激——反應」（stimulus-response）習慣就是道德。這種看法在現代社會是相當普遍的，以「刺激——反應」來解釋一切道德活動，道德生命內在傾向及取捨的主體就被忽視。只靠著外在刺激的訓練來培養習慣；道德行爲的主人翁——自我既遭忽視，表面的習慣又如何能屹立不搖？而施金納近年來更是大放厥辭，以爲根本就沒有自我與自由這回事，人的問題不在逃避控制，而在找尋適當的方法控制人生。這種想法在此間雖很少人完全認同，但影響所及，已使若干人士主張以法律刑罰來替代道德。誠然，人類社會中需要法律，這是不爭的事實。然而法律不能構成道德，更不能替代道德。道德更不是「刺激——反應」的活動，而是能反省的自我在其與其他自我發生聯繫時所作的符合人天性的抉擇。對自己的天性能夠作這一類反省的自我也就是「道德主體」。忽視道德主體而一味强調人際關係的道德觀，就是有源無根的道德思想。此外，中共以馬列思想控制老百姓，以爲在唯物辯證的必然過程中，人民沒有抉擇的能力，也不應有所抉擇。這也是一種有源無根的道德觀。反之，有根而無源的道德觀則一味强調道德的主體性，以爲道德主體「自我完備，無待他求」：主體性卽是一切，不需與外界發展關係。主體性一詞譯自外語 Subjectivity。最强調主體性的齊克果（S. A. Kierkegaard）同時也主張「主體的眞理」，也就是與主體生命息息相關的存在眞理。這樣的存在眞理就是程伊川的「實理」，亦卽由人親身經歷身體力行得來的。主體性就是以百分之百的熱誠投入參與世界的自我，絕不是和外在世界絕緣的孤家寡人。主張這種「自我完備，無待他求」的主體性道德觀就是有根而無源，很不切實際。總之，無論是「有源無根」，還是「有根無源」，都沒有辦法建立起堅强而切實際的道德觀。

㈤結語

很多人感慨我國人缺乏西方人的守法精神。却不知道一般西方的老百姓平日也很少談法律：眞正在他們生活中發生作用的是良心和宗教。宗教和道德良心才是社會的最大安定力量，也是一般老百姓之所以守法的動機所在。宗教在西方目下雖不再像中古世紀一般足以左右政治，很多人也不再相信基督宗教，但它所遺留下來的道德傳統至今仍左右人心，這是鐵一般的事實。許多人不理解這一事實，以爲法律教育卽足以使我國人守法，實在是緣木求魚。守法的動機如果只在於獲得社會的酬賞或避免社會的懲罰，那末越懂法律，倒越會鑽法律的漏洞。這也正是我國目前的情況。許多法律均形同虛設，根本沒有人去守，甚至連執法者也根本沒有執法的意思。例如拿交通規則而言，很多西方人都視之爲道德與良心問題，因爲它們牽涉到別人的安危。因此，在歐美我從來沒有見到有人在行人道開摩托車，而汽車在斑馬線前一定會慢行。我們這裏的機車則往往會與步行者爭道，斑馬線前的汽車不但不慢行。反會莫名其妙地按喇叭。只這二件事已足以證明我國人道德水準之低，因爲不守這二種交通規則都在冒殺人傷害人的危險。許多其他法律也因道德水準太低而無法貫澈。由於我國目下的道德教育一味灌輸表面的行動規範而幾乎完全忽視道德主體，因此缺乏持久的力量。長此以往，這是非常可怕的一件事。更重要的一點是：唯有每人都意識到自己和別人都是道德主體，都必須面對道德的絕對要求，才會體會到每個人的無上尊嚴。

《哲學與文化》第十一期二卷　民國七十三年二月

三十四、禮失而求諸野

——談我國哲學教育

從義大利、法國、瑞士、加拿大的高中哲學教育談到我國哲學思想的建設

民國七十二年八月間在加拿大蒙特利爾(Montreal)參加世界哲學會議時，偶然有一次我參預了「中等學校哲學教育」的一次集會。集會時有人問起中華民國哲學教育的情形。我就據實以告，說明我國中等學校中並無哲學課。我的話引起了極大的驚奇，因爲與會者原都認爲，一個有二千多年儒家傳統的國家不可能會如此。然而事實究竟是事實。爲了解釋這一事實，我就略述我國深受科學主義影響的歷史背景。回國後，「哲學教授國際協會」曾數度把若干國家中等學校哲學教育的資料寄來給我，同時來信要求我寫一篇關於這裏的報導。由於中華民國僅在大學設有哲

學系，而並未把哲學列爲必修共同課目，中學則根本沒有哲學一課，所以我婉辭寫那篇報導。他們的熱忱却使我警覺到，把他們寄來的資料介紹給中華民國哲學會及社會大衆，是一件義不容辭的事，藉以讓我國有所借鏡。

這篇報導之所以限於四個國家，是因爲手頭恰好有它們的資料。四個國家的哲學課程設在不同類型的中等學校中，在這些學校拿到畢業文憑以後，才有資格進入大學。因此，儘管這些學校的名稱、制度不同，本文中均稱之爲高中。現在讓我循序對義大利、法國、瑞士及加拿大法文區（魁北克）作簡單的報導。最後再從他們的經驗對我國的哲學教育作一反省。

㈠義大利高級中學的哲學課

我在義大利曾有四年的勾留，深知那裏的高級中學（liceo）一向有哲學課程。就我所知，高級中學有「古典的」（比較着重人文：其特色是必修拉丁文、希臘文）與「科學的」之分，可任意選擇，但前者畢業後可入大學任何院系，後者畢業後僅能入理工學院。這類學校既是進大學必經之途，因此相當於我國的高中。攻讀時間也是三年。

義大利在墨索里尼時代的哲學以新黑格爾思想爲主，其主要代表人物有聞名於世的克羅釆（

Benedetto Croce, 1886-1952，過去根據英文發音譯作克羅齊）及詹底雷（Giovanni Gentile, 1875-1944）。後者曾任墨索里尼政府的教育部長，對義大利教育制度留下極深的印記。由於詹底雷認爲精神實現於歷史中，所以他規定高中課程中哲學史爲必修。正因如此，我在五十年代初在義大利大學攻讀哲學時，幾乎也是以哲學史爲主。我所就讀的米蘭聖心大學則是同時也注意理論哲學，因爲它是義大利唯一立案而屬於天主教的私立大學。至於教廷所屬的大學則不屬義大利政府管轄。

詹底雷於一九二二年任教育部長，一九二三年就進行了教育制度的改革，此項改革所訂規章於一九三六年略有改變，大體上至今仍然有效。詹底雷雖很重視哲學史，同時却也重視古典著作的研讀；一九三六年的規定却把古典著作限於一年。這一來，學生的哲學知識往往限於教科書，逐漸引起厭惡。七十年代末期，遂有人提倡以社會科學來取代哲學。受此衝擊以後，哲學界人士遂一再開會研討應如何改進中學的哲學教育，而議會亦於一九七八年通過了一項哲學教育改進的建議案。根據這項建議，未來的哲學教育應雙管齊下，同時注意哲學史與哲學問題的探討，而討論哲學問題時，應特別注意到哲學知識與其他學科知識之間的關係，主要方向將是以切合當代的哲學問題爲主，而以各問題的哲學史源流爲副；對現代問題無涉的哲學史資料則屬於專家範圍，不必在中等學校中講授。無論如何，這項改進的建議案已屬於官方，目下尚待對課題及授課時數等細節詳加研究，再經過上下二議院通過，就將成爲哲學教育的新法規。至於哲學教育之屬於中等教育不可省的部份，這一原則已不再引起爭議。以社會科學來取代的說法不過是極少數人的意見，早已煙消雲散❶。

如果讓我國教育部與教育界人士越俎代庖的話，以社會科學取代哲學的建言可能早已被採納。何以義大利人計不出此呢？波羅搦大學教授德爾蒙給了我們一個很好的答案❷。首先，西洋哲學的傳統是追求眞理與理性思想（verità e razionalità），而這也正是西洋文化的傳統。因此，西洋文化的根可以說就在於哲學。其次，也唯有哲學能夠幫助人理解理性本身的限度以及歐洲以外的哲學。第三，哲學教育促人反省，使人能獨立思考，而不致使教育淪爲一些實用性、功能性知識的傳授。

㈡法國高中的哲學課程內容

法國是擁有極深厚哲學傳統的國家，遠在中古時代的十一世紀，巴黎已執哲學界的牛耳，巴

❶Luciana Vigone: L'insegnamento di filosofia in Italia: la situazione attualee il ruolo della Socità Filosofica Italiana. *Association Internationale des Professeurs de Philosophie*, Bulletin 6, April 1984, pp. 5-8.

❷Vittorio Telmon: Ruolo e compitidel professore di filosofia in Italia fra tradizione e [rinnovamento 同期雜誌，頁九—一〇。

黎大學成立以後，尤成爲整個歐洲的留學勝地；近代哲學則大家公認是法國人笛卡兒所開創。當代哲學的重心雖已轉移至德國，但法國哲學界也不甘寂寞，在全世界哲學中舉足輕重。

讓我們聽一聽蘇里奧教授的詳細報告❸。

小孩子在法國先接受小學教育，十一歲就進入四年制的初級中學（collège）。這以後，青少年可以學一技之長謀生，或者進入高級中學（lycées）。高級中學分數種：一種是二年制的高等職業學校，畢業以後即可就業；另一種是三年制的正式高中，經國家考試取得文憑。三年制高中的畢業班必須修習哲學，學生年齡在十七～十八歲之間。修習鐘點可分五等：讀古典語文的爲A等，每週八小時，側重經濟與社會科學的爲B等，每週五小時；側重數學與物理學的爲C等，側重實驗科學（以物理學及生物學爲主）爲D等，側重數學與技術的爲E等。CDE三等的畢業生都準備繼續進大學或專科學院，他們每週有哲學課三小時。另外還有攻習專門技術的高級中學，獲得文憑後立刻可以就業，蘇里奧小姐把他們列爲F、G、H三等；這三等的哲學教育至今參差不齊，有的每週三小時，有的二小時，有的根本沒有；今後將規定每週二至三小時，視所學的科目而定。

哲學課程內容分哲學問題與哲學名家兩部份。哲學名家部份包括的作家如下：

古代與中古：柏拉圖、亞里斯多德、伊比鳩魯、魯克雷修斯、埃比克德都斯、馬爾谷•歐雷里烏斯、聖奧古斯丁、聖多瑪斯。

---

❸Anne Souriau: L'enseignement philosophique dans les lycées français. 同期雜誌，頁一一—一五。

近代：馬基亞維利、蒙戴尋、霍布士、笛卡兒、巴斯噶、斯比諾撒、馬粒布郎雪、萊布尼兹、孟德斯鳩、休謨、盧梭、康德。

現代：黑格爾、孔德、古爾諾（Cournot）、齊克果、馬克思、尼采、佛洛依德、胡塞爾、柏格森、阿藍（Alain）、巴雪拉（Bachelard）、梅洛•邦底、沙特、海德格。

值得注意的是，法國人在哲學名家中所佔比例極大。古代與中古且不論。近代六位，佔了一半；現代十四位中也佔七位。這顯示出法國人對法國哲學家的重視。

哲學問題的討論依各等級可分數種類型。這些類型的基本題旨大致相同，祇不過A等級最詳盡，B等級次之，CDEFGH尤次之。現在我就把A等級的題材詳列如下：

1.人與世界：意識、潛意識、希求、激情、幻想、別人、空間、知覺、記憶、時間、死亡、存在、自然與文化、歷史。

2.知識與理性：語言、想像、判斷、觀念、科學概念的形成、理論與經驗、邏輯與數學，對生物的知識、人之科學的組成、非理性者、意義、眞理。

3.實踐與目的：工作、交換、技術、藝術、宗教、社會、國家、權力、暴力、權利、正義、義務、意志、位格、幸福、自由。

B等級的內容減少一些。F1至F10，G、H各等級則縮小至下列題材：自然、藝術、技術、歷史、權利、自由、意識、理性、眞理。

關於哲學教學的目標與方式，蘇小姐說學哲學的目的在於透過反省使思想獲得自由。因此一方面固然要解釋詞句的意思，但引導學生提出哲學問題和作反省批判卻更重要。她還特別提及討論與寫論文的訓練功能。

㈢瑞士「大專的成熟」與哲學

局外人往往以爲瑞士是蕞爾小國，情形應該非常一致。實則瑞士是二十六州組成的聯邦（Eidgenossenschaft），是全世界最早的聯邦，情形的複雜不亞於美國，若干方面，甚至比美國還複雜；因爲瑞士正式規定有四種固定語言，卽德文、法文、義文以及山區的一種特殊語文。教育方面，聯邦政府可以管轄的範圍非常小。多半是各州政府的事。但除州政府頒發的高中畢業證書以外，聯邦政府再頒一個證書：因爲同州中如有大學，憑該州所頒之高中畢業證書卽可進入大學；但許多州面積太小，不可能設大學，學生往別州升學時就需要聯邦所頒的證書。根據聯邦政府的規定，哲學課並非高中畢業的必修課目（一九七四與一九八四年均有人要求聯邦政府把哲學列入必修，但成效不彰）；各州（Kantons）對哲學教育的規定差距甚大，約可分下列五種：

第一，哲學被視爲核心課程，與數學同其重要，考試也同樣嚴格。課程在二年內修完，每週四小四小時；內容包括哲學史與系統哲學，尤其注意理則學與倫理學。以天主教爲主各州均屬此類型。

第二，哲學被列爲重要課程，畢業前最後二年內授課，每週三小時，多半講授哲學史，法文區大都如此。

第三，哲學課僅於下列三種中學（以人文學課爲重心的中學、師範學校、及以數學及自然科學爲主的中學）爲必修，一年修完，每週二至三小時。

第四，畢業班學生可以選哲學課爲必修課。

第五，哲學課僅屬選修，以基督教爲主各州大致如此❹。

瑞士中學的哲學教師有一個聯合會，會員超過一百二十五位，幾乎每年舉行研討會。一九八一年的研討會中，他們製訂了約二十條「中學哲學教育方針」❺，值得參考與借鏡。茲介紹其中要點。「方針」分四綱，即⑴理由與目標，⑵哲學教學與高中畢業之目標，⑶中學中的哲學教學，⑷中學中哲學教學的實際條件。第一綱「理由與目標」分三目，指出哲學教育之目標在於使人能獨立思考，能夠對人本身的各種問題加以反省，這些問題涉及認知、信仰、感受與行動；要解決

❹Christoph Dejung: Über den Philosophie-unterricht in der *Schweiz Association Internationale des Professeurs de Philosophie*, Bulletin 7, Décembre 1984, pp. 11-14.

❺Dominique Rey, Johann G. Senti, Guido Staub: Thesen zur Philosophie in der Mittelschule. 同期雜誌，頁一五—二七。

這些問題，必須運用下列三步驟：客觀地發掘問題，批判及自我批判的分析，對話方式的思考。第二綱「哲學教學與高中畢業之目標」最值得我國人省思：它在第一目中引用瑞士聯邦對高中畢業所設的三個基本目標。這裏僅引用其一：各類型的「成熟學校」（按指提供「成熟」資格的高中）並不在於提供最精確的專門知識，而在於達到「大專的成熟」，（Hochschulreife 意思似乎是：高中畢業生應該達到足以進入大專院校的思想與人格的成熟）。這項成熟在於理智、意志、情緒力量與身體四方面的適當培養，不僅獲得基本知識，而且能夠獨立思考。引用了瑞士聯邦對高中畢業的要求以後，「中學哲學教育方針」在第二綱第二目中就一針見血地指出，哲學教育最足以達成「大專的成熟」，因爲它培養獨立思考，提供足以培養人格成熟的知識，同時又藉對話思考的培養而使人對社會、國家、世界保持負責任與開放的態度。最後一項是針對瑞士聯邦對高中畢業所設的第二個目標，它涉及社會、多語言國家及世界。

㈣加拿大魁北克的哲學課程標準

首先我應該指出，手頭資料所提供的僅係加拿大法文地區魁北克省（Province Québec）的中學哲學教育，並非加拿大全國。但魁北克省面積爲一百五十四萬方公里，而臺灣省加上八十餘小島也不過三五•九六五方公里；相差約四十三倍。以南部人口稠密地帶而言，魁北克是加拿大最大的一省（更大的西北地區則一片荒涼），人口於一九七〇年已超過五百六十萬。加拿大約百分之三十的人口以法文爲主，其中最大部份卽居留於魁北克。

大約由於語言與文化的影響，魁省高中對哲學教育的要求有些和法國接近。魁省的小孩受了十一年的小學與初中教育以後，約於十七歲進入「一般性及職業性的高中」(Collège d'enseignement géneral et professionel，簡寫爲 cegep)。一般性高中係二年制，目的是準備進入大專院校；職業性高中則係三年制。手頭的這份法文資料係蒙特利爾世界哲學會議所贈，顯然由魁省政府製作⑥。開宗明義它就告訴讀者，魁省教育制度規定哲學是高中的必修學科；歷史、文化和實際生活的三重理由決定了上述規定。哲學導引學生達到「思想的泉源」，使他們對涉及個人與社會的人生問題能夠作反省與批判性的思考。哲學教育是一種「有特效的方法(un moyen privilégié)，足以讓教育制度在賦與技術能力以外尙能參預人格整體的發展」。從一九八四年一月開始，哲學教學的新課程標準行將開始實施（那份資料是在一九八三年八月分發）；新的課程標準是一九八〇至一九八二年間由教育界代表與教育部所共同制定的。它是針對高中生的七個特點而設計的：第一、高中生正在理論與實際生活的學習過程中；第二、他們正在尋找並肯定（文化上或思想上的）自我；第三、在社會經濟環境之下替自己的職業找一個方向；第四、正在準備或已經接受

⑥L'enseignement de la philosophie dans les collèges du Québec, Québec 1983.

社會、國民、政治上的全部責任；第五、正在發展自己的思考能力；第六、準備克服語言上的種種困難；第七、他們已生活在一種文化和一種歷史中，必須發展此種文化與歷史的意識與認知，為了迎合高中生的上述特點與需要，新的課程標準遂規定下列四種必修課程。美中不足的是：這份資料並未指出每週授課幾小時。但就下列四種課程題材來判斷，最起碼需要每週三至四小時，並需要二年或三年學程。這點是這篇報告中待證的一個假定，下面各點則係魁省教育部的規定。

第一，哲學思考與語言：研討各種不同的思考與語言方式，領會到什麼叫推理思考（理則學），什麼叫概念、判斷、論證、結論、定義、事實判斷與價值判斷、客觀與主觀、眞理判準等等。了解這方面的哲學史：從亞里斯多德至培根、笛卡兒、啓蒙運動、工業社會與實證主義的關係等等。此外，若干涉及理則學與知識論的下列理論將會幫助學生理解不同類型思想與語言的性質、結構與功能：眞理理論、實驗方法、經驗主義、理性主義、唯心主義、實在論、文化論、現象學等。對現代生活而論，批判的思考方式會幫助學生分清楚：什麼是宣傳與大衆傳播，什麼是眞的訊息。

第二，人及其環境：人的環境遠較其他事物的環境複雜，因為包括生活習慣、文化傳統與各種意識形態。魁省這份資料特別提及流行的各種意識形態，如生態保護、無邊無際的進步、科技與現代化、工業與經濟發展、美國型的文化。現代化及各種意識型態對人的影響却未必都是正面的。哲學的這門課程將提供理論與方法上的知識，使學生能夠以理性及批判的態度面對那些影響現代人生活及其環境的構想與實際作法。

第三，對人的想法：生物學、人之科學（心理學、社會心理學、社會學、政治學、經濟學、人文學科）與哲學（奧古斯丁思想、多瑪斯思想、巴斯噶思想、進化論、心理分析、行爲主義、結構主義、馬克思主義、存在主義、位格主義等）都有各自的想法。現代世界所面臨的則有如下問題：性歧視、種族歧視、精英主義與平等主義、女權運動、人性的泯沒及蔑視（邊緣化、被拒斥、操縱、迫害與酷刑等）。這些問題都和各種對人的不同想法結了不解之緣。哲學的這門課要讓學生理解上述這些想法和問題，並採取獨立的批判態度。

第四，道德與政治：讓學生獲得準確知識與方法，使他們了解道德與政治的關係，從而使他們以理性方式面對人類社會的價值與行動準則，並採取負責態度。因此必須了解道德與政治在社會生活中的性質與地位，分清集體組織與個人價值之間的關係。下列概念的澄清尤其是不可或省的：價值、權利、責任、標準、權力、權威、合法性、善、惡、目的、手段、國家、道德、道德良心等等。哲學史中的理論也有助於這方面的訓練：法律主義、君權神授說（主張君權爲絕對）、馬基亞維利政治優先於道德與宗教的說法、霍布士、盧梭思想及其在法國大革命與美國憲法的應用、資本主義與個人主義、社會主義、馬克思列寧主義、民主與集權等等（以上是政治理論）、伊比鳩魯的享樂主義、斯多亞思想等等。涉及現代生活的一些特殊問題如下：道德的相對主義、正義與暴力（恐怖主義）、死刑、安樂死、墮胎、遺傳因子的操縱、軍國主義與和平主義、國家獨立與國際合作、經濟的不平等……。

除去上述四種必修課程以外，學生也有機會涉獵到不屬於西洋哲學傳統的哲學，如中國哲學、印度哲學、回教徒哲學與猶太教徒哲學。

以上都是魁省教育部對法文高中的規定，但它們不適用於少數以英語爲主的高中。這些學校却必須修習所謂「人文學科」（Humanities），它們包括下列四課，即對世界的看法，知識、創造性、人的價值與社會問題。「人文學科」從一九六九年引進以來，一直追求着人文主義的理想與傳統。其目標和正式的哲學課大同小異。

㈤從上述榜樣看我國「哲學思想的建設」

蔣中正先生在民國四十五年一月九日與十六日曾主講〈反攻復國心理建設的要旨與建設臺灣爲三民主義模範省的要領〉。這篇洋洋萬言的文章實在是語重心長，充分顯示出蔣公對建設臺灣省的希望之殷。一如題目所示，全文重點在心理建設。這所謂「心理建設」與心理學無干，而是指哲學、科學、軍事思想的建立⑦。國父建國方略所云的「心理建設」也是着眼於行易知難思想的

⑦《蔣總統集》下冊，華岡出版部中華大典編印會，臺北市，民國六十三年第四版，頁一九三六—一九四八。

建立❽。

這篇無比重要的文章發表至今已超過三十年。科學與軍事思想不是我們哲學界的範圍，讓別的專家來研討吧！我們且來檢討一下他所最重視的哲學思想。蔣公指出這是整個心理建設的原動力。然而哲學在中華民國豈止於對高中生無緣而已，連大學生都未必能接觸到。在這一情形之下，哲學思想的建立無異是緣木求魚。

蔣公這篇文章談到他在抗戰時所著的《中國之命運》一書。這本書的確是字字血淚：手頭雖無此書，但我年青時在淪陷區中讀此書時的確曾深受感動。民國四十五年這篇文章仍引用《中國之命運》的話：「今後國民的心理建設，應以獨立自主的思想運動爲基礎。」可見他心胸之寬大，其志在於全中國國民的心理建設及獨立自主思想的建立，決不在於建立某種狹隘的思想。他雖然也講「革命哲學」和「三民主義哲學」，但這並非把哲學限於革命或三民主義；他所提倡的是氣度恢宏的「獨立自主的思想」，而這項思想正是實行國民革命及三民主義的必具條件。沒有獨立自主的思想，也不可能誠心誠意去實行三民主義。獨立自主的思想應用於革命及三民主義時，就成了革命哲學與三民主義哲學。

民國七十四年，我曾寫了一篇〈把哲學列入中學課程〉❾。這篇文章雖曾引起政大學生的反

❽孫文：建國方略：孫文學說「心理建設」。見《國父全集》第一册，中國國民黨黨史委員會出版，臺北市，民國七十年再版，頁四一九～五〇六。

❾《中國論壇》半月刊第二十卷第二期，民國七十四年四月二十五日，頁五五～五八。

應，但其被採納的實際可能性却被認爲是等於零。然而要如蔣公建立「獨立自主的思想」的想法準確的話，那末把哲學列爲高中課程應該是有效的辦法之一。這一想法的準確性可由本文所列四國的哲學教育宗旨得到佐證。

本文在介紹四國哲學教育時特別注意到它的宗旨與目標。在義大利傳統的哲學教育是否有其需要已開始引起懷疑，但最後仍爲社會全體所肯定，因爲無論從義大利文化傳統而言，或從人的整體教育而言，訓練獨立思考能力的哲學教育是不可替代的。法國哲學教育的目標也被認爲係「透過反省使思想獲得自由」。瑞士中學哲學教師聯合會曾開會研討這個問題，主張唯有哲學教育能夠達成「大專的成熟」，亦卽培養獨立思想與成熟的人格。加拿大魁北克省教育部的資料尤其明確肯定，哲學教育才能訓練反省與批判性的思考，使學生在技術能力以外獲得人格整體的發展。

讓我們注意，四個國家哲學教育的宗旨與目標竟然和蔣公所倡導的不約而同，甚至連所用的語詞都是一致的，大家都提倡「獨立思想」。如果義大利、法國、瑞士、加拿大魁北克省的高中學生沒有哲學教育就達不到「大專的成熟」，中華民國的高中學生難道就能達到嗎？值得我們憂心忡忡的是：西方國家的青年學子卽使沒有哲學教育，至少他們有包含道德教育的宗教教育。儘管長大成人後，這些國家的男女青年未必都是虔誠的教徒，但極大多數自幼都受宗教教育。正因如此，他們的哲學教育並不强調道德教育。我國青年學子則除公民與三民主義以外什麼都沒有。

如果我們仔細審視法國與加拿大魁北克省的哲學教育題材，就會承認不僅我國高中生對這些題材茫無所知，連大學生也是如此。用瑞士人的話來形容，我們的大學生大多仍缺乏「大專的成熟」。他們必須經個別的特殊努力，才會達到批判性的獨立思考。缺乏了獨立思考不僅道德與政治生活容易趨於盲從，連科技方面也不容易有創造性。

可能有人以爲我國大學生對哲學不感興趣，事實適得其反。民國六十三年，任教於政大心理系的李美枝教授曾對政大文學院新生做過一項測驗，顯示出當時政大文學院七個系中，學生認爲出路最壞而最不願錄取的是哲學系，但以喜好等第而言，哲學系在文學院中却佔首位⑩。這雖是十二年前的研究，却顯示出哲學系之所以爲冷門，完全是社會因素所致。

許多人都以爲我國當前的目標應是科技進步與經濟發展，哲學大可不必。實則這樣的想法本身就是一種未經批判而盲然接受的意識形態。實證社會科學可以替代哲學的信念是盛行於我國的另一意識形態。表面上，它否定了哲學，實則這一想法本身就是實證主義哲學；主張用實證科學替代哲學，等於是以實證哲學壟斷了哲學市場。這也正是我國目前情況的寫眞：忽視哲學的結果是讓某種先入爲主的意識形態一枝獨秀。

目下「意識形態」(Ideology) 一詞的比較通用意義是指未經理性批判而接受並對接受此說者自己有利的一套理論。方才提及的實證主義（科學主義）之所以可稱爲「意識形態」，就是因爲

⑩李美枝、孫昌成：〈政大新生就學心理狀態之研究〉《國立政治大學學報第三十一期》，中華民國六十四年五月，頁二九七—三〇八。

它在我國多半是一種未經反省的心態；當然這種心態足以讓學某些學科的人獲得自信，無形中對他們有利。正如魁省哲學教材第二條所指出，唯有哲學對意識形態提出批判，揭示出它的偏差。意識形態的傳佈今日多半借手於電影、電視、小說等等。除去實證主義以外，美國的一些流行看法（如性解放、家庭制度已過時等）就是新的意識形態。我國大衆傳播工具有意無意之間似乎在替這些意識形態推波助瀾。而「金錢萬能」、「金錢是人生最高目標」的意識形態則更是無形中所流行的。我國二、三十年代知識份子對馬克思主義的狂熱，以及今日伊朗的宗教狂熱都是意識形態遺害世界的例子。

面對這精神上的「生態環境」，我國的高中生與大學生有否防衛的能力呢？顯然沒有。也許由於聯考所造成的壓力，目下我國高中學生尚無法有效地接受哲學教育。也許眞正可以實施哲學教育的時機是大學的共同科目或通識教育；目下大家都知道理性思考及應用理性方式解決問題的重要性，哲學教育正是培養理性思考及促成人格整體發展的妙方。目下的通識教育則不能。這並不是哲學界的自講自話或者在替哲學系學生找出路，而是明若觀火的事實，問題祇在於你是否閉着眼睛無視於事實，否則就不能不見到。

除去消極地擺脫或防衛偏差而有害的意識形態以外，哲學訓練還能幫助人建立一個屬於他自己（也就是經過反省與批判）的思想。蘇格拉底早就說過，未經這類思想對自己加以反省的生活不值得生活⑪。思想上尚未建立起自我的人當然也不會頂天立地，面對家庭、社會、國家、世界負起自己應負起的責任。此外，我們現在是生活在全世界文化交流的情況中：一方面我們必須清楚意識到現代世界文化的歷史源流（主要是中國、印度、西方），同時更要認清固有的文化傳統。這一切祇有在眞正的哲學課程中才能弄清楚。像中國文化教材之類的課都不夠徹底。

要如我國社會與教育界能開放眼界，擺脫成見，那就會自動地重新走到蔣公早已指出的康莊大道，亦卽哲學的獨立思考必須建立，而此項目標則非藉哲學教育無法達成。其實，重視思想也是我國二千餘年以來的教育傳統。《易》、《禮》、《樂》、《詩》、《書》、《春秋》，《史記》已稱之爲六藝，其中《易傳》與《禮記》就以哲理爲主，《春秋三傳》亦以哲理爲基礎。後代所稱的《四書》尤其是以人生爲主的哲學思想。最近上課時有人問，中國古代有否哲學教育。我不加思索就說，中國古代的教育幾乎完全是哲學教育，但同時著重道德實踐；我國傳統教育目的卽在於訓練一個能正確思想正確行動的君子。

因此，我國的哲學教育必須繼承道德思考與道德行爲結合爲一的傳統。另一方面，我們也不能放棄西洋哲學重批判重系統的理性思考，否則就等於和現代世界脫節。這樣的理性思考方式其實也符合孔子所云「毋意、毋必、毋固、毋我」⑫的眞諦，也就是不固執一己的喜惡與成見，而

---

⑪Socrates' Defense (Apology), 38a.

⑫《論語》〈子罕〉第九(4)。

讓客觀事實自由地呈現出來。究竟應怎樣實施哲學教育才能發生預期效果，討論這樣的問題為時尚早。但如有日我們得到了必須實施哲學教育的共識，如何實施的問題也必須加以最縝密的嘗試與研究。

三十五、中國哲學現階段的新契機

綜觀這世紀以來五花八門的思想，不容否認，百年以來我國歷史上驚天動地的最大事件——中華民國的創立及中國大陸的赤化——均直接與當代中國哲學思想有關。沒有思想做前導，這些事件根本就不會發生。此外，社會中的根本變化，如婚姻由當事人自主，婦女在教育上及社會上機會均等，這一切也是新思想的產物。誰敢說哲學思想對中國的現代化不重要？事實證明，百年以來對整個中國影響最深的並非科學，而是哲學思想；而科學與民主能救中國的主張，其本身也是一種哲學思想。不幸，當代中國哲學思想曾發生嚴重偏差。這些偏差爲馬克思主義者巧妙地運用，使我國陷入有史以來未有的窘境。三十餘年的慘痛經驗證明，馬克思列寧主義已徹底破產。當前中國究竟應走向何處，於焉成爲迫切的問題。

現階段的新契機

當前中國應走向何處呢？這問題並不決定於所謂超級強權，更不決定於想把中國大陸作爲對付蘇聯的擋箭牌的歐美人士，而終究將決定於臺灣海峽兩岸中國人對自己及世界的正確體認與抉擇。我之所以在上面這句話中加上「終究」二字，意指思想雖未必於短時期見效，但它終究將形成衆志所趨無法抵抗的力量。就思想而言，我敢說現階段中國人之間的確出現了新的契機，與百年前甚至五四運動時期完全不同。但新契機需要培養，否則可能像一株幼苗一般，因先天不足或後天失調而枯萎。那將是件非常可惜的事。

過去我看到海德格《何謂哲學》一書談及每一時代哲學中的不同情調(Stimmung, Pathos)，頗覺不以爲然，因爲我心目中的哲學以理性爲指歸，不應該取決於虛無縹渺的「情調」。然而，海德格所云的情調並非每個人一時的好惡，而是某地區某一時代的「基調」。例如他說古代希臘哲學的基調是驚奇，笛卡兒時代哲學的基調是懷疑。今日西方思想的基調是什麼？海氏對此問題有些懸疑不決；最後他認爲今日西方思想由雜亂無章的若干不同情調所控制，而以冷靜的計算爲主❶。姑不論他對西方思想的分析是否絕對準確，海德格說思想爲歷史條件造成的基調所影響，該是無可置疑的事實。要如我們把海德格所提的問題應用於當代中國哲學，我想中國自曾國藩、張之洞至甲午之戰時的康有爲、嚴又陵、梁啓超，乃至締造民國的國父孫中山先生，以及參加五四遊行的學生和「新思潮」的健將陳獨秀、胡適之等等，他們思想的一個共同基調是要使中國由積弱重歸於强大。這一基調在今日中國人心海中仍然還會引起共鳴，而且是中國大陸與自由中國所共有的精神驅策力之一。毛澤東之倒行逆施，一方面固然爲權力慾所驅使，另一方面亦未始非以求中國的强大爲動機。他之所以爭取到全世界趨炎附勢之徒的崇拜，其理由之一是因爲他跟美國和蘇聯都敢拚一個你死我活，敢說他們都是紙老虎，建立了强大中國的形象。

然而，毛澤東是以什麼代價建立了强大中國的形象呢？是幾千萬人民的死亡及整個中國人民的奴役。更可悲的，他死後不過數年，繼起者就公開向全世界表示，强大中國的形象外强中乾，共黨統治下的中國實際上依舊非常落後，老百姓的生活非常困苦。那麼，三十年以來所付出的幾千萬人的生命，和全體人民的奴役，值得去爭取一個虛張聲勢的强大形象嗎？於是大陸的年輕一代開始覺醒。無數的人仍敢怒而不敢言，魏京生是少數冒死發言的人中之佼佼者。報章雜誌已多有報導，魏京生在〈人權、平等與民主〉一文中所要求的是人權，亦即「每一社會成員的平等人

❶Martin Heidegger, Was ist das-die Philosophie? Pfullingen: Neske, 1963, S. 35-43.

權」；他又要求「具有無限選擇可能性的機會的自由」，要讓「作爲人就有與他人同等的生活權利」得到承認。總括一句話，他要求以「每一社會成員」的人權與平等爲基礎的民主。所謂「每一社會成員」，就是組成社會的個人；魏京生和無數年輕的中國人就是冒死在爭取個人的生活權利。他們之所以要爭取這個，是因爲曾經體驗到個人生活權利被剝奪的切膚之痛。他們絕沒有苛求，因爲所要求的不過是最低限度的個人生活權利：正如哈爾濱「反修商店」牆上的一張大字報所揭示，他們祇不過要求褲子、房子和妻子而已❷。儘管他們替自己所訂的生活水準如此低，但已表示出一個基本傾向：大陸上年輕一代中國人所意識到的最迫切願望及最重要的問題，已經是個人的基本生活權利，國家的强大已不再構成最有力的動機。據回大陸探親的一位朋友所云，大陸同胞在一窮二白的情況中，很難相信自己的國家堪稱爲强大。卽使對外表現出强大，老百姓也無動於衷，老實說，散居在全世界的中國人對百年以來中國受欺侮的事至今記憶猶新，大家都希望中國有一天重新站得起來。但是由於中國大陸的人民三十年來連最根本的生活權利都被剝奪，所以他們心思念慮中最迫切的「基調」早已由國家的强大轉移到個人的基本生活權利上。

自由中國和香港的中國人，一部份由大陸逃出；他們之所以採此步驟，就是爲了爭取基本的生活權利，因此這方面的感受非常接近大陸同胞。然而，臺灣與香港二地工商業方面已有高度發

❷葉洪生編：中國往何處去——大陸新起一代的吶喊。臺北市，成文出版社，民國六十八年，頁二九八—三〇二、二三二等。

展。經濟的發展會不會使個人意識漸趨麻木呢？民國七十年二月初，輔大社會系曾就「經濟發展與生活品質」對臺灣各地各階層的一千五百人作了一次社會調查。初步分析結果，發現經濟發展使臺灣老百姓對自己的力量更有信心，更盡力負起自己工作內的責任，更能互相溝通而尊重和自己不同的意見：反方面，許多不同想法、觀念和價值使他們發生許多懷疑而六神無主，工業社會中缺乏人情味也會使他們感到孤單。正反二方面的因素不但並未顯示個人意識的麻木，反而揭示出個人意識的日漸擡頭：無論是對自己的信心、對工作負責任、對他人的溝通和尊重、對過去想法的懷疑和孤獨感，都以個人意識的覺醒為前提❸。二十餘年前存在主義在臺灣風靡一時，也足以表示個人意識的興起，因為存在主義的最主要課題就是個人的體驗和抉擇。最近大陸那邊對存在主義感到興趣，因此並不很出乎意外。依據上述事實，我們可以說，今日臺灣海峽兩岸中國人的思想，是以個人的基本生活權利為基調。

中國哲學界對此新契機所應有的反響

哲學工作最忌的是所談的東西和某一時代格格不入。我國諺語所云「隔靴騷癢」恰好表達出

---

❸臺灣地區神學問題研究小組：臺灣經濟發展與生活品質，臺北新莊市，一九八二年，頁一〇九—一一五。

這一情況，這也正是西語所云的 Irrelevant。反之，如果我們的哲學觸及了時代的癢處，自然就會打動人們的心弦。魏京生之對大陸共黨政權構成威脅，就是因爲他所提出的「每一社會成員的平等人權」，正是每一中國人心底的迫切願望和呼聲。祇可惜魏京生受生活環境的限制，對個人生活權利的理論基礎不得要領。臺灣經濟發展下的老百姓，對生活品質雖有進一步的要求；但他們對個人意識的崛起也是知其然而不知其所以然。今日的中國哲學界必須負起歷史所付予的時代使命，幫助海峽兩岸的中國人對個人意識作進一步的瞭解。

我們且聽聽魏京生如何替每個人的生活權利打理論基礎：「人有那些權利呢？人作爲人降到這個世界來，就有生活的權利，還有要求獲得較好生活的權利。這就是一般人所說的天賦人權。因爲它不是由任何外在事物賦予人的，而是同任何事物有其存在的權利一樣，由其本身的存在所賦予的。這就像一塊石頭一樣，既然它佔有了它存在的那一部份空間……它就有了它存在的權利……。」魏京生說人的生存權利是天賦，說得很好；但他用石頭和人相比，未免引喩失義。石頭既然是石頭，就必然佔空間，但它未必一定要佔這塊空間。一旦有人讓這塊石頭和那塊石頭換地方，甚至把一塊玫瑰花圃中的石頭丟在糞坑裏，它也沒有話說。作爲「每一社會成員」的個人却並不如此。要弄清人的生活權利，必須說清人究竟是什麼；當然這不是魏京生所能勝任的。另一方面，在經濟發展下的自由中國老百姓，他們愈益發覺到個人對自己負責任等等事實。但是個人究竟爲什麼要對自己負責？責任的最後基礎又何在？這些問題都有待哲學來說明。今日的中國哲學界必須以清新可讀的語言，充分解決這些問題，尤其應解決個人與社會之間的微妙關係：既不過份强調個人而忽視社會，更不因社會而否定個人的獨立生存權利；前者是個人主義，後者則是集體主義。二者均未能正視人生整體而引人誤入歧途。祇要對人生整體持均勻態度，適當地强調個人的基本生活權利，不但無損於國家民族的獨立强大，反是國家强大的穩固基礎。不寧唯是，個人的基本生活權利也是民主政治與民生樂利的哲學根基。

要了解什麼是個人的基本生活權利，必須了解人究竟是什麼。人之哲學於焉成爲最迫切的問題之一。本書中〈比較完整的生命概念之嘗試〉（三十二），以及〈人之尊嚴與道德的根與源〉（三十三）二章卽着眼於此。因爲具白我意識的人的個體一方面是獨立的，另一方面又必須藉自由抉擇與自我餽贈跟別的人形成更高整合（請參閱拙著《人之哲學》）。

《大學雜誌》第一五〇期　民國七十年

三十六、中國大陸與人的價值觀

本年參加「國際中國哲學會」於聖地牙哥州立大學所召開的第五屆會議（七十六年七月十二日至十七日），對我個人的最大意義，是無意中發現了大陸哲學界對「人的價值觀問題」的尖銳興趣。參加會議討論時，我曾對「浙江省社會科學院」王鳳賢用「促進生產」作爲衡量道德爲「進步」或「封建」的判準「他的題材〈論中國倫理思想的一般特徵及其發展規律〉」提出異議，因爲人並非如馬克思所云，僅係「社會關係的總和」或生產工具，而尚有個人的獨特意義；過去大陸一味强調社會主義道德的結果，反而造成了極端個人主義的抬頭，這是許多回到大陸探親者的明顯印象。我當時就建議，未來的發展可借鏡儒家調和個人與社會的道德觀。王鳳賢先生在答覆時提及大陸曾對這一類問題舉行討論，同時也承認它的重要性。討論會以外王先生也坦然承認個人與社會都不可偏廢。

開會第三天，我放棄了赴墨西哥旅行的良機（其他預會者大部份都去），而在大學總圖書館中發現，這所大學有關海德格的藏書頗豐。本來，我在撰寫有關海德格一書的過程中，必須在國外圖書館中參考一些最低限度當參考的資料，因爲國內圖書館都太不齊備。現在這所大學總圖書館既滿足了這個條件，我就可省却再度跋涉之勞。七月十七日開會結束以後，我就硬著頭皮留下來在圖書館工作。無意中居然在雜誌部門找到了今年一月出版的「中國哲學史研究」（季刊），裏面詳細記述了去年六月間的一個討論會，在中共統治下第一次以中國哲學史中有關人的價值觀爲題材。記述那次討論會的伴云（大約是簡體字）特別指出，是破天荒第一遭討論此題，過去一直被視爲「禁區」。由於王鳳賢先生曾提及此事，所以我立刻警覺到，這大約代表大陸思想界的一個新發展，是透過三十多年痛苦經驗所體會出來的，並非做様子給外人看。伴云的下面幾句話似乎反映了大陸思想界的期望：「隨著對這一問題研究的深入發展，必將對關於中國傳統文化的討論和在改革中實現人的價值觀念的轉變，發生一定的積極的影響」（頁7）。

除去伴云的綜合報告以外，這一期季刊也登載了九篇「筆談」。我在這裏無意詳述它們的內容，而僅願一述旁觀者的若干印象和意見。

首先，「中國社會科學院世界宗教研究所」余敦康對這次研討的觀感最令人注目：「目前，學術界對傳統文化的研究已形成爲一股熱潮，而這種研究又以人的價值問題特別是中西文化中的價值的比較問題作爲中心，這是一個十分可喜的現象。看起來，這種研究似乎是『五四』時期中西文化論戰的繼續，但是，無論就研究的目的任務或研究的深度廣度來看，都帶有二十世紀八十年代的特點。」接著他結束此文：「我們應該著眼於所面臨的緊急問題，把人的價值思想提到普遍哲學意義的高度來研究，找到一條能夠促進個人與社會協調一致同步發展的正確的途徑，向著人類最美好的目標前進。」

余氏這篇文章開始時雖然也引用了一些馬克思，但最後幾句話十足表現出現代中國知識分子的良知。

儘管大陸思想界已打破了一些「清規戒律」，把過去不敢碰的「人的價值觀問題」公開提出討論，但以旁觀者身份來看，仍會發覺他們爲馬克思主義所束縛，就像纏過的腳再也無法變成天足一般。設身處地，我們必須對這一情形寄以同情；因爲馬克思主義畢竟還是宰制著中國大陸命運的官方思想，這是大陸哲學界無可迴避的事實。但就事論事，許多這一類的觀點是不正確而必然會歸於淘汰的。例如有人以爲人的價值這一概念是西方商品經濟的產物，是文藝復興期資產階級所提出（頁3）；也有人說人和物的關係就是人和圖騰崇拜的關係（頁4）。談及孔子時，有人以爲孔子祇著意培養仁人、賢人，忽視了科學思想與技術的價值（頁6）。此外，也有人把人的價值視爲人的「類價值」，也就是「人類用以改造世界的內在的創造能力」（頁15）。對人的這一看法並未脫馬克思窠臼；思克思的最大缺點就是太強調抽象的人類。

另一方面卻也有人一針見血地點出中國傳統哲學的缺點，那就是中國哲學雖調人有道德人格和信念的尊嚴，卻僅強調個人的義務，而不是「個人的權力和自由」。這篇短文的作者陳來認爲中國哲學在這方面有其片面性，而「馬克思主義的價值觀則是強調人的價值的全面發展和實現」（頁11）。

要是馬克思主義的人觀眞的不那麼片面化就好了！我們能否想像，斯太林、毛澤東、文革、高棉共產黨的種種不人道罪行和馬克思主義一點沒有干係？陳來似乎尚未發現到，馬克思以經濟、生產來概括人的本質，目光是多麼狹窄。馬克思哲學也不能替每個人位格的尊嚴、自由與基本權利提供結實基礎。然而，把個人的義務與權利自由（陳來用的「權力」一詞不妥，因爲權力是指實際上的力量—power—，權利則與實際上的力量無關；因此我們說垂死的病人和未出生的嬰兒都有生命的權利，儘管他們都無力爭取自己的權利）相提並論總是一件好事，至少已走到正確方向，至少比談「類價值」好得多了。大陸思想界討論人的價值問題時如果能把注意力轉移到每個人的自由抉擇和道德義務的關係，並從而注意到位格尊嚴及與生俱來的基本權利，那就走對了路線。

大陸學者對古代希臘哲人蘇格拉底和文藝復興似乎還有些敬意，但他們對基督宗教的貢獻硬是一字不提，可見這方面的成見甚深。實則個人的位格尊嚴正是基督徒哲學的產品，文藝復興與康德都是繼承了基督徒哲學（波哀丟斯）的遺產。文藝復興時代的邦波拿齊(Pietro Pomponazzi ＋1524）討論人的文章就是替靈魂不死辯護。同樣地，比各・的拉・彌郎多拉（Pico della Mirandola＋1494）著名的〈論人之尊嚴〉這篇演辭澈頭澈尾紹述基督徒的人觀與宇宙觀（Ernst

Cassirer, ed., The Renaissance Philosophy of Man, Chicago, 1956〕。其實，眞能替每個人位格的尊嚴與基本權利提供基礎的是基督徒哲學，並非馬克思。至於孔子是否忽視了科學思想與技術的價值呢？其實不是。孔子的君子理想是「文質彬彬」；他所云的「文」即禮、樂、射、御、書、數六藝，包括了那時代的科學與技術。「行有餘力，則以學文」的意思是先培養完美的人格，再以完美的人品爲中心，把其餘各學科整合起來。孔子思想中似乎並沒有忽視科技的痕跡。這點我在八月間舉行的「我國人文社會教育科際整合的現況與展望研討會」中已經指出（「科際整合的哲學理念與哲學思想教育」）。

數年前，我在大學雜誌與東方雜誌先後提及大陸方面個人意識的抬頭。「人的價值觀問題」的公開討論足以證明我的觀察是正確的。一如伴云所指出，這次討論僅僅是一個開始而已。我們希望進一步的討論將會導向每個人無上尊嚴的認可：這一尊嚴溯源於每個人面對道德絕對要求的無條件義務，而別人對此義務則必須尊重。

《哲學與文化》第十四卷第九期　民國七十六年九月

二 十 劃

二十一劃

二十二劃

十　三　劃

十　四　劃

十　五　劃

十 二 劃

十 一 劃

八 劃

中文人名索引（包括譯名）

G

H

I

J

K

C

Carnap, Rudolf 卡納普 103, 233
Chan Wing-tsit 陳榮捷 397
Chang Hao 張灝 273
Comstock, W. Richard 223
Comte, Auguste 孔德 20, 373
Coreth Emerich 高雷特 233, 234
Cournot 古爾諾 414
Croce, Benedetto 克羅采 411
Cua, A.S. 柯雄文 73

D

Day, Clarence Burton 169
Dejung, Christopher 416
Democritus 德謨克利都斯 102
Duiker, William 293
Durkheim E. 杜爾幹 222

E

Eliade, M. 埃里亞德 223, 375
Engels, F. 恩格斯 361
Eucken, Rudolf 倭伊鏗 306

F

Fang, Thomé H. 方東美 114, 326, 327, 397
Fang Yu-Lan 馮友蘭 310
Ferré, Frederick 富雷 213, 214
Feuerbach L. 費爾巴哈 211
Fichte 飛喜推（斐希德）311
Freud, S. 佛洛伊德 211, 221, 399

西文中文人名對照索引

(無譯文之人名僅列西文)

A

B

滄海叢刊已刊行書目(八)

書名	作者	類別
文學欣賞的靈魂	劉述先	西洋文學
西洋兒童文學史	葉詠琍	西洋文學
現代藝術哲學	孫旗譯	藝術
音樂人生	黃友棣	音樂
音樂與我	趙琴	音樂
音樂伴我遊	趙琴	音樂
爐邊閒話	李抱忱	音樂
琴臺碎語	黃友棣	音樂
音樂隨筆	趙琴	音樂
樂林蓽露	黃友棣	音樂
樂谷鳴泉	黃友棣	音樂
樂韻飄香	黃友棣	音樂
樂圃長春	黃友棣	音樂
色彩基礎	何耀宗	美術
水彩技巧與創作	劉其偉	美術
繪畫隨筆	陳景容	美術
素描的技法	陳景容	美術
人體工學與安全	劉其偉	美術
立體造形基本設計	張長傑	美術
工藝材料	李鈞棫	美術
石膏工藝	李鈞棫	美術
裝飾工藝	張長傑	美術
都市計劃概論	王紀鯤	建築
建築設計方法	陳政雄	建築
建築基本畫	陳榮美 楊麗黛	建築
建築鋼屋架結構設計	王萬雄	建築
中國的建築藝術	張紹載	建築
室內環境設計	李琬琬	建築
現代工藝概論	張長傑	雕刻
藤竹工	張長傑	雕刻
戲劇藝術之發展及其原理	趙如琳譯	戲劇
戲劇編寫法	方寸	戲劇
時代的經驗	汪琪 彭家發	新聞
大衆傳播的挑戰	石永貴	新聞
書法與心理	高尚仁	心理

滄海叢刊已刊行書目(三)

書名	作者	類別
不疑不懼	王洪鈞	教育
文化與教育	錢穆	教育
教育叢談	上官業佑	教育
印度文化十八篇	糜文開	社會
中華文化十二講	錢穆	社會
清代科舉	劉兆璸	社會
世界局勢與中國文化	錢穆	社會
國家論	薩孟武譯	社會
紅樓夢與中國舊家庭	薩孟武	社會
社會學與中國研究	蔡文輝	社會
我國社會的變遷與發展	朱岑樓主編	社會
開放的多元社會	楊國樞	社會
社會、文化和知識份子	葉啓政	社會
臺灣與美國社會問題	蔡文輝 蕭新煌 主編	社會
日本社會的結構	福武直 著 王世雄 譯	社會
三十年來我國人文及社會科學之回顧與展望		社會
財經文存	王作榮	經濟
財經時論	楊道淮	經濟
中國歷代政治得失	錢穆	政治
周禮的政治思想	周世輔 周文湘	政治
儒家政論衍義	薩孟武	政治
先秦政治思想史	梁啓超原著 賈馥茗標點	政治
當代中國與民主	周陽山	政治
中國現代軍事史	劉馥著 梅寅生譯	軍事
憲法論集	林紀東	法律
憲法論叢	鄭彥棻	法律
師友風義	鄭彥棻	歷史
黃帝	錢穆	歷史
歷史與人物	吳相湘	歷史
歷史與文化論叢	錢穆	歷史

滄海叢刊已刊行書目(二)

書名	作者	類別
語言哲學	劉福增	哲學
邏輯與設基法	劉福增	哲學
知識・邏輯・科學哲學	林正弘	哲學
中國管理哲學	曾仕强	哲學
老子的哲學	王邦雄	中國哲學
孔學漫談	余家菊	中國哲學
中庸誠的哲學	吳怡	中國哲學
哲學演講錄	吳怡	中國哲學
墨家的哲學方法	鍾友聯	中國哲學
韓非子的哲學	王邦雄	中國哲學
墨家哲學	蔡仁厚	中國哲學
知識、理性與生命	孫寶琛	中國哲學
逍遙的莊子	吳怡	中國哲學
中國哲學的生命和方法	吳怡	中國哲學
儒家與現代中國	韋政通	中國哲學
希臘哲學趣談	鄔昆如	西洋哲學
中世哲學趣談	鄔昆如	西洋哲學
近代哲學趣談	鄔昆如	西洋哲學
現代哲學趣談	鄔昆如	西洋哲學
現代哲學述評(一)	傅佩榮譯	西洋哲學
懷海德哲學	楊士毅	西洋哲學
思想的貧困	韋政通	思想
不以規矩不能成方圓	劉君燦	思想
佛學研究	周中一	佛學
佛學論著	周中一	佛學
現代佛學原理	鄭金德	佛學
禪話	周中一	佛學
天人之際	李杏邨	佛學
公案禪語	吳怡	佛學
佛教思想新論	楊惠南	佛學
禪學講話	芝峯法師譯	佛學
圓滿生命的實現（布施波羅蜜）	陳柏達	佛學
絶對與圓融	霍韜晦	佛學
佛學研究指南	關世謙譯	佛學
當代學人談佛教	楊惠南編	佛學

滄海叢刊已刊行書目(一)

書名	作者	類別
國父道德言論類輯	陳立夫	國父遺教
中國學術思想史論叢(一)(二)(三)(四)(五)(六)(七)(八)	錢穆	國學
現代中國學術論衡	錢穆	國學
兩漢經學今古文平議	錢穆	國學
朱子學提綱	錢穆	國學
先秦諸子繫年	錢穆	國學
先秦諸子論叢	唐端正	國學
先秦諸子論叢(續篇)	唐端正	國學
儒學傳統與文化創新	黃俊傑	國學
宋代理學三書隨劄	錢穆	國學
莊子纂箋	錢穆	國學
湖上閒思錄	錢穆	哲學
人生十論	錢穆	哲學
晚學盲言	錢穆	哲學
中國百位哲學家	黎建球	哲學
西洋百位哲學家	鄔昆如	哲學
現代存在思想家	項退結	哲學
比較哲學與文化(一)(二)	吳森	哲學
文化哲學講錄(一)(二)(三)(四)	鄔昆如	哲學
哲學淺論	張康譯	哲學
哲學十大問題	鄔昆如	哲學
哲學智慧的尋求	何秀煌	哲學
哲學的智慧與歷史的聰明	何秀煌	哲學
內心悅樂之源泉	吳經熊	哲學
從西方哲學到禪佛教 —「哲學與宗教」一集—	傅偉勳	哲學
批判的繼承與創造的發展 —「哲學與宗教」二集—	傅偉勳	哲學
愛的哲學	蘇昌美	哲學
是與非	張身華譯	哲學